ALTDEUTSCHE TEXTBIBLIOTHEK

Begründet von Hermann Paul
Fortgeführt von Georg Baesecke und Hugo Kuhn
Herausgegeben von Burghart Wachinger
Nr. 103

Die österlichen Spiele
aus der Ratsschulbibliothek Zwickau

Kritischer Text und Faksimilia der Handschriften

Herausgegeben von
Hansjürgen Linke (Text)
Ulrich Mehler (Musik)

MAX NIEMEYER VERLAG TÜBINGEN
1990

CIP-Titelaufnahme der Deutschen Bibliothek

Die österlichen Spiele aus der Ratsschulbibliothek Zwickau :
kritischer Text und Faksimilia der Handschriften / hrsg. von
Hansjürgen Linke (Text). Ulrich Mehler (Musik). –
Tübingen : Niemeyer, 1990
(Altdeutsche Textbibliothek ; Nr. 103)
NE: Linke, Hansjürgen [Hrsg.]; GT

ISBN 3-484-20203-3 (Kart. Ausgabe)
ISBN 3-484-21203-9 (Geb. Ausgabe)
ISSN 0342-6661

Satz: Walter, Tübingen
Druck: Allgäuer Zeitungsverlag GmbH, Kempten
Einband: Heinr. Koch, Tübingen

Inhalt

1. Einleitung

1.1 Das Spielcorpus

Das Corpus der österlichen Spiele in Handschriften der Ratsschulbibliothek Zwickau umfaßt entgegen den Angaben Paul STÖTZNERS in der Erstveröffentlichung von 1901 nicht vier, sondern fünf Texte[1], nämlich

Zwickau   I : ein lateinisches Osterspiel,
Zwickau   Ia: die Salvator-Rolle aus Zwickau I,
Zwickau II : ein lateinisch-deutsches Osterspiel,
Zwickau III : ein anderes, mit Zwickau II nicht identisches lateinisch-deutsches Osterspiel und
Zwickau IV: die deutsch-lateinische Maria-Salome-Rolle aus einem Passionsspiel.

Zwickau II und III liegen in doppelter Überlieferung vor.

Carl LANGE, der 1887 die damals umfassendste Sammlung lateinischer Osterfeiern veröffentlichte, teilte ihre Texte dem Inhalte nach in drei (in sich noch differenzierbare) Gruppen ein. Diese Einteilung ist noch immer gültig, wenn die Textgruppen heute auch nicht mehr wie seinerzeit von LANGE als Entwicklungsstufen, sondern als Typen verstanden werden. Typ I enthält nur die *visitatio sepulchri*, den Besuch des leeren Grabes Christi durch Maria Magdalena, Maria Cleophae (oder auch Jacobi) und Maria Salome am Ostermorgen; Typ II dazu den Lauf der Apostel Petrus und Johannes zum Grabe, die sich von der Wahrheit der durch die drei Marien verkündeten Auferstehung überzeugen wollen; Typ III obligatorisch die *visitatio* und die Hortulanus-»Szene«, d.h. die Begegnung Maria Magdalenas mit dem Auferstandenen, den sie zunächst als Gärtner mißkennt, fakultativ auch den Apostellauf.

Die hier herausgegebenen Texte Zwickau I, II und III entsprechen zwar inhaltlich dem Typ III, sind aber aus den unten S. 13–16 angeführten Gründen ihrer geistigen und schauspielerischen Grundhaltung selbst nicht mehr Osterfeiern, sondern Osterspiele. Die vergleichsweise größte Nähe zu den Feiern bewahrt noch das rein lateinische Stück Zwickau I, die mischsprachigen Texte Zwickau III und noch stärker Zwickau II sind davon schon deutlich abgesetzt, obgleich auch ihre Aufführung, wie diejenige von Zwickau I, noch ganz in die Liturgie eingebettet ist.

Innerhalb der spät, nämlich erst seit dem 14. Jahrhundert bezeugten und in sich uneinheitlichen Gattung der lateinisch-deutschen Osterspiele bilden Zwickau II und III zusammen mit dem Trierer und dem Wienhäuser Osterspiel jene kleinere Gruppe von Texten, in denen die lateinische Osterfeier dem gleichzeitigen volkssprachigen Oster-

---

[1] STÖTZNERS Zählung Zwickau I–IV ist, da inzwischen in die Literatur eingegangen, hier beibehalten, jedoch um Zwickau Ia (die Zwickauer Salvator-Rolle) erweitert.

spiel zwar sprachlich ausgedehnte, theatralisch aber nur zurückhaltende Konzessionen macht. Ihr steht mit den mischsprachigen Osterspielen von Füssen, Frankfurt, Osnabrück, Regensburg und Wolfenbüttel eine andere, an Zahl nur wenig größere Gruppe gegenüber, deren Texte Reduktionsformen volkssprachiger Osterspiele darstellen, bei denen sie sowohl inhaltlich als auch aufführungspraktisch zumindest signifikante Anleihen gemacht haben.

Ihrer Überlieferungsform nach repräsentieren die Aufführungen aller fünf Zwickauer Texte, wie unten im einzelnen ausgeführt, verschiedene der vielen Aufzeichungstypen mittelalterlicher dramatischer Literatur: Volltexte wie Rollenauszüge, Regie- und Aufführungsmanuskripte sowie Arbeitsmanuskripte, die schon vorhandene dramatische Texte zu Bearbeitung und künftiger Verwendung bei einer neuen Aufführung bereitstellen.

1.2 Die Überlieferung

1.21 Provenienz der Textzeugen. – Die beiden Sammelbände, in welche die Spielhandschriften inkorporiert sind, stammen aus der Bibliothek des Zwickauer Magisters Stephan Roth (1492–1546). Er leitete die Lateinschule in Zwickau von 1517–1521, diejenige in Joachimsthal 1521/1522[2] jeweils als Rektor, kehrte nach einem Zwischenspiel in Wittenberg nach Zwickau zurück und war seit 1528 Stadtschreiber, seit 1533 Oberstadtschreiber und seit 1543 Mitglied des Rates und Schulinspektor seiner Heimatstadt[3]. Die aus seiner Bibliothek stammenden Bücher, die den Grundstock der Ratsschulbibliothek Zwickau bilden, sind an dem eigenhändigen Eintrag Roths *Legantur cum iudicio* kenntlich.

1.22 Handschrift A: Ms. Zwick. I, XV,3. – Die 214 Blätter umfassende kleinformatige Miszellaneenhandschrift[4] wurde erst im November 1981 von Renate Schipke bei Katalogisierungsarbeiten für das »Zentralinventar mittelalterlicher Handschriften bis 1500 in den Sammlungen der Deutschen Demokratischen Republik« (ZIH) in der Ratsschulbibliothek Zwickau entdeckt und zwei Jahre später bekanntgemacht.[5] Der Halblederband ist zwischen Holzdeckeln auf drei Doppelbünden gebunden und mit hellem Schweinsleder bezogen, das in Blindprägung mit Rosetten und dazu auf der Vorderseite zusätzlich mit zwei nebeneinander angeordneten Reihen einer Granatapfelrolle verziert ist. Zwei Lederstreifen greifen vom hinteren Deckel in die am Vorderdeckel angebrachten Metallschließen. In den vorderen Innendeckel ist ein Holzschnitt mit der Überschrift

---

[2] Die ältere Literatur gibt die Zeitspanne von Roths Wirken in Joachimsthal stets mit 1520–1523 an. »In Wirklichkeit ist er erst Ende Juli oder Anfang August 1521 nach Joachimsthal gegangen, nachdem der dortige Rat den von ihm eingereichten Plan einer neu einzurichtenden Schule angenommen hatte« (CLEMEN S. 344 – Vgl. auch NICKEL, S. V, XXIV.). Dort hat er dann bis 1522 gewirkt (CLEMEN, S. 344).
[3] ADB 53, S. 564–567. Ferner NICKEL S. XXIII/XXIV.
[4] Vollständige Beschreibung bei SCHIPKE, Handschriften (im Druck) unter MS. Zwick. I, XV, 3.
[5] SCHIPKE, Katalogisierung S. 282/283.

IVPITER • SOL eingeklebt; auf einem von Vögeln über Wolken gezogenen Wagen sitzt ein orientalisch gewandeter Herrscher, vor ihm steht, von einer Strahlenaura umgeben, der gekrönte Jupiter, in der Hand einen ebenfalls von Strahlen umgebenen Rundschild mit einem Löwenbild, während sich in den Wagenrädern die Tierkreiszeichen Fische und Schütze finden. Unter dem Unterrand des Holzschnitts steht die Bandsignatur I,XV,3, wieder darunter in sehr verblichener Tintenschrift *Legantur cum iudicio*, die Devise des Vorbesitzers Stephan Roth.

Der Buchblock mißt 10,5 x 15 cm, hat also noch Sedezformat, während die geringfügig größeren Buchdeckel gerade die unterste Grenze des Kleinoktav-Formats erreichen.

Von den Zwickauer Spieltexten enthält diese Handschrift die Stücke II und III in zwei ursprünglich selbständigen, auch selbständig foliierten Lagen, die jetzt die 6. und 7. Lage der Sammelhandschrift bilden. Beim Zusammenbinden mit den übrigen Lagen wurden sie, z.T. mit Text- und Notenverlust[6], beschnitten. Die alte Foliierung reicht von 1–23 und ist fehlerhaft (fol. 11 ist nämlich bei der Zählung überschlagen). Sie ist verschiedentlich vollständig[7], öfter immerhin noch teilweise zu sehen[8] und nur vereinzelt ganz weggeschnitten[9]; leider ließ sich das heute noch Vorhandene aus technischen Gründen im Faksimile nicht in vollem Umfange reproduzieren. Nach ihrer Inkorporierung in den Sammelkodex wurden die Blätter der beiden Lagen von moderner Hand mit 56–77 durchgezählt.

Z w i c k a u I I steht in der jetzt 6. Lage, einem von fol. 56^r–65^v (alt 1^r–10^v) reichenden Quinio. Die Textaufzeichnung beginnt mit dem Lagenanfang am Kopf von fol. 56^r (alt 1^r) und endet in der Mitte von fol. 62^v (alt 7^v). Dessen untere Hälfte sowie fol. 63–65 sind leer. Der Schriftspiegel mißt 7,8 x 13,2–14 cm; seine Begrenzung wird nach rechts öfter überschritten. Die fünfzeiligen Notensysteme[10] sind mit Tinte gezogen, Textzeilen dagegen nicht vorgezeichnet. An Papiermarken finden sich Reste von zwei Kronenwasserzeichen; sie reichen nicht aus, um sie mit einem bestimmten Wasserzeichen bei PICCARD oder BRIQUET zu identifizieren. Auf fol. 57 ist, auf dem Kopfe stehend, der mit Perlen besetzte, in ein unregelmäßiges Kreuz auslaufende hohe Bügel, der sich über eine Lilie wölbt, auf fol. 60, ebenfalls kopfstehend, die Spitze eines auch mit einer Perle besetzten hohen Bügels, auf dem ein anders geformtes Kreuz steht, zu sehen.

Z w i c k a u I I I füllt die jetzt 7. Lage, einen Senio, der von fol. 66^r–77^v (alt 12^r–23^v; 11 ist, wie oben erwähnt, übersprungen) reicht. Die Textaufzeichnung beginnt mit dem Lagenanfang am Kopf von fol. 66^r (alt 12^r) und schließt am Lagenende im oberen Drittel von fol. 77^v (alt 23^v), dessen Rest leer ist. Die Abmessungen des Satzspiegels schwanken zwischen 7,7 und 8,3 cm in der Breite sowie 12,1 und 14,2 cm in der Höhe. Die in der

---

[6] S. den Apparat zu II, 94, 140; III, 18a, 18b, 27a, sowie Anm. 8 und 9.

[7] fol. 2^r, 3^r; 12^r–14^r, 18^r, 19^r, 21^r, 23^r.

[8] fol. 1^r, 5^r, 6^r, 8^r (leer); 15^r–17^r, 20^r, 22^r.

[9] fol. 4^r, 7^r.

[10] Von dieser Norm weichen einzig II,13 (*mo*)*numento* (vierzeilig) und der Randnachtrag II, 94 (dreizeilig) ab: s. d. Apparat zu beiden Stellen.

Regel fünf-, nur ausnahmsweise vierzeiligen Notensysteme[11] sind mit Tinte eingezeichnet und werden rechts und links von einer doppelten Tintenlinie begrenzt. Für nicht notierten Text gibt es keine Linien. Die unvollständigen Wasserzeichen gehören wieder zum Typ Krone mit hohem Bügel und zweikonturigem Kreuz, weichen jedoch von denen in Zwickau II ab. Fol. 73 zeigt, kopfstehend, die Spitze eines mit Perlen belegten hohen Bügels und das krönende Kreuz, fol. 69 + 74 bieten aufrecht den unteren Teil einer Krone mit Mittellilie und den mit Perlen besetzten Ansätzen des hohen Bügels über den seitlichen Lilien; die Spitze samt dem Kreuz fehlt. Diese Krone gehört zum Typ PICCARD, Kronenwasserzeichen XII,34, doch gibt es weder bei ihm noch bei BRIQUET ein identisches Zeichen.

Zwickau II und III sind ungeachtet der durch die alte Foliierung gesicherten Reihenfolge der Lagen in umgekehrter Reihenfolge niedergeschrieben worden: zuerst Zwickau III, danach erst Zwickau II. Das beweisen die ungemein zahlreichen (28!) Stellen in Zwickau II, in denen nur ein Incipit angegeben, für seine Vervollständigung und die zugehörige Melodieaufzeichnung jedoch mit dem stereotypen Hinweis *ut patet folio* (folgt die Blattangabe) auf die jeweils entsprechende Partie in Zwickau III verwiesen wird[12]. Das bedeutet zugleich, das Zwickau II (A) auch in seiner ursprünglichen Gestalt als selbständige Lage kein Aufführungsmanuskript war, sondern in der Absicht abgeschrieben wurde, unter Zuhilfenahme von Zwickau III (A) jederzeit ein solches herstellen zu können.

Hingegen könnte Zwickau III trotz des ungewöhnlich kleinen Formats sowohl in seiner ursprünglichen Gestalt als selbständige Lage als auch noch nach der Inkorporierung in die Miszellaneenhandschrift als Aufführungsgrundlage gedient haben – jedenfalls bis zu V. 252, dem Ende der deutschen Übersetzung von Wipos Ostersequenz. Bis dahin wird nur ein einziges Mal ein bloßes Incipit angegeben und für den zugehörigen Text samt Melodie auf ein Antiphonar verwiesen (V. 48b). Doch handelt es sich hierbei um einen Gesang, der einem Geistlichen aus der Liturgie geläufig war, so daß er das Antiphonar nur für die Einstudierung des Chors, nicht aber für die Überwachung und Leitung der Aufführung benötigte. Anders im folgenden Schluß, der im oberen Drittel von fol. 77^v (alt 23^v) sehr komprimiert aufgezeichnet ist. In ihm finden sich nicht weniger als drei Incipit, die aus Zwickau II vervollständigt werden sollten[13], und eines, dessen Verweis ins Leere geht, weil es zu ihm in Zwickau II keine Entsprechung gibt (III,266b). Sie beziehen sich sämtlich auf den Jüngerlauf und seinen liturgischen Abschluß. Die Art der Aufzeichnung erweckt den Eindruck, das Zwickau III (A) ursprünglich mit Wipos Ostersequenz und seiner deutschen Übersetzung (d.h. mit V. 252) endete und ihr die »Szene« des Jüngerlaufs und der liturgische Schluß zwar nach dem Vorbild von Zwickau II, aber unter dem Einfluß zumindest eines Schlusses, wie ihn

---

[11] Vierzeilig allein III, 30/31, 42(1)/43 und 246/247 (nur [*misere*]*re* / *alleluia*).

[12] II, 69b, 77b, 87b, 93b, 99b, 104b, 113b, 119d, 132c, 174a/b (*ut sequitur folio*), 186b, 196b, 206b, 212b, 217b, 224b, 229b, 232b, 242a, 247b, 256a, 260b, 268a/b, 273b, 287b, 301b, 321b, 327a.

[13] III, 252d, 260d, 270b, jeweils in der Formulierung *ut patet superius folio* [folgt Blattangabe].

Zwickau I (V. 124a–144c) bietet, wo nicht gar unter demjenigen des Schlusses von Zwickau I selbst, nachträglich angehängt wurden.

Zwickau II und III wurden in Handschrift A von e i n e m Schreiber aufgezeichnet, der sowohl den Text als danach auch die Noten schrieb; er ist weder mit einem der beiden Schreiber von Handschrift B noch etwa gar mit dem Handschriftenbesitzer Stephan Roth identisch[14], und was er schrieb, ist keine Ur-, sondern eine Abschrift. Das beweisen die nachträgliche Tilgung des irrtümlich wiederholten Wortes *der* mit der Note am Anfang von fol. 67ᵛ, die beide schon richtig am Seitenende von fol. 67ʳ stehen, in Zwickau III,24; die Korrektur einer falschen Textunterlegung unter die Melodie in Zwickau II,351 (s. S. 21); eine ganze Reihe weiterer Selbstkorrekturen[15]; der Nachtrag überschlagener Wörter[16] oder Verspartien[17]; vor allem aber drei offenkundige Augensprünge. Auf der gleichen Seite wie der des eben angeführten Beispiels II,351 (fol. 62ʳ, alt 7ʳ) hat der hier offensichtlich unkonzentrierte Kopist in II,356 zunächst fälschlich *vnd auch seyn* geschrieben, weil sein Auge in die fast gleichlautend beginnende vorhergehende Verszeile *vnd auch das seyn* abgeirrt war, und das falsche *auch* dann nachträglich gestrichen, noch bevor er Noten darüber setzte; diese wurden also erst nachträglich über den Text geschrieben (s. S. 21). Ähnlich ist in III,22 *Hew, quantus est noster dolor* das Auge von *est* auf *dolor* vorausgeeilt; aber noch während des Schreibens bemerkte der Kopist seinen Fehler, strich nach *est* das unvollendete und noch nicht notierte Wort *dolo* durch, holte das übergangene *noster* nach und schrieb mit *dolor* in der richtigen Wortfolge weiter. Endlich findet sich in der obersten Linie des Notensystems zu II,133 *Jesu nostra redempcio*, unvollkommen getilgt und daher schwer lesbar, die Regieanweisung *Et tunc secunda persona dicet*, die eigentlich vor V. 161 *O liber herre iesu crist* gehört und dort auch ganz richtig steht. Wiederum also ein vorauseilender Augensprung beim Kopieren der Vorlage, den der Schreiber korrigierte, als er ihn nachträglich bemerkte.

1.23 Handschrift B: Ms. Zwick. XXXVI, 1,24. – Dieser Mischkodex ist seit langem bekannt. Reinhard VOLLHARDT hat ihn Ende des 19. Jahrhunderts in seiner »Bibliographie der Musik-Werke in der Ratsschulbibliothek zu Zwickau« angeführt[18] und Paul STÖTZNER daraus 1901 die Spieltexte Zwickau I–IV zum erstenmal ediert.

Der Schmalquart-Band[19] ist in Pergament eingeschlagen, das von hinten mit einer Klappe um den Schnitt herumgreift und ursprünglich auf der Vorderseite mit einer Metallschließe, von der aber nur noch ein Rest vorhanden ist, geschlossen werden konnte. Jeweils die andere Hälfte vom Vorsatz- und Schlußblatt des Buchblocks ist mit der Innenseite des Pergamentumschlages verklebt; ihren Heftfäden sind Pergamentstreifen unterlegt, die unter der Verklebung weit in den Pergamentumschlag hinein-

[14] So schon SCHIPKE, Katalosierung S. 283.
[15] S. d. Apparat zu II, 134; III, 61, 85, 86/87, 96, 109, 123, 153, 196, 214, 252a, 270c/d.
[16] S. d. Apparat zu II, 48, 49a, 74, 99, 193, 218, 265; III, 126.
[17] S. d. Apparat zu III, 131–135a.
[18] VOLLHARDT, Nr. 190. Genaue Beschreibung jetzt bei SCHIPKE, Handschriften (im Druck) s. u. der Signatur.
[19] Nicht, wie STÖTZNER S. 3 angibt, »Schmalfolio«. Abmessungen: 10,7 x 31,7 cm (Buchblock der Spiellagen).

reichen. Sie sind lateinisch schwarz und rot beschrieben; doch ist der anscheinend liturgische Text nach den spärlich hervorlugenden Resten nicht zu identifizieren. Der so verstärkte Pergamentumschlag umschließt vier verschiedene, mit drei Bünden geheftete Lagen bzw. Lagenverbände:

1. Eine aus einem Quaternio und einem Ternio bestehende Inkunabel über die Krönung Maximilians I. zum römischen König am 9. April 1486[20], auf deren erster Seite Stephan Roth mit Tinte wieder seine Devise *Legantur cum iudicio* eingetragen hat;
2. einen Ternio mit der Handschrift von Zwickau I und Ia;
3. einen Senio mit der Handschrift von Zwickau II–IV;
4. drei Lagen unbeschriebenen Papiers (Ternio, Quinio, Ternio), die im Unterschied zu den Spiellagen keine Wasserzeichen aufweisen.

Die Zwickauer Spieltexte wurden in dieser Handschrift von zwei Schreibern aufgezeichnet. Schreiber B1 schrieb den Ternio mit Zwickau I und Ia, Schreiber B2 den Senio mit Zwickau II–IV[21]. Keiner der beiden ist mit dem Schreiber der Handschrift A identisch (s. Anm. 14). Vollends unhaltbar ist STÖTZNERs Behauptung, daß Stephan Roth nicht nur der Besitzer, sondern auch der Schreiber der Spiele gewesen sei[22]. Das hatte schon SCHIPKE zurückgewiesen[23], und das zeigt der Vergleich mit den von Roth eigenhändig in seine Bücher eingetragenen Devisen *Legantur cum iudicio* eindeutig.

Z w i c k a u I u n d I a füllen eine eigene, von alter Hand mit 1–6 foliierte Lage: Zwickau I fol. 1^r–5^r, Zwickau Ia fol. 5^r (nur die Überschrift) bis 6^r. Der untere Teil von fol. 6^r ist mit sechs wie sonst auch vorgezeichneten fünfzeiligen, aber nicht mehr benötigten und daher nicht beschriebenen Notensystemen gefüllt, fol. 6^v ganz leer. Der Schriftspiegel, der rechts und links von zwei mit Tinte gezogenen Linien begrenzt und durchweg liniiert ist, beträgt einheitlich 8 x 24,4 cm. In Zwickau I ist die Schriftbegrenzung am rechten Rand verschiedentlich überschritten. Das Papier enthält fol. 1 und 3 jeweils kopfstehend zwei verschiedene Wasserzeichen des Typs Ochsenkopf mit hohem zweikonturigem Kreuz und sich darum windender, ebenfalls zweikonturiger Schlange, zu denen sich weder bei PICCARD noch bei BRIQUET Identisches, sondern nur Ähnliches findet.

Z w i c k a u II – I V stehen in einer ursprünglich selbständigen Lage. Darauf deutet eine alte, weitgehend erhaltene Foliierung von 1–11[24]. Ihr ist erst nachträglich eine

---

[20] *Die cronung des durch/luchtigsten fursten vnd / herren Maximilianus / ercz herczog zu Ostriche / zu eynem romschen kon=/nige. So durch die kur/fursten des heiligen rō=/schen richsz zu Achen fol/lenbracht vnd gescheēn / ist.* – Mainz: Peter Schöffer [o.J., jedenfalls nach dem 9. April 1486]. Zeilenwenden durch Schrägstriche / gekennzeichnet.

[21] So auch SCHIPKE, Katalogisierung, Anm. 26 zu S. 282.

[22] STÖTZNER S. 4, 24, 27.

[23] Sie verwies darauf, »daß der handschriftliche Teil von zwei verschiedenen Händen stammt [...], bestenfalls also nur ein Abschnitt von ihm [Roth] herrühren kann« (SCHIPKE, Katalogisierung, S. 282). Selbst das sei aber nicht der Fall (mündliche Mitteilung).

[24] Die alte Foliierung ist auf 3^r, 4^r, 6^r, 9^r–11^r ganz, auf 1^r, 2^r und 7^r wenigstens resthaft erhalten und nur auf 5^r und 8^r der Beschneidung durch den Buchbinder zum Opfer gefallen. Fol. 12 ist herausgeschnitten; verblieben ist davon nur ein schmaler Streifen, der das Herausfallen des Gegenblattes 1 verhindern sollte.

zweite, jüngere zugesellt worden, welche die mit 6 endende Zählung des vorausgehenden Ternio von Zwickau I und Ia mit 7 usw. fortsetzt, aber nicht konsequent durchgeführt ist. Die ursprüngliche Eigenständigkeit zeigt ferner die von der vorhergehenden Lage abweichende Einrichtung. Die Maße des Schriftspiegels schwanken. In Zwickau II betragen sie 9 x 29 cm, in Zwickau III 9–9,6 x 28,5–30,5, in Zwickau IV 9,5 x 30,4–30,7 cm. Der Schriftraum ist in Zwickau II und III rechts und links durch Blindlinien begrenzt, während solche in Zwickau IV nicht erkennbar sind. In allen drei Stücken sind die fünfzeiligen Notensysteme[25] mit Tinte, Textzeilen dagegen gar nicht vorgezeichnet. Der Schriftspiegel wird überall nach rechts häufig, nach unten in Zwickau III gelegentlich, in Zwickau IV einmal überschritten. Das hat zur Folge, daß beim Zusammenbinden mit den anderen Lagen zum jetzigen Mischkodex durch Beschneiden verschiedentlich Text und Noten verloren gegangen sind[26]. Davon ist insbesondere Zwickau III betroffen. Wasserzeichen finden sich auf fol. 7 (Zwickau II) und 15 (Zwickau III). Das erste ist abermals ein kopfstehender – diesmal sehr großer – Ochsenkopf mit ungewöhnlich hohem zweikonturigem Kreuz und sich darum windender, ebenfalls zweikonturiger Schlange, ähnlich PICCARD, Ochsenkopfwasserzeichen XVI, 243; das andere eine ebenfalls auf dem Kopf stehende und ebenfalls recht große hohe Krone mit drei Lilien und hohem, auf jeder Seite mit drei Perlen besetztem und in ein krönendes zweikonturiges Kreuz auslaufendem Bügel, die im unteren Teil stellenweise nicht klar erkennbar ist; sie ähnelt sehr PICCARD, Kronenwasserzeichen XIII,5, ist aber ca. 1 cm höher. Zwickau II bedeckt fol. 7^r–10^v (alt 1^r–4^v), Zwickau III 10^v–16^r (alt 4^v–10^r) und Zwickau IV 16^v–17^r (alt 10^v–11^r). Fol. 17^v (alt 11^v) ist leer, fol. 18 (alt 12), wie schon in Anm. 24 erwähnt, herausgeschnitten.

Alle Spieltexte der Handschrift B sind mit dem Blick auf eine Aufführung hin niedergeschrieben worden. Zwickau Ia und IV sind Rollenauszüge, Zwickau I ist ein eindeutiges Aufführungsmanuskript (s. S. 13/14), und auch Zwickau III konnte trotz seiner Verschmelzung mit Zwickau II und IV zu einer Spielsammlung noch als solches benutzt werden (s. S. 14/15); einzig Zwickau II ist hier ebenso wie in der Handschrift A nicht als Aufführungsmanuskript konzipiert, sondern als Textrahmen, aus dem unter Zuhilfenahme von Zwickau III ein solches hergestellt werden konnte. Da die Blattverweise auf dieses Spiel in B jedoch im Unterschied zur Handschrift A ursprünglich offengelassen und auch nicht nachträglich eingesetzt wurden, ist die an sich gegebene Möglichkeit hier jedenfalls nicht genutzt worden.

Alle Spieltexte der Handschrift B sind Abschriften. Für die Rollenblätter Zwickau Ia und IV liegt das auf der Hand; denn sie setzen Volltexte voraus, aus denen die Rollen ausgezogen wurden. Im Falle von Zwickau Ia, der Zwickauer Salvator-Rolle, kommt hinzu, daß eben der zugehörige Volltext in Gestalt von Zwickau I erhalten ist und sich wieder darin zweimal ein Hinweis auf eine *propria cedula* findet, auf welcher Text und Melodien des Christusdarstellers, die im Gesamttext jeweils nur mit dem Incipit

---

[25] Ausnahmen lediglich II,13 *(mo)numentum* (wie in A vierzeilig) und IV,15 (dreizeilig).
[26] S. d. Apparat zu II, 305; III, 25, 61a, 62a, 157a, 184, 186a, 190; IV, Überschrift, 62, 85.

angedeutet sind, vollständig aufgezeichnet waren[27]. Die unmittelbare Vorlage von Zwickau Ia war also selbst schon ein heute verlorenes Rollenblatt, das aus einem ebenfalls nicht mehr erhaltenen Volltext ausgeschrieben war. Denn der Hinweis auf die *propria cedula* in Zwickau I entspricht ja nicht mehr der Wirklichkeit, da Zwickau Ia eben nicht auf einem gesonderten Zettel, sondern unmittelbar auf Zwickau I folgend in derselben Lage wie dieses aufgezeichnet ist. Daraus folgt, daß Zwickau I diese Bemerkung aus seiner Vorlage übernommen haben muß, also selbst auch eine Abschrift ist. Darauf weisen zusätzlich Fehlleistungen wie die Auslassung einer Rubrik (I,65a) und eine Dittographie (I,0a/b) sowie Korrekturen von Verschreibungen[28], die alle zwar nicht ausschließlich, immerhin aber doch häufig beim Abschreiben auftreten.

Zwickau II und III endlich stellen – wie im folgenden Abschnitt ausführlich darzulegen ist – einen bei Spielhandschriften überaus seltenen und überaus glücklichen Sonderfall dar.

1.24 Das Verhältnis der Handschriften A und B zueinander. – Die Aufzeichnung der Zwickauer Osterspiele II und III in der Handschrift A ist – unerhebliche Abweichungen in der Schreibung nicht gerechnet – derjenigen ihrer Entsprechungen in der Handschrift B praktisch textgleich. Ein genauer Text- und Manuskriptvergleich erbringt Sicherheit in dem, was noch für Renate SCHIPKE nur »große[ ] Wahrscheinlichkeit« hatte[29]: daß nämlich der zweite Schreiber von B (also B2) Zwickau II und III unmittelbar aus A abgeschrieben hat. Dabei verfuhr er mit ungewöhnlicher, ja geradezu penibler Genauigkeit. Er übernahm – allerdings nicht unbesehen, vielmehr in Auswahl[30] – nicht nur die in A reichlich vorhandenen Textvarianten, sondern nahezu ausnahmslos auch ihre graphische Stellung in der Vorlage – über, nach oder unter dem variierten Ausdruck[31]. Am auffälligsten ist das in Zwickau III,251: hier steht *iesu* über, *kempfer* A/*kempffer* B

---

[27] I, 66a/b, 72a.

[28] S. d. Apparat zu I, 0b, 0h, 17, 30b, 50.

[29] SCHIPKE, Katalogisierung S. 283.

[30] Vgl. SCHIPKE, Katalogisierung S. 283. – In Zwickau II wurden aus Hs. A nur drei Varianten nicht in die Hs. B übernommen: s. d. Apparat zu II, 214, 361. Ein Grund dafür ist mir nicht ersichtlich. In Zwickau III blieben wesentlich mehr Varianten aus A in B unberücksichtigt: s. d. Apparat zu III, 8, 34, 82, 83, 90, 91, 99, 134, 135, 153, 155, 239. Im Falle von III, 83 kann ich einen Grund für die Weglassung der Variante ebenfalls nicht erkennen. Bei III, 34 scheint die grammatische Erwägung den Ausschlag gegeben zu haben, den D. Sg. m. des Possessivpronomens nicht mit dem D. Sg. eines femininen Substantivs durch die Kopula *vnd* verbinden zu wollen. Im übrigen läßt sich ein einheitliches Prinzip, das die Auswahl der Varianten regelt, nicht erkennen; vielmehr kann man im einzelnen gerade einander widersprechende Gründe für die Beibehaltung bzw. Verwerfung einer Textvariante namhaft machen. In III, 8, 90, 239 werden diejenigen Varianten verworfen, die dem jeweiligen lateinischen Entsprechungstext in II, 134 (von dem durch die Regieanweisung II, 132c auf III, 7ff. als deutsches Pendant ausdrücklich verwiesen wird – hier *et*), III, 86 *nescio*, III, 235 *soli* fern stehen; das gilt *cum grano salis* auch für III, 99 (cf. die 3. D-Strophe der lateinischen Magdalenenklage III, 92–95). Umgekehrt geben in III, 82, 91, 135, 155 gerade die verworfenen deutschen Varianten ihre lateinischen Entsprechungen in III, 77 *et dicentem*, 87 *querere*, 135 *dicitur*, 150 *non* [...] *solubilis* genauer wieder als der jeweils beibehaltene Text. (Die Nichtaufnahme der Varianten III,134 und 153 ist von den zu III,135 und 155 getroffenen Entscheidungen abhängig).

[31] S. d. Apparat zu II, 21, 123, 124, 217 (299) 348, 360; III, 61, 175, 182, 196, 213, 233, 251, 258.

unter *konigk*. Auch sonst ahmte der Schreiber B2 die graphische Einrichtung seiner Vorlage nach[32]. Zuweilen übermannte sein Wille zur Vorlagentreue – gewiß im Verein mit augenblicklicher Unkonzentriertheit – sein kritisches Urteil dergestalt, daß er, insbesondere im Falle von Zwickau II, sogar Fehler von A getreulich abschrieb[33].

Normalerweise verfuhr er freilich anders. Die in A verschiedentlich nachgetragenen Ergänzungen und Korrekturen hat er nahtlos in den fortlaufenden Text von B integriert[34]; nur in zwei gesondert gelagerten Fällen hat er sich dabei entschuldbar versehen[35].

Andererseits wieder ist ihm, vorzüglich in Zwickau III, eine Reihe von Fehlern unterlaufen[36], von denen viele typische Abschreiberversehen sind: das Übergehen von Rubriken, besonders im Notensystem über dem darunter stehenden Text[37], die Weglassung eines einzelnen Buchstabens[38] oder, bei Haplologie, einer auslautenden Silbe[39] und Augensprünge[40]. Von besonders einleuchtender Beweiskraft sind die beiden folgenden Beispiele. In III,14a liest B2 fälschlich den Plural *sequantur* statt des richtigen Singulars *sequatur* (A), weil er offensichtlich den Querstrich, der die Unterlänge des unmittelbar über *a* stehenden *p* von *persona* kreuzt, als Nasalstrich über *a* verlesen hat. In II,166c verweist A mit der Regieanweisung *cum theotunico verso folio* auf den auf der Rückseite des Blattes 59 aufgezeichneten und notierten deutschen Entsprechungsgesang zu dem hier bloß mit dem Incipit zitierten lateinischen *Gloria tibi domine* (II,145–148). B2 wollte das zunächst genauso abschreiben, brach dann aber nach *cum theutunico* mitten im Worte *vers[o]* ab und strich dieses aus, weil der Seitenverweis sich hier erübrigte: Der Schreiber konnte den deutschen Gesangstext noch am Fuß der gleichen Seite unterbringen.

Mit dem Nachweis, daß Zwickau II und III in der Handschrift B Abschriften sind, und mit der Auffindung ihrer unmittelbaren Vorlage in Gestalt der Handschrift A erledigt sich

---

[32] S. d. Apparat zu II, 197; III, 157, 252b, 260c/d, 266b, 270b, 270c/d, 280, 280c.

[33] In Zwickau III nur V. 63 und 205 (s. d. Apparat); häufiger dagegen in Zwickau II: s. d. Apparat zu II, 32, 39, 91, 130, 212, 252, 295. – II, 212a wird auf III, 124 *Mulier quid ploras quem queris* verkürzt mit *Mulier A / mulier B quem queris etc.*; II, 229b wird auf III, 134 *Rabi* mit davon abweichendem *Raboni* verwiesen, doch könnte sich der Kopist hier an der in III (A) übergeschriebenen Variante *rab[o]ni* oder aber an *Raboni* der ebenfalls übergeschriebenen Variante des deutschen Folgeverses orientiert haben.

[34] S. d. Apparat zu II, 48, 99, 265 und III, 126 (in A mit Einfügungszeichen übergeschrieben); II, 74, 193 (in A mit Einfügungszeichen am Zeilenende nachgetragen). Vgl. auch II, 223, 356.

[35] S. d. Apparat zu II, 49a (B2 hat hier *sola* selbst nachträglich übergeschrieben, weil er das in seiner Vorlage A am Zeilenende nachgetragene Wort beim Abschreiben zunächst übersehen hatte) und zu der in A schwer überschaubar aufgezeichneten Partie III, 131–135a, deren durch Umstellungszeichen erst nachträglich hergestellte richtige Ordnung B2 nicht völlig durchschaut hat.

[36] S. d. Apparat zu II, 243a, 277a, 301, 329a, 354; III, 206a/b und die folgenden Anmerkungen 37–40.

[37] S. d. Apparat zu III, 52a, 72a, 224a; vgl. auch III, 0j, 260c.

[38] S. d. Apparat zu II, 232.

[39] S. d. Apparat zu III, 167.

[40] III, 26 *schmerchen* B (statt richtigem *schmerczen* A) erklärt sich vermutlich durch Voreilen des Auges auf das in A in der gleichen Zeile unmittelbar folgende *Ach* II, 27 (oder als Nachklang des *Ach* am Versanfang). – III, 83 fehlt *ist* vermutlich deswegen, weil das Auge von B2 auf die über dem A-Text eingetragene (aber von B nicht übernommene) Variante *ufferstanden* abirrte, mit der die Vorderseite von fol. 70 endet. Die Rückseite beginnt *her iesus*; daher erklärt sich gewiß der fehlerhafte B-Text III, 83 *erstanden her iesus*.

nicht nur die von STÖTZNER ohnehin nicht allzu ernst erwogene Möglichkeit, Roth könne
»die deutsche Übersetzung« der lateinischen Texte in Zwickau III »selbst angefertigt«
haben[41]; vielmehr hat beides auch Folgen für die Lokalisierung und Datierung sowohl
der Handschrift B als auch der in ihr überlieferten Spiele.

1.3 Die Spiele

1.31 Lokalisierung und Datierung. – Die Lokalisierung und Datierung der bisher allein
bekannten Handschrift B ruhte auf dem schwankenden Grund untereinander verknüpfter
Hypothesen. STÖTZNER verlegte ihre Niederschrift vermutungsweise nach St. Joachimsthal im Erzgebirge und – abweichend von VOLLHARDT, der sie in die Zeit »um 1500«
gesetzt hatte (s. Anm. 18) – in die Jahre, in denen seines (heute korrekturbedürftigen)
Wissens nach Roth dort als Rektor der Lateinschule gewirkt hatte[42], nämlich zwischen
1520 (recte 1521) und 1523 (recte 1522)[43]. Bei Walther LIPPHARDT, der Zwickau I und
Ia in seiner Sammelausgabe der lateinischen Osterfeiern und Osterspiele (LOO) neu
herausgegeben hatte[44], wurde aus STÖTZNERS Vermutung ein Faktum: »Spielsammlung
des Rektors Stephan Roth für die Lateinschule von Joachimsthal (1520–1523)«[45].

STÖTZNER war zu seiner Vermutung durch die richtige Beobachtung gekommen, daß
in den Spielanweisungen von Zwickau I und III mehrfach ein St. Annen-Altar erwähnt
wird[46], hatte daraus und aus der Tatsache, daß vor diesem die »Hauptscene«[47] der
Erscheinung des Hortulanus vor Maria Magdalena spielte, jedoch den falschen Schluß
gezogen, dieser Altar müsse der Hauptaltar der Kirche, ja diese selbst der Heiligen
geweiht gewesen sein. Damit waren für ihn die Zwickauer Marien- und die Katharinenkirche, die beide einen Annen-Altar besaßen, als Spielstätten ausgeschlossen. An Roths
anderer Wirkungsstätte, St. Joachimsthal, existierte zwar zu seiner Zeit nur die Kapelle
am Brotmarkt[48], über die wir weder von einem Annen-Patrozinium noch auch nur von
einem Annen-Altar etwas wissen; aber da an ihrer Stelle später eine St. Anna-Kapelle
errichtet wurde, folgerte STÖTZNER, wiederum vermutungsweise, eines von beiden auch
schon für den Vorgängerbau und dachte sich endlich die Spiele in ihm aufgeführt.

In einem von der germanistischen Forschung übersehenen Aufsatz hatte Otto LANGER
bereits 1919 STÖTZNERS allzu luftiges Hypothesengewebe zerrissen, indem er beiläufig

---

[41] STÖTZNER S. 23.
[42] STÖTZNER S. 4, 27/28.
[43] S. S. 2 und Anm. 2.
[44] LOO V, Nr. 789, S. 1540–1546.
[45] LOO V, Nr. 789 (Kopf) und VI (1981), S. 479. Er übernahm diese unzutreffenden Angaben aus
Archivmaterial der Bayerischen Akademie der Wissenschaften (s. LOO V, S. 1546), von wo sie in
BERGMANNS »Katalog der deutschsprachigen geistlichen Spiele und Marienklagen des Mittelalters«
(Nr. 193, S. 391–394) eingingen.
[46] I, 42d, 54c/d, 60a, 70a/b; III, 83c, 111b/c, 123a/b, 144.
[47] STÖTZNER S. 27.
[48] Baubeginn 1517 (SIEGL S. 11, 21). Die Stadtkirche in St. Joachimsthal wurde erst am 1. Juni 1534
begonnen (SIEGL S. 5, 40) und am 25. September 1537 bezogen (SIEGL S. 6, 42), ihr Schieferdach gar erst
1539 begonnen (SIEGL S. 44).

nachwies, daß der in den Szenenanweisungen von Zwickau I und III genannte Annen-
Altar »der am 4. Februar 1484 vom Bischof konfirmierte, vom Zwickauer Ratsherren
Johann Neumann gestiftete und dotierte Annenaltar der Marienkirche (Urkunde in der
II. Sammlung Herzogs Nr. 82 nach Kopie im Kalandarchiv)« ist[49]. Als Beweis führte er
eine von STÖTZNER übersehene zweite Lokalisierung in den Rubriken von Zwickau I und
III ins Feld, nach der Teile der Handlung vor einem *altare sancte crucis ante chorum*
dargeboten wurden[50]. Die auffällige und nie fehlende attributive Beifügung *ante chorum*
erklärte er einleuchtend aus der Existenz zweier Heiligkreuzaltäre in der Zwickauer
Marienkirche – eines 1479 gestifteten *ante capellam* und eines davon verschiedenen
zweiten, eben jenes *ante chorum* –, welche die Präzisierung des Gemeinten zur Ver-
meidung von Verwechselungen bei der Inszenierung erforderlich machte[51].

LANGERS Nachweis, daß die Osterspiele Zwickau I und III zur Aufführung in der
Zwickauer Marienkirche bestimmt waren, läßt sich durch eine weitere, von ihm nicht
erwähnte Tatsache untermauern. In beiden ist die Salvatorrolle einem *plebanus* übertragen[52]: einen solchen gab es aber nur in der Stadtpfarrkirche St. Marien, nicht hingegen
in der Katharinenkirche, in der nur *vicarii* (Meßpfaffen) amtierten[53].

Aus der Lokalisierung in Zwickau folgt, daß die in Zwickau I als Chor, in Zwickau
III vielleicht auch als Darsteller mitwirkenden *scolares*[54] die Schüler der Stadtschule
waren.

Mit der Lokalisierung von Zwickau I und III ist über das Konsekrierungsdatum des
in beiden mehrfach genannten St. Anna-Altars – 4. Februar 1484 (s.o.) – für diese Texte
und ihre Handschriften (einschließlich des zu I gehörenden Rollenauszugs Ia) der
terminus post quem gewonnen. Den *terminus ante quem* erbringt die neugefundene
Handschrift A. NICKEL hat ihn durch einbandkundliche Untersuchungen auf 1519/1520
festlegen können[55]. Da die Handschrift A aber die Vorlage für ihre Abschrift in B
darstellt und der Schreiber B2 Zwickau II und III daraus abschrieb, bevor A selbst
gebunden worden war (s.u.), gehört nicht nur A, sondern auch B in Roths erste
Zwickauer Zeit und nicht nach St. Joachimsthal.

Wann B2 Zwickau II und III innerhalb der Zeitspanne zwischen 1484 und 1519/1520
abschrieb, läßt sich nicht mit Bestimmtheit feststellen, aber doch wenigstens
annäherungsweise eingrenzen. Die Handschrift A nämlich war, wie oben S. 3 beschrieben, ein selbständiges Manuskript mit eigener, teilweise heute noch sichtbarer alter
Foliierung von 1–23 (s. Anm. 7, 8), bevor sie mit den übrigen Texten[56] zur heute noch

---

[49] LANGER S. 96, Anm. 98.
[50] I, 2a/b, 54a; III, 6a/b, 111a.
[51] LANGER S. 78, Anm. 18, und S. 95/96, Anm. 68.
[52] I, 60a, 64a, 66a, 71a, 76a, 81a, 85a (134a, 143a); Ia 0b; III, 123a, 132a, 135a, 146a, 157a, 168a, 176b, (270a, 279b).
[53] HERZOG S. 92, 119.
[54] I, 144b; III, 280b.
[55] NICKEL S. XXVII/XXVIII. Der gleiche Buchbinder hat die im Stadtarchiv Zwickau befindlichen Stadt-
bücher 12 (1513–1517) und 13 (1517–1519) gebunden.
[56] Einen knappen Überblick darüber bietet SCHIPKE, Katalogisierung S. 283, einen vollständigen SCHIPKE,
Handschriften (im Druck) unter Ms. Zwick. I, XV, 3.

so vorhandenen Miszellaneenhandschrift zusammengebunden wurde, und B muß daraus abgeschrieben worden sein, bevor das geschah; denn A hat, als es dem Sammelband einverleibt wurde, durch Beschneidung am Seitenrande Text verloren (s. Anm. 6), der in B vollständig dasteht: III,27a [...] *sic in alia* / [...] *ta* (A) = *Vel sic in alia nota* (B). Zieht man also in Betracht, daß Zwickau II und III in B einerseits aus A abgeschrieben wurden, bevor dieses in den Sammelband eingefügt wurde, andererseits A selbst schon eine Abschrift ist (s. S. 5), so wird man diese nicht zu nah an den *terminus post quem* 1484, den Senio in B, der Zwickau II–IV von einer Hand (ab-)geschrieben enthält (s. S. 6/7), nicht zu nah an den *terminus ante quem* 1519/1520 heranrücken wollen. VOLLHARDTS Datierung von B »um 1500« (s. Anm. 18) ist von den tatsächlichen Verhältnissen wahrscheinlich gar nicht weit entfernt[57]. A läßt sich absolut auch nicht genauer datieren, muß naturgemäß relativ älter als B (zumindest älter als der Senio mit Zwickau II–IV) sein; aber wie groß (oder klein) der Zeitabstand zwischen A und B ist, läßt sich nicht sagen.

Besondere Probleme wirft die Datierung der nur von B überlieferten Stücke Zwickau I, Ia und IV auf. Zwickau I und Ia müssen zwar auch innerhalb der gegebenen Zeitspanne zwischen 1484 und 1519/1520 entstanden und abgeschrieben worden sein; doch kann der Zeitpunkt ihrer Abschrift von demjenigen der Abschrift von Zwickau II–IV (B) verschieden sein; denn I und Ia sind in einer eigenen, selbständig foliierten Lage und von anderer Hand aufgezeichnet worden (s. S. 6). Dagegen kann zwar der Zeitpunkt der Aufzeichnung von Zwickau IV nicht von demjenigen von Zwickau II und III abweichen, weil allen dreien Lage und Schreiberhand gemeinsam sind, wohl aber das Datum der Entstehung dieses Textes. Für ihn nämlich gilt der durch die Weihe des Annen-Altars in der Zwickauer Marienkirche gesicherte *terminus post quem* (4. Februar 1484) nicht, und man kann sich daher fragen, ob er mit jener Spielnachricht in Verbindung gebracht werden darf, die für Pfingsten 1463 die Aufführung eines dreitägigen Passionsspiels in Zwickau bezeugt: *1463. Ist gehalden wurden alhie zu Zwickau am pfingstag gedechniß des leiden Christi in spil weise, gwert 3 tag*[58].

1.32 Die einzelnen Spieltexte. – Alle Zwickauer Spiele – naturgemäß mit Ausnahme der beiden Rollenauszüge Ia und IV – sind noch in die Liturgie eingebunden. Ihr Platz ist zwischen dem dritten Responsorium *Dum transisset sabbatum*, dessen Versus *Et valde mane* zur Spieleinleitung wiederholt wird, und dem *Te deum laudamus*, das zumindest in Zwickau I und III vom *organista* intoniert wird.

---

[57] Die Wasserzeichen der Handschrift helfen leider nicht weiter. Zu ihnen finden sich weder bei PICCARD, Kronen- und Ochenskopfwasserzeichen, noch in der Wasserzeichenkartei PICCARD im Hauptstaatsarchiv Stuttgart identische, sondern nur ähnliche Seitenstücke. Sie weisen alle in die Zeit zwischen 1498 und 1515, die nächststehenden noch enger in diejenige von 1502/1503 (briefliche Auskunft des Hauptstaatsarchivs Stuttgart vom 27. April 1987).

[58] NEUMANN Nr. 3579 und Anm. dazu. – Zwar existieren in Zwickau gleich mehrere Fronleichnamsbruderschaften (vgl. HERZOG S. 121 und Anm. * dazu), doch darf man angesichts des Aufführungsdatums und der Ausdehnung auf drei Tage nicht an ein Fronleichnamspiel denken, da Fronleichnamspiele immer eintägig und an das Festdatum oder die Oktav davon gebunden sind.

Z w i c k a u I ist ein rein lateinisches und vollständig gesungenes Stück. Seinem Text und Handlungsverlauf nach – *visitatio sepulchri*, Hortulanus-«Szene» und Jünger-lauf – steht es auf der Stufe der Osterfeiern des Typs III. Die Darsteller werden wie darin nicht mit ihrem Rollennamen, sondern mit ihrer geistlichen Funktionsbezeich-nung benannt – *plebanus* (Salvator)[59], *duo diaconi* (die Jünger Johannes und Petrus; I,127a/b), *quatuor Iuuenes loco angelorum* (I,30a) –, und der Gang der drei Marien zum Grabe vollzieht sich wie eine Prozession unter Vorantritt dreier mit dem *superpellicium* bekleideter Knaben, die brennende Kerzen tragen (I,0f/g). Nach ihrer Trennung von den beiden anderen Marien geht auch Maria Magdalena allein ein solcher Kerzenträger voran (I,42b). Der Weg der Marien zum Grabe (I,26a–28c) und der Jüngerlauf (I,124a–127b) werden von epischem Gesang des Chores begleitet.

Wenn das Ganze trotzdem nicht mehr als Feier III, sondern als Osterspiel anzuspre-chen ist, dann vornehmlich deswegen, weil die drei Marien *ad modum Honestarum mulierum vestite* sind (I,0c/d), also Kostüm tragen. Damit aber ist die Darbietung ihrer inneren Haltung nach nicht mehr liturgische *commemoratio* wie in der Feier, sondern schauspielerische Nachahmung, eben Spiel. Daß dieses sich von den in den Feiern streng beachteten biblisch-liturgischen Grundlagen zumindest teilweise gelöst hat, geht auch daraus hervor, daß in ihm statt des einen Engels[60] oder der zwei Engel[61] der Evangelien deren vier[62] agieren, obwohl im Gesangstext der Marien nur von einem einzigen die Rede ist (I,41).

Wie der Übergang von der Liturgie zum Osterspiel sich am Beginn mit dem Auftreten der als Marien kostümierten Darsteller aus der Sakristei heraus vollzog (I,0b–2), so vollzieht sich derjenige vom Osterspiel zur Liturgie am Schluß durch das Zurückgleiten des *plebanus* aus der Rolle des Salvators in die Funktion des Priesters. Von einem erhöhten Ort im Chor (*superius in choro* I,134b), vermutlich einer Chor- oder Altarstufe, aus verkündet er mit dreimaligem *Surrexit dominus de sepulchro* die Auferstehung, worauf der Chor jeweils mit *Qui pro nobis pependit in ligno· alleluia* antwortet, das Volk mit *Crist ist erstandenn* einfällt und der *organista* das *Te deum laudamus* intoniert.

Die Aufzeichnung ist ungeachtet ihrer schließlichen Inkorporierung in eine (Lese-) Sammelhandschrift ursprünglich für eine Aufführung konzipiert worden. Das zeigen die genauen Inszenierungsanweisungen für das Auftreten und Abgehen der Darsteller, ihre Kostümierung, ihre Standorte und Bewegungen im Kirchenraum, der zudem als derje-nige der Zwickauer Marienkirche identifiziert werden konnte (s. S. 10/11); das geht weiter auch daraus hervor, daß sich selbst in der hier vorliegenden Abschrift in Gestalt von Z w i c k a u I a der Rollenauszug für den Salvatordarsteller erhalten hat, der außer der Frage und Anrede an Maria Magdalena die E-Strophen umfaßt. Im Spieltext sind sie jeweils nur durch ein Incipit vertreten. Das weist daraufhin, daß die Vorlage von Zwickau I das Regie-Exemplar des *plebanus* war, der seine eigene Rolle, eben die des

---

[59] I, 60a, 64a, 66a, 71a, 76a, 81a, 85a.
[60] Mt 28,2–5; Mc 16, 5/6.
[61] Lc 24,4; vgl. Io 20,12.
[62] I, 30a/b. Die gleiche Anzahl von Engeln findet sich Zwickau III, 56 (ebenfalls im Widerspruch zu III, 77).

Salvators, deshalb nicht im vollen Wortlaut in den Spieltext hineinschrieb oder hinein-
schreiben ließ, weil er sie aus der *propria cedula*[63] seines Rollenauszugs auswendig
gelernt hatte und folglich für die Spieleinstudierung und -leitung nicht mehr brauchte;
er hatte sie ja im Kopf. Wenn gleichwohl die *propria cedula* zusammen mit dem
Gesamttext in der vorliegenden Handschrift B abgeschrieben wurde, so erklärt sich das
daraus, daß beide an Nachfolger weitergegeben werden sollten. Zwickau I und Ia sind
mithin Abschriften von Aufführungsmanuskripten, die ihrerseits für eine oder mehrere
Aufführungen gedacht waren. Davon, ob sie dann dafür auch wirklich gebraucht worden
sind, wissen wir freilich nichts.

    Z w i c k a u I I I , gleichfalls vollständig gesungen, ist mit Zwickau I aufs engste ver-
wandt. Wortlaut, Melodien (samt Schlüsselwechseln!) und Reihenfolge der lateinischen
Texte sind bis auf wenige kleinere Abweichungen[64] identisch. Selbst in der Umstellung
der D-Strophen des Zehnsilbler-Gesangs *Cum venissem vng(u)ere mortuum*, die in der
Reihenfolge 1–3–2 erklingen, stimmen beide Spiele überein[65]. Die beiden relativ
größten Abweichungen bestehen darin, daß der Zwickau I einleitende Hymnus *IHesu
nostra redempcio* (I,3–14) in Zwickau III nur in deutscher Übersetzung gesungen wird
(*Jhesu crist vnßer erlôsungh* III,7–18) und in der Ostersequenz Maria Magdalenas
Antwort auf die dreimalige Frage der beiden anderen Marien, *Sepulcrum christi viuentis / et gloriam vidi resurgentis* (I,110/111), das dritte Mal wegbleibt (III, nach 224) und
gleich der Versikel *Angelicos testes* (III,225–228) folgt. Sonst unterscheiden sich beide
Spiele textlich nur dadurch, daß in III jeder lateinischen Partie eine deutsche Vers-
übersetzung beigegeben ist, die nach der gleichen Melodie wie das lateinische Vorbild
gesungen wird. Ohne deutsche Übersetzung bleiben einzig die epische Chorantiphon
Maria Magdalena (III,49/50) und die ebenfalls chorische Verkündung *Surrexit enim
sicut dixit [dominus]* (III,267–270) unmittelbar vor dem wieder liturgischen Ausklang.
Bei der Übersetzung des Refrains der ersten beiden B-Strophen bietet die Aufzeichnung
drei Text- und zwei Melodievarianten zur Auswahl an[66]. Das Verhältnis Latein:Deutsch
beträgt insgesamt 47,1:52,9%[67].

    Die Inszenierung ist bis ins Detail hinein die gleiche wie die von Zwickau I[68], wenn
die wie stets lateinischen Regieanweisungen sich auch, abweichend vom lateinischen
Rollentext, nicht immer wortwörtlich gleichen. Wie in Zwickau I, so sind auch hier liturgische Züge wie die kerzentragenden Knaben, die den drei Marien (III,0g/h) oder der
einen Maria Magdalena (III,83a/b) vorausgehen, bewahrt; die Marien selbst hingegen
sind hier wie dort nicht geistlich gewandet, sondern weltlich kostümiert (III,0d/e). Auch

---

[63] I, 66a/b, 72a.
[64] III, 1–3 ähnliche, aber nicht gleiche Melodie wie I, 1. – *plorantes* III, 58 h a G – a – a gegen a – a – a
     I, 32. – III, 71/72 eine Quinte höher notiert als I, 37–39. – III, 126/127 ohne die b-Versetzungszeichen in
     I, 62/63. – *reconciliauit* III, 193 F – G – D – F – D – C gegen F – G – E – F – E – D I, 94.
[65] III, 84–87, 92–95, 103–106 = I, 43–46, 47–50, 51–54.
[66] III, 26–29. Vgl. 37–38 und Apparat dazu.
[67] In Verszahlen ausgedrückt 132:148 Verse. Die Differenz beträgt mithin 16 Verse oder 5,8%.
[68] Das gilt ebenso für das Auftreten und Abgehen der Darsteller, ihre Kostümierung, ihre genau lokalisierten
     Standorte und Bewegungen im Raum der Zwickauer Marienkirche wie für die Besonderheit des Auftre-
     tens von vier Grabesengeln (III,56) im Widerspruch zum eigenen Gesangstext (III,77), vgl. Anm. 62.

ist die in den Rubriken der Osterfeiern streng beachtete darstellerische Distanzhaltung, die zwischen Rolle und Rollenträger scharf unterscheidet, hier aufgeweicht. Zwar heißt es noch wie vordem *quatuor iuuenes loco angelorum* (III,56a), und die Darsteller der Jünger Johannes und Petrus werden *duo dyaconi* genannt (III,260a); zwar wird auch der Salvatordarsteller meist noch als *plebanus* bezeichnet[69], aber einmal ist doch schon, den Unterschied verwischend, vom *plebano uel saluatore* die Rede (III,176b), und Maria Magdalena, die gewöhnlich *tercia persona* genannte, erscheint sogar mehrfach mit ihrem Rollennamen[70]. Dies ist das deutlichste Indiz dafür, daß wir in diesem mischsprachigen Text, in dem zudem das Deutsche, wenn auch erst geringfügig, überwiegt, ein Osterspiel vor uns haben.

In Z w i c k a u I I ist der Charakter des Osterspiels in dieser Hinsicht noch stärker ausgeprägt. Zwar gibt es auch hier noch die geistlich gewandeten kerzentragenden Knaben vor den weltlich kostümierten drei Marien (II,13d–f); aber vor Maria Magdalena allein ist ein solcher getilgt (II,174a), die Jünger Johannes und Petrus erscheinen in der Regieanweisung als *duo presbiteri uel persone* (II,342a), die Engel sind eben *angeli*[71], und Christus ist durchgehend der *saluator*[72] – wie auch schon die Einleitung angekündigt hatte, daß die Aufzeichnung eines Spiels *Cum tribus personis tribus angelis et vno saluatore* (II,0b–d) folgen werde.

Im übrigen steht Zwickau II textlich und musikalisch Zwickau III sehr nahe und ist über dieses wieder mit Zwickau I verwandt. Zwickau II führt nur diejenigen Texte mit Noten an, die in III entweder gar nicht vorhanden[73], nicht notiert[74] oder aber mit anderen Melodien[75] versehen sind (vgl. Konkordanz 1). Sonst verweist es zur Ergänzung seiner bloßen Incipit-Angaben nicht weniger als 28mal auf die vollständigen Texte und Melodien in Zwickau III (vgl. Anm. 12). Gleichwohl ist es davon durch vielerlei Abweichungen in Text und Ablauf deutlich unterschieden.

Das lateinische Textgerüst ist zwar im Prinzip das gleiche, doch gehen in Zwickau II den B-Strophen die in III fehlenden A-Strophen *Heu nobis internas mentes*[76] mit jeweils folgender deutscher Übersetzung voraus. Von den B-Strophen erscheinen die beiden ersten in umgekehrter Reihenfolge, die dritte ist fortgelassen. Dem Hymnus *Jhesu crist vnßer erlôsungh* (II,149–160) ist das in Zwickau III unterdrückte lateinische Original (II,133–148) vorangestellt.

Wie in Zwickau III so folgt auch hier jedem lateinischen Text eine deutsche Übersetzung. Ausnahmen von dieser Regel bilden nur die einleitenden Chorgesänge des (wiederholten) dritten Responsoriums und der Antiphon *Maria Magdalena* (II,1–13) sowie die dialogische zweite Hälfte der Ostersequenz (II,322–342). Auch die abschließende liturgische Auferstehungskündung durch die beiden *presbiteri*, die zuvor

---

[69] III, 123a, 132a, 135a, 146a, 157a, 168a.
[70] *magdalena* III, 133a; *maria* III, 144a, 155a, 166a.
[71] II, 93a, 104a, 113a; s.a. den *primus, Secundus* und *Tercius angelus* II, 95a, 107a, 115a.
[72] II, 212a, 224a, 232a, 247a, 260a, 273a, 287a.
[73] II, 12/13 (in III, 49(1) nur *Maria magdalena*), 14–25, 32–43, 50–61, (133–136), 171–174, 360–362.
[74] II, 343–350, 351–356, 357–359.
[75] II, 12, 94.
[76] II, 14–19, 32–37, 50–55.

Johannes und Petrus dargestellt haben (II,342a), bleibt, wieder wie in Zwickau III, unübersetzt, während die Antwort des Chors darauf, abweichend von dort, hier auch deutsch ertönt.

Die deutschen Texte von Zwickau II haben mit denjenigen in Zwickau III nichts gemein. Die Übersetzungen sind andere, und überdies folgen in Zwickau II verschiedentlich auf die gesungenen deutschen Übersetzungen teilweise weitere, aber stets nur rezitierte deutsche Verspartien[77]. Dadurch verschiebt sich das quantitative Verhältnis von lateinischem zu deutschem Text erheblich zugunsten des letzteren. Bei 155 lateinischen und 207 deutschen Versen stellt es sich prozentual als 42,8%:57,2% dar; die Differenz zwischen beiden beträgt somit 14,4% (oder 52 Verse). Verglichen mit den entsprechenden Werten von Zwickau III (s. S. 14 und Anm. 67) bedeutet das einen Zuwachs an deutschem Text von 8,6%.

Der Textaufbau ist jenem Spiel (und Zwickau I) gegenüber insofern abgewandelt, als der dort die eigentliche Handlung eröffnende Hymnus *Jhesu crist vnßer erlôsungh* hier der *visitatio* nicht voran-, sondern nachgestellt ist und von den beiden in den Chor zurückgehenden Marien gesungen wird. Statt seiner ist hier die Antiphon *Maria Magdalena* als epische Einleitung an die Spitze gerückt worden, die in Zwickau III erst auf die B-Strophen folgt.

In der Inszenierung, soweit sie den Ablauf der Darbietung im Raum betrifft, unterscheidet sich Zwickau II von Zwickau I und III nicht. Die einzige Differenz besteht darin, daß die Bewegung der Darsteller und Darstellergruppen im Raum in den Regieanweisungen hier nicht so häufig und präzise aufgezeichnet ist wie dort. Dafür warten sie mit Einzelheiten auf, die dort fehlen: mit Details zum Einzug des Chores[78] sowie zum Erscheinen (II,212a) und Verschwinden (II,287a) des Salvators. Auch erfahren wir so, das die *lintheamina*, die Petrus und Johannes in der Kündungs-«Szene» vorweisen, aus der vorausgegangenen Zeremonie der *depositio crucis* stammen (II,350b/c). Im übrigen ist der den Lauf der Jünger zum Grabe begleitende epische Gesang *Currebant duo simul* samt deutscher Übersetzung, del in Zwickau III (und, ohne Übersetzung, auch in Zwickau I) der Chor singt, hier den Läufern selbst in den Mund gelegt (II,342a–346), und überall dort in der *visitatio*, wo lateinische Gesänge von einer Ensemblegruppe vorgetragen werden, wird die deutsche Übersetzung – wohl der besseren Verständlichkeit wegen – nur von einem einzelnen Mitglied der jeweiligen Gruppe rezitiert (II,69a–132). Endlich ist auch hier die Anzahl der Grabesengel im Widerspruch zum eigenen Gesangstext (II,121) unbiblisch, beträgt aber nicht, wie in Zwickau I und III vier, sondern davon abweichend deren drei[79].

Nimmt man das alles zusammen, so kann man nicht umhin festzustellen, daß Zwickau II trotz der Gleichheit des Handlungsablaufs und der weitreichenden Textverwandtschaft mit Zwickau III doch ein Osterspiel eigenständiger Konzeption ist.

---

[77] II, 26–31, 44–49, 62–69, 161–166.
[78] II, 11a–c, 13a/b.
[79] II, 93a; vgl. II, 95a, 107a, 115a. Die gleiche Anzahl von Engeln weist Erlau III auf, das allerdings eine Sammlung von Aufführungsvarianten darstellt.

Z w i c k a u I V ist kein Spiel, sondern der Rollenauszug aus einem solchen für Maria Salome. Das Lateinische – auf zwei kurze Gesangsstrophen beschränkt[80], denen jeweils ebenfalls gesungene Übersetzungen folgen[81] – ist darin ganz an den Rand gedrängt. Der weit überwiegende volkssprachige Text wird teils im Melodiegesang[82], teils im Sprechgesang vorgetragen (IV,15–46), dessen Rezitationston mit aufgezeichnet ist (IV,15). Die Verse 63–76 wurden möglicherweise nur gesprochen; jedenfalls ist dazu keine Melodie notiert.

Maria Salome wendet sich mit ihren Klagen zunächst an den Gekreuzigten (IV,14a–24), danach an seine Mutter (IV,24a–36) und schließlich an Volk und Gemeinde (IV,36a–46). Während sie anfangs noch den – wenn auch bereits gestorbenen (IV,22) – Crucifixus anredet, ist dieser später bereits begraben (IV,74), hat inzwischen die Hölle erbrochen und daraus die Altväterseelen befreit[83] und ist endlich selbst auferstanden (IV,60). Der Rollentext endet mit der Aufforderung an die anderen Marien (das sind die *liben schwestern mein* IV,73), Christi Grab aufzusuchen und seinen Leichnam zu salben. Mit seiner ersten Hälfte gehört er also zu einer Marienklage, welche die Ereignisse des Karfreitags abschließt, mit seiner zweiten zu einem Auferstehungsspiel. Da beides niemals in einem Oster-, sondern immer nur in einem Passions- (oder Fronleichnam-) spiel vereinigt ist, Hinweise auf prozessionale Gestaltung, wie sie den Fronleich- namspielen eigen ist, jedoch fehlen, muß es sich um den Part der Maria Salome aus einem Passionsspiel handeln.

Fast der ganze volkssprachige Rollentext, der zum Auferstehungsspiel gehört[84], ist mit entsprechenden Partien von Zwickau II und III aufs engste verwandt. Die Verse IV,47–58 gleichen III,7–18, die Verse IV,59–62 gleichen II,171–174; auch die jeweiligen Melodien sind identisch. Mit der einzigen Ausnahme von IV,52 *tragst* gegen *trugst* III,12 (AB), die aber möglicherweise keine Variante, sondern ein bloßer Lese- oder/und Abschreibfehler ist, gibt es keine inhaltlichen, sondern allein graphische Abweichungen. In beiden Partien stimmt Zwickau IV darin teils mit der Handschrift A[85], teils mit B[86], oft aber auch mit keiner von beiden[87] überein. Sofern sich hier – wie leicht möglich – nicht bloß die Schreibgewohnheiten des Abschreibers durchgesetzt haben, müßte daraus

---

[80] IV, 1–6, 67–81.

[81] IV, 7–14, 82–85.

[82] Nämlich die deutsche Version *Jesu crist vnßer erlösungh* (IV, 47–58) des Hymnus *Jesu nostra redemptio*, der hier nicht auch im originalen Latein gesungen wird.

[83] IV, 55–57. V. 58 setzt eigentlich auch schon die vollzogene Himmelfahrt voraus, doch ist das, wie der Fortgang der Handlung zeigt, eine aus rechtgläubigem Vorwissen herrührende anachronistische Vorweg- nahme.

[84] IV, 47–76. Ausgenommen ist einzig die deutsche Übersetzung (IV, 82–85) des *Flete fideles anime* (IV, 77–81). Beides macht den Eindruck eines Nachtrags (aufgezeichnet nach dem *Vltimus Rithmus!*), der traditionell in den Zusammenhang der Marienklage, also eigentlich der ersten Rollenhälfte, gehört.

[85] IV, 51 *glùth* wie III, 11; IV, 52 *missetath* wie III, 12; IV, 54 *vnß* wie III, 14; IV, 60 *nu* wie II, 174. IV, 48 *vnser* entspricht wenigstens der in A übergeschriebenen Variante III, 8 *vnßer* (normaler Text *vnde* A, *vnd* B).

[86] IV, 49 *schoppfer* wie III, 9; IV, 50 *czeyt* wie III, 10; IV, 52 *vnser* wie III, 12; IV, 53 *zcudulden* wie III, 13; IV, 55 *schloß* wie III, 15.

[87] IV, 56 *dein* gegen III, 16; IV, 57 *vberwinder* gegen III, 17; IV, 58 *zcu, vaters* gegen III, 18, *siczt* gegen III, 18 *sytzt* A, *syczt* B; IV, 60 *thoten* gegen II, 172.

geschlossen werden, daß die entsprehenden Verspartien nicht aus Zwickau II und III unmittelbar, sondern aus einer II, III und IV gemeinsamen Vorlage abgeschrieben worden seien. Eine zwingende Notwendigkeit zu dieser Annahme besteht jedoch nicht.

Ähnlich verhält es sich mit dem unmittelbar anschließenden *Vltimus Rithmus* (IV,62a–76). Er setzt sich aus der zweiten der beiden deutschen Übersetzungen der ersten A-Strophe und dem der Übersetzung der dritten A-Strophe folgenden paraphrasierenden Text aus Zwickau II zusammen[88]. Während der erste Teil der Stelle rein graphisch ganz mit Zwickau II (AB) übereinstimmt, geht Zwickau IV im zweiten Teil wieder bald mit A[89], bald mit B[90] zusammen, bald steht es für sich[91]. Sprachlich ist der ganze *Vltimus Rithmus*, vornehmlich um der Intensivierung der Aussage willen, im Vergleich mit der Vorlage metrisch und rhythmisch ungeschickt aufgeschwellt worden[92]. Der textliche Zusammenhang von Zwickau IV mit Zwickau II und III ist insofern von Belang, als er die Zwickauer Provenienz auch des anderweit nicht lokalisierten Zwickau IV wenn auch nicht zwingend beweist, so doch wahrscheinlich macht.

1.33 Die Melodien. – Die Melodien sind in den üblichen Formen der gotischen Hufnagelnotation auf der Grundlage des Rhombus aufgezeichnet:

Bezeichnung	hs. Darstellung	Übertragung
1. Punctum		
2. Virga		
3. Pes oder Podatus		
4. Clivis		
5. Torculus		
6. Scandicus		
7. Climacus		
8. Virga cum punctis		
9. Salicus		

---

[88] Vgl. IV, 63–68 mit II, 26–31, und IV, 69–76 mit II, 62–69.

[89] IV, 71 *ßo* wie II, 64; IV, 74 *wir czu* wie II, 67; IV, 75 *wir* wie II, 68.

[90] IV, 70 *herczen* wie II, 63; IV, 72 *herren vnd meisters todt* wie II, 65; IV, 75 *leichnam* wie II, 69.

[91] Vgl. IV, 69 *gammerlichen* [sic!] mit II, 62, und IV, 73 *liben, mein* mit II, 66.

[92] In IV, 63–68 sind gegenüber II, 26–31 zugesetzt: IV, 63 *betruben*; IV, 64 *wol*; IV, 65 *ßo gammerlich*; IV, 66 *allem* und *vnd heyle*; IV, 67 *schnode*; *großen* (II, 27) ist zu IV, 64 *groß* verkürzt, in IV, 65 *Synt daz* (II, 28) durch *dy weyl* ersetzt.
In IV, 69–76 sind gegenüber II, 62–69 zugesetzt: IV, 71 *heuth*; IV, 73 *nu auff ir*; IV, 74 *mit eynander*; IV, 75 *edlen*; IV, 76 *vnd yn recht wol beschawen*; verändert sind IV, 71 *brengt* zu *brenget*, *mich* zu *vns*; IV, 72 *meyne* zu *vnsers*.
Die durch sprachliche Überfüllung holprig gewordenen und öfter gar nicht mehr vierhebig lesbaren Verse in Zwickau IV legen die Vermutung nahe, daß die Bearbeitungsrichtung von Zwickau II zu Zwickau IV verlief und nicht umgekehrt.

Erläuterung:

1. Das Punctum: Grundform einer Note über einer Silbe.

2. Die Virga: »eine Note mit Stiel«. Sie ist »ein Grundelement vieler Neumenzusammensetzungen«[93].

3. Der Pes oder Podatus: eine aufsteigende Notenfolge von zwei Noten (Punctum und Virga).

4. Die Clivis: eine absteigende Notenfolge von zwei Noten (Virga und Punctum); sie kommt als Ligatur in zwei unterschiedlichen Formen vor (s.u.)

5. Der Torculus: eine auf- und absteigende Notenfolge von drei Noten, deren höchster Ton in der Mitte liegt (etwa: Punctum-Virga-Punctum).

6. Der Scandicus: eine aufsteigende Notenfolge von drei und mehr Noten, deren höchster Ton am Ende der Folge liegt (etwa: Punctum-Punctum-Punctum-Virga)

7. Der Climacus: eine absteigende Notenfolge von drei und mehr Noten, deren höchste am Anfang der Folge liegt (etwa: Virga-Punctum-Punctum-Punctum).

8. Die Virga cum punctis[94]: eine auf- und absteigende Notenfolge, deren höchster Ton durch eine Virga gekennzeichnet ist (etwa: Punctum-Punctum-Punctum-Virga-Punctum-Punctum-Punctum).

9. Der Salicus: eine ansteigende Notenfolge, deren vorletzte und letzte Noten durch Virgae gebildet werden (etwa Punctum-Virga-Virga[95]).

Erweiterte Neumengruppen bestehen aus Kombinationen der 1–9 genannten Neumen und Neumengruppen.

In den Notenaufzeichnungen und der Überlieferung der Melodien weisen die Handschriften aus Zwickau die gleichen Gemeinsamkeiten wie die Texte auf. Der Befund der Textkritik wird durch die Untersuchung der Noten und Melodien voll bestätigt.

Bei gleichen Texten, in den Strophen eines Liedes oder bei der deutschen Übersetzung einer lateinischen Vorlage ist der Großteil der Melodien in den Zwickauer Spielen identisch. Das gilt nicht nur innerhalb der Handschriften und für die Abschriften aus A von Zwickau II und III in Hs. B; es betrifft auch das Verhältnis von Zwickau I zu III (und natürlich das von Ia zu I). Selbst Zwickau IV hat mit II und III melodisch gemeinsame Partien. Musikalische Parallelen dieser Art (insbesondere in Zwickau II und III) werden im Apparat nicht vermerkt. Zwickau II macht mit seinen notierten Teilen insofern eine Ausnahme, als es nur solche Texte mit Melodien versieht, die in III entweder gar nicht vorhanden oder ohne bzw. mit andern Melodien aufgezeichnet sind (vgl. Anm. 73–75 und Konkordanz 1).

Ein typisches Beispiel für die Art der Melodieübertragung ist III,76 *Ad monumentum* und III,79 *Zcu dem grab clagende*. Die Melodie des lateinischen Textes (III,76–78) wird

[93] AGUSTONI S. 54.
[94] Vgl. DREIMÜLLER III, S. 88.
[95] Vgl. AGUSTONI S. 147, WOLF S. 160.

auf die deutsche Übersetzung (III,79–83) übertragen, und zwar fortlaufend genau (bis auf das zusätzliche d in V. 79) und über die Versgrenzen hinweg[96].

Die Partien III,96–102 und III,107–111 gestatten einen Blick in die Werkstatt des Übersetzers[97], der die Melodie des lateinischen Textes, also seiner Vorlage, genau beibehält und die deutsche, ziemlich wortgetreue (und geschickte!) Übersetzung darunterlegt – mit Reimen, aber wie die Waise V. III,98 zeigt, eben nicht unbedingt unter Reimzwang. Dieses Verfahren geht durch alle deutschen Texte, sofern sie Übersetzungen aus dem Lateinischen sind, wenn auch die Anzahl der Verse natürlich nicht überall wie hier[98] vermehrt wird.

In der Notation der identischen Melodien finden sich fast ausschließlich nur ganz geringfügige Unterschiede. Sie rühren meistens daher, daß sich gegenüber der Vorlage (also beispielsweise dem lateinischen Text) eine andere Wort-Ton-Zuweisung ergibt oder daß mehr oder weniger Silben vorhanden sind, die folglich mehr oder weniger Noten brauchen, um den Text zu vertonen[99]. Entsprechend werden die Noten(formen) gewählt. Die absteigende Tonfolge zweier Noten beispielsweise kann über zwei Silben durch zwei Puncta, über einer Silbe durch die Clivis ausgedrückt werden. Dadurch ändert sich das Erscheinungsbild der Noten und ihrer Übertragung in moderne Notenschrift (Ligaturen, vgl. dazu unten S. 26); die Melodie aber bleibt in ihrem Verlauf die gleiche. Um den Apparat nicht unnötig zu belasten, werden auch solche geringfügigen Abweichungen nicht aufgeführt, zumal sie aus den Transkriptionen und dem beigefügten Faksimile leicht zu erkennen sind. Größere Unterschiede in der Melodieführung und den Akzidentien (Versetzungszeichen = b-Vorzeichnung, s.u.) sind dagegen verzeichnet.

Typische Abschreibefehler wie übersehene Schlüsselwechsel, Terzsprünge, Schlüsselfehler, falsch (ab)geschriebene Noten sind selten. Die Einheitlichkeit der Notation und der Melodien innerhalb der je einzelnen Zwickauer Handschrift wie auch im Verhältnis der Handschriften untereinander ist bemerkenswert. Hervorzuheben ist auch die im Gegensatz zu manchen anderen mittelalterlichen Spielhandschriften sehr genau geregelte Wort-Ton-Verteilung, die bisweilen noch durch Trenn- und Zuweisungsstriche verdeutlicht wird[100], wenn diese möglicherweise auch nicht (immer) von der gleichen Hand wie der des Notenschreibers stammen.

Das Schreibverhalten der Notenschreiber zeigt im Schriftbild und in der Art und Weise des Abschreibens so viele gemeinsame Züge mit dem Schreibverhalten der Textschreiber, daß die Annahme berechtigt erscheint, es könne sich in allen drei Fällen (d.h. bei den Schreibern A, B1 und B2) jeweils um ein und dieselbe Person gehandelt haben, die Text u n d Noten zu Papier gebracht hat.

Die Noten in der Handschrift A sind (ebenso wie der Text) von einer Hand und sehr sorgfältig ausgeführt. Rasuren, exakte Textunterlegung und funktionale Schlüssel-

---

[96] III, 81/82 gegen III, 77. Versgrenzen im deutschen Text beider Handschriften durch Schrägstriche markiert.

[97] Vgl. die Anmerkungen zu III, 96–102 und III, 109–111.

[98] Lat. V. 92 = dt. V. 96 + 97, lat. V. 94 = dt. V. 99 + 100, lat. V. 106 = dt. V. 110 + 111.

[99] z.B. III, 173 gegenüber III, 169, oder III, 181 gegenüber III, 177.

[100] z.B. III, 94 *qui salua* =/; III, 95 *pulsis a me*; III, 136.

wechsel deuten darauf hin, daß der Schreiber genau wußte, was er an Noten abschrieb[101]. Zuerst schrieb er den Text, dann die Noten; denn bei Selbstkorrekturen sind über gelöschtem Text keine Noten, auch nicht radierte, zu finden; hingegen stehen sie über dem verbesserten Text[102]. In III,22 reicht der Oberbogen der Majuskel *H* von *Hew* so weit in das darüberstehende Notensystem hinein, daß der F-Schlüssel (3F[103]) abweichend von seiner sonstigen Stellung weiter nach rechts gerückt werden mußte. Er wurde also auf jeden Fall erst gesetzt, nachdem das *H* schon dastand. Zudem wechselt an dieser Stelle der Schlüssel (im vorigen System steht der Schlüssel 2F, 4c); die Noten können folglich kaum vor der Schlüsseländerung in das System geschrieben worden sein.

II,351 bietet einen deutlichen Hinweis darauf, daß in A der Textschreiber auch der Notenschreiber war. Er korrigiert nämlich das Wort *sudarium*[104], nachdem er es zunächst bis zum Ende der durch das System vorgegebenen Zeile ausgeführt hatte. Als er dann die Noten darüber schrieb, bemerkte er, daß sie wegen des Melismas über *(su)da(rium)* nicht mehr zum Text stimmten, notierte richtig zu Ende (und zwar über das System hinaus), löschte dann den »falschen« Text und schrieb ihn an die richtige Stelle. Ein solches Verfahren setzt voraus, daß Text- und Notenschreiber ein und dieselbe Person waren.

Der Notenschreiber von Zwickau II und III in der Handschrift B (= Schreiber B2?) übernimmt Melodien, Wort-Ton-Zuweisungen (z.B. II,133), typische Schreibweisen, ja recht häufig sogar die Schlüsselwechsel[105]. Eigene Fehler sind selten[106].

In den allein von B überlieferten Stücken Zwickau I und Ia wurden im Gegensatz zur Handschrift A zuerst die Noten und dann der Text aufgezeichnet[107]. Bleiben hier in B die Notenabstände gleich, während das Schriftbild sich ändert und Buchstaben wie Wörter einmal enger, einmal weiter auseinanderstehen, so weist A dagegen ein gleichmäßiges Schrift-, aber ein in seinen Zwischenräumen sehr unterschiedliches Notenbild auf. Bis auf verschwindend geringe Ausnahmen[108] gleicht der Notenverlauf samt Schlüsselwechseln in Zwickau I (Hs. B) dem in Zwickau III (Hs. A).

1.4 Zu den bisherigen Ausgaben

Die hier neu edierten Spiele und Rollenauszüge wurden sämtlich zuerst von STÖTZNER, Zwickau I und Ia danach noch einmal von LIPPHARDT (s. Anm. 44) veröffentlicht. Wo beide konkurrieren, gebührt STÖTZNER der Vorzug. Beide erkannten zwar die Natur der

---

[101] Einer der wenigen Abschreibfehler findet sich III, 210 über *vidi* (a–G statt a–a) und seinen Melodieentsprechungen in III, 214, 228.
[102] S. o. S. 5 und Anm. zu II, 356 und III, 22.
[103] Zum Gebrauch des Schlüsselweisers s. S. 27.
[104] S. Anm. zur Stelle und o. S. 5.
[105] Vgl. II, 12. In III, 136 wird der in A funktionale Schlüsselwechsel am Anfang eines neuen Systems vor *quidem* von B mitten im laufenden System übernommen.
[106] III, 30, 34/35, 191; III, 134/135 überlieferungsabhängige Vertauschung, s. Anm. zu III, 131–135a.
[107] Vgl. z.B. I, 76 *Sancte* in Hs. B, fol. 4ᵛ.
[108] S. S. 14, 20 und Anm. zu I, 92–95.

Aufzeichnung von Zwickau Ia als Rollenauszug nicht und druckten ihn daher als Nachtrag zum Spieltext, doch tat das LIPPHARDT in besonders unzulänglicher Weise[109]. Und während STÖTZNERS Text zwei falsch aufgelöst Abbreviaturen[110] und ein knappes halbes Dutzend Lesefehler aufweist[111], die nur ausnahmsweise bedeutungsverändernd wirken, bietet LIPPHARDT einen Text, der durch Verlesungen, falsch aufgelöste Abbreviaturen, eine Auslassung, einen unerlaubten und einen nicht gekennzeichneten Zusatz, mißverstandene und falsch dargebotene Regieanweisungen sowie durch unzutreffende Angaben über die Notierung entstellt ist[112].

Die übrigen Texte hat STÖTZNER im ganzen sorgfältig ediert. Verlesungen sind, außer in Zwickau II, relativ selten und in der Regel unbedeutend[113]. Sinnverändernde Verlesungen[114], falsche Auflösung von Abbreviaturen[115], Auslassungen[116] und Verstellungen[117] begegnen nur vereinzelt.

Wenn die Zwickauer Spiele hier gleichwohl in einer Neuausgabe vorgelegt werden, dann gibt es dafür eine Vielzahl guter Gründe. So wie STÖTZNER und LIPPHARDT die Eigentümlichkeit der Textaufzeichnung von Zwickau Ia als eines Rollenblattes und

---

[109] LOO V Nr. 789, S. 1546.

[110] I, 64a (I, 110) ist abbreviiertes *verbum* der Handschrift falsch als *vnvm*, Ia 12 (I, 188) gekürztes *ultra* falsch als *ultro* aufgelöst (Verszählung STÖTZNERS in Klammern). Vgl. CAPPELLI S. 393b und 393a, jeweils der letzte Eintrag der Spalte.

[111] Vor der Lemmaklammer stehen Verszählung und Lesung STÖTZNERS, danach die Verszählung dieser Ausgabe und die Lesung der Handschrift. I, 2 *Jesu*] I, 2 *Jhesu*; I, 16 *Jhesu*] I, 3 *IHesu*; I, 53 *patent*] I, 28a *patet*; I, 91 *saluauit*] I, 49 *saluauit*; I, 171 *Incipiat*], I, 143a *Jncipiet*. – Die Fälle, in denen im Wortauslaut stehendes *j* von Stötzner durch *i* wiedergegeben wurde, sind möglicherweise keine Lesefehler, sondern Folge einer in der Vorbemerkung zu Zwickau I (STÖTZNER S. 5) versehentlich nicht genannten Normalisierung; vgl. I, 0a (I, 2) *nostrj*; I, 0h (I, 8) *chorj*; I, 71a und Ia, 7 (I, 119, 183) *priorj*; I, 82 (I, 129) *rej*; I, 91 (I, 140) *christianj* (STÖTZNERS Verszahlen in Klammern).

[112] Verszahlen von LOO in Klammern. (2) *Jesu*] I, 0b *Jhesu*; (13) *Jhesu*] I, 3 *IHesu*; (153) *Sepulchrum*] I, 102 *Sepulcrum*. Falsch aufgelöste Abbreviaturen (vgl. Anm. 110): (100) *versum*] I, 64a *verbum*; (124) *ultro*] I, 78 *ultra*; Auslassung: I, 85a (135) nach *huius* fehlt *antiphone*. Unzulässiger Zusatz: I, 83a (131) *ut sequitur* fehlt Hs. Nicht gekennzeichneter Zusatz: Rubrik I, 65a (102). Die Regieanweisung I, 0j (8) ist, da die ganze Stelle I, 0i–1 (7–9) mißverstanden ist, irrig als Vortragstext angegeben. Ähnlich ist das in die Regieanweisung I, 42e (75–77) integrierte Incipit *Cum venissem* als Vortragstext gedruckt; in der Regieanweisung I, 144c (180–182) ist in der Handschrift ebenfalls kein Vortragstext, sondern nur die Melodie angegeben, die der Organist anstimmen soll, ob sie auch gesungen wurde, geht daraus nicht hervor; in der Regieanweisung I, 134b (172) endlich ist, wie der Druck in Versalien zeigt, *superius* irrig als attributives Adjektiv zu *plebanus* statt als Ortsadverb, zu *in choro* gehörig, aufgefaßt. Für die ohne Melodien überlieferten Verse I, 96–98(1) und 100/101 (145–147, 150/151) ist durch vorgesetzten Stern unzutreffend Notierung angedeutet.

[113] Die Verszählung dieser Ausgabe vor, diejenige STÖTZNERS in der Klammer; seine Lesung vor, diejenige der Handschrift B nach der Lemmaklammer. – Z w i c k a u I I : 0d (3) *salvatore*] saluatore B. – 62 (76) *iemerlichen*] *iemmerlichen* B. – 74 (78) *iamerlich*] *iammerlich* B. – 97 (114) *iamer*] *iammer* B. – 104 (123) *iemerlich*] *iemmerlich* B. – 132 (159) *ut*] *vt* B. – 142 (170) *captivos*] *captiuos* B. – 166c (186) *in theutunico*] *cum th.* B. – 171 (189) *Ehr*] *Ehre* B. – 174 (192) *nu*] *nw* B. – 201 (216) *We*] *Aue* B. – 203 (218) *sehre*] *sehr* B. – 214 (233) *byldt*] *bylde* B. – 229 (250) *soltu*] *saltu* B. – 236a (258) *finito*] *finita* B. – 240 (262) *maria*] *marien* B. – 253 (276) *sehre*] *sehr* B. – 255 (278) *mere*] *mer* B. – 265 (289) *meynnen*] *meynen* B. – 301 (325) *aufferstandungh*] *aufferstedungh* B. – 329a (337) *tercium*] *tercius* B. – 350c (354) *lintheamen*] *lintheamen* B.
Z w i c k a u I I I : 11 (23) *gûth*] *guth* B. – Seitenwende nach 14a (27), nicht nach 15 (28). – 16 (29) *gefangne*] *gefangnen* B. – 22a (38), 33/2a (56), 58a (92) *teutonicum*] *teutunicum* B. – 31 (53) *ieſsum*]

damit seine (relative) Selbständigkeit nicht erkannten, so erkannte STÖTZNER allein weder den Rollencharakter von Zwickau IV noch seine Zugehörigkeit zu einem Passionsspiel, sondern mißdeutete es als monologische Marienklage und »Charfreitagsfeier«[118]. Für Zwickau II und III wertete die Auffindung der Vorlage A ihre Abschrift B, auf der die entsprechenden Teile von STÖTZNERS Edition fußen, ab; dieses Manuskript ist seitdem nur noch zur Bestätigung und allenfalls Ergänzung von A in den Fällen, wo dieses mechanisch beschädigt ist, von Nutzen. Vor allem aber entspricht STÖTZNERS zu ihrer Zeit durchaus verdienstvolle Ausgabe nicht mehr den Anforderungen, die heute an eine Edition von Spielhandschriften gestellt werden müssen. Bietet sie doch eine bloße Transkription des handschriftlichen Textes, realisiert aber nicht die verschiedentlich von den Regieanweisungen verlangten Wiederholungen, ergänzt nicht die bloß mit dem jeweiligen Incipit angegebenen Texte (und Melodien) und unterläßt – ebenso wie diejenige LIPPHARDTS, der dazu freilich gegen seinen Willen gezwungen wurde – vor allem die Wiedergabe sämtlicher Melodien. Mit alledem vermittelt die alte Ausgabe STÖTZNERS (wie die jüngere Teiledition LIPPHARDTS) nur einen bruchstückhaften und zudem schiefen Eindruck von der tatsächlichen Aufführung der Spiele. Dem sucht die Neuausgabe abzuhelfen.

---

iesum B. – 55 (86) *sehn*] *sehen* B. – 82 (127) *also*[*alßo* B. – 142 (200) *war*] *was* B. – 153 (216) *vnbegreifflich*] *vnbegreyfflich* B. – 233 (294) *meyne*] *meyn* B.
Z w i c k a u I V: 39 (44) *vbergangen*] *vbirgangen* B. – 48 (53) *vnßer*] *vnser* B (je zweimal). – 61 (66) *heyligen*] *heyligem* B.

[114] Die Verszählung dieser Ausgabe vor, diejenige STÖTZNERS in der Klammer; seine Lesung vor, diejenige der Handschrift B nach der Lemmaklammer. –
Z w i c k a u I I: 25a (34), 43a (55) *dicit*] *dicet* B. – 166a (184) *cantent*] *cantant* B. – 217a (237) *recedendo*] *respondendo* B. – 224a (244) *rursus*] *respondens* B. – 287b (314) *cantet*] *cantat* B. – 350c (354) *exigentes*] *erigentes* B. –
Z w i c k a u I I I: 91 (142) *finden den*] *finden* B. – 91 (141/142) e i n Vers. – 108 (161) *hie*] *fur* B. – 176b (249) *ut*] *uel* B. – 196 (272) *handt*] *bandt* B. – 206b (280) *interrogat eas*] *interrogat eam* B, aber in der Vorlage A richtig *interrogant eam*, d.h. in B ist nur der Nasalstrich über -*gat* vergessen. – 208a (283) *iterum*] *eciam* B. – 270c (324) *canit*] *respondet* B.
Z w i c k a u I V: 36 (40) *kinder* (an erster Stelle im Vers)] *bruder* B.

[115] In Zwickau II und III ist die Abbreviatur *ut̄* (ähnlich CAPPELLI S. 398a) durchgehend falsch als *ut sequitur* statt richtig als *ut patet* aufgelöst (Verszählung dieser Ausgabe vor, diejenige STÖTZNERS in der Klammer): II, 0d (4), 69b (85), 99b (118), 104b (125), 113b (134), 119d (143), 132c (159), 186b (205), 196b (214), 206b (223), 212b (231), 217b (238), 229b (252), 232b (257), 242a (266), 247b (273), 255a (280), 260b (287), 268b (294), 273b (301), 287b (314), 301b (327), 321b (332), 327a (336); III, 252d (314), 260d (319), 266b (321), 270b (324/325) – selbst in dem einen Falle II, 166b (185), in dem dadurch der unmögliche Verweis *ut sequitur supra* entsteht. – II, 18 (25) *crudeles*] *crudelis* steht in B statt der Endsilbe ein neutrales Abbrechungszeichen; da die Vorlage A aber ausgeschriebenes *crudelis* hat, wird der Abschreiber B2 dies auch gemeint haben. – III, 132a (186) ist wie schon in I, 64a (110) die Abbreviatur für *verbum* fälschlich als *vnum* aufgelöst (vgl. Anm. 110).

[116] *etc.* ist ausgelassen II, 132c (159) und III, 42/1a (67) – STÖTZNERS Verszahlen in Klammern.

[117] III, 134/135 ordnet STÖTZNER irrig umgekehrt an (191, 189/190 seiner Ausgabe; vgl. den Apparat der hier vorliegenden Ausgabe zu III, 131–135a), ebenso III, 156/157 (STÖTZNER 221/220), s. den Apparat zu III, 157. – Die Partie III, 207–214 erscheint bei STÖTZNER in der Reihenfolge 207/208 (281), 211/212 (282), 208a (283), 209/210 (284/285), 213/214 (286/287) – STÖTZNERS Verszahlen in Klammern.

[118] STÖTZNER S. 26.

1.5 Zur Neuausgabe

In der vorliegenden Neuedition zeichnet Ulrich MEHLER für den Bereich der Musik, Hansjürgen LINKE für alles übrige – Kodikologie, Paläographie, Textkritik und Spielkonstitution – verantwortlich.

Der Neuausgabe von Zwickau I, Ia und IV liegt die nach wie vor einzige Überlieferung in Gestalt der Handschrift B zugrunde, derjenigen von Zwickau II und III ihre unmittelbare Vorlage, die Handschrift A. Ein Apparat verzeichnet Besonderheiten der Text- und Melodie-Aufzeichnung und ggf. Abweichungen beider in der Handschrift B.

1.51 Zum Text. – Der Text wird möglichst handschriftengetreu dargeboten. Deswegen ist im Unterschied zu LIPPHARDT auf Normalisierung verzichtet und entgegen STÖTZNER auch *y* für *ii* oder *ij* beibehalten. Geschäftetes langes ſ ist hingegen der Druckerleichterung wegen stets als rundes *s* wiedergegeben. Der Nasalstrich über *vmb* ist, da Verdoppelung des einfachen Nasals nur in ganz vereinzelten Ausnahmefälle auftritt, ebenso als bloße Schreibermarotte ignoriert wie der häufige Zusatz des *(e)r*-Kürzels zu bereits ausgeschriebenem *(e)r*. Diakritische Zeichen (die, weil z.T. selbst in der Handschrift nur noch mit der Lupe erkennbar, nicht alle im Faksimile erscheinen) sind mit Ausnahme tatsächlicher oder wenigstens möglicher Umlautbezeichnungen weggelassen. Groß- und Kleinschreibung ist so gut es ging auseinandergehalten; doch sind darin beide Handschriften vielfach unklar bis indifferent, so daß es sich auch erübrigte, Unterschiede dieser Art zwischen beiden im Apparat zu verzeichnen.

Die spärlichen Interpunktionszeichen der Handschriften – ein Doppelpunkt (:) oder ein hochgesetzter Punkt (·) – sind, da nicht konsequent gesetzt, im Text fortgelassen, aber im Apparat vermerkt. Dagegen ist moderne Zeichensetzung zurückhaltend und einzig zur Bezeichnung des Satzendes eingeführt. Worttrennungs-Zeichen, die in der Ausgabe stehen, aber im Faksimile nicht sichtbar sind, entstammen dennoch dem »Original«. Sie sind darin mit hauchfeinen Haarstrichen und vielfach ganz verblaßter Tinte ausgeführt, so daß sie bei der Reproduktion nicht herauskommen.

Die Verse sind durchweg abgesetzt – auch dort, wo sie in den Manuskripten fortlaufend geschrieben sind. Das ist darin nur unter Noten der Fall. Das Versende ist dann dort häufig, aber nicht konsequent, teils durch einen Schrägstrich (/), teils durch einen Doppelpunkt (:), teils durch einen hochgesetzten einfachen Punkt (·) vom Folgevers getrennt. Diese Kennzeichnungen sind in der Ausgabe, die ja die Verse generell absetzt, als überflüssig weggelassen und auch nicht im Apparat verzeichnet. Über alle unterdrückten Einzelheiten solcher Art unterrichten die beigegebenen Faksimilia genauer, als das die Ausgabe könnte.

Technisch ist die Edition folgendermaßen eingerichtet:

Die Verse des Rollentextes eines Spiels – gleichgültig, ob sie lateinisch oder deutsch, gesungen, rezitiert oder gesprochen werden – sind am linken Rande vor dem Text durchgezählt. Regieanweisungen werden zur Kenntlichmachung von Eigenart und Textstelle mit der Verszahl des unmittelbar vorangehenden Verses und zugesetztem Kleinbuchstaben gezählt.

Blattangaben laufen am rechten Rande mit, und zwar, wo nötig, in doppelter Gestalt: An erster Stelle ist die moderne Zählung vermerkt, danach in eckigen Klammern die entsprechende alte Foliierung, da sich auf diese die Querverweise in den Regieanweisungen beziehen. Seitenwenden sind im laufenden Text durch doppelten (//), Zeilenwenden durch einfachen Schrägstrich (/) gekennzeichnet. Letzteres ist durchweg im notierten Text, sonst jedoch nur dort der Fall, wo die Zeilenanordnung der Edition von derjenigen der Handschriften abweicht: in der Prosa der Regieanweisungen; denn wenn sie auch normalerweise zeilengetreu abgedruckt sind, so war das doch aus Gründen der Raumersparnis überall dort untunlich, wo sie mit kurzen und oft sogar überkurzen Zeilen in Freiräume des Notensystems hineingeschrieben wurden. In diesen Fällen sind sie fortlaufend gedruckt, und die einfachen Schrägstriche beziehen sich auf Zeilenwenden innerhalb eines einzigen Notensystems.

Ergänzungen stehen in eckigen ([ ]), Ergänzungen innerhalb von Ergänzungen[119] in spitzen Klammern (< >). Beides ist erforderlich, weil selbstverständlich alle in den Regieanweisungen geforderten Wiederholungen realisiert und alle nur mit einem Incipit angegebenen Texte und Melodien, den Verweisen in den Handschriften selbst entsprechend, vervollständigt worden sind. Über die Herkunft der Ergänzungen gibt nötigenfalls der Apparat Auskunft. In der Regel stammen sie aus einem anderen Zwickauer Spiel, manchmal aus dem gleichen.

Ein gewisses Problem ergab sich daraus, daß in den Handschriften, besonders in Zwickau II, von einem bloß mit seinem Incipit angegebenen lateinischen Text zu seiner Wiederholung oder Komplettierung auf eine Stelle verwiesen wird, an der dem lateinischen Volltext noch eine deutsche Übersetzung folgt, und also zunächst ungewiß ist, ob diese etwa in die Ergänzung einbezogen werden soll. Aus der Tatsache, daß an einigen Stellen Wiederholung oder Ergänzung nicht allein des lateinischen, sondern auch des deutschen Textes ausdrücklich verlangt wird[120], habe ich gefolgert, daß überall dort, wo dies nicht der Fall ist, einzig der lateinische Text gemeint ist, und nur diesen ergänzt.

Bei den gelegentlich verlangten unmittelbaren (meist doppelten) Wiederholungen notierter Partien ist zur Raumersparnis jeweils nur der Text, nicht aber auch die ja in nächster Nähe stehende und also leicht zu übertragende Melodie wiederholt worden.

1.52 Zu den Melodien. – Die Notenübertragung (Schema s. S. 18) erfolgt nach folgenden Regeln:

Die Noten werden grundsätzlich nur als Notenköpfe gezeichnet. Es fehlt der Notenhals, der ja in unserer heutigen Notationsform wesentlich daran beteiligt ist, den Zeitwert einer Note und damit ihre Bedeutung für den Rhythmus anzugeben. Durch diese Übertragungsweise wird angezeigt, daß die Noten k e i n e r h y t h m i s c h e Bedeutung haben sollen[121].

---

[119] I, 124. II, 73, 342. III, 271a, 273a–279 sowie alle Notenschlüssel in ergänzten Gesängen.
[120] II, 132b/c, 301 a–d. III, 206a–214. Zu zwei ungewissen Fällen vgl. die Anm. zu III, 252d, 260d.
[121] Inwieweit die mittelalterliche Notation möglicherweise auch Hinweise auf den Rhythmus enthielt, ist Gegenstand einer eigenen, z.T. heftig geführten Diskussion, auf die hier nicht eingegangen werden soll.

Wie aus den Notenbeispielen auf S. 18 ersichtlich, handelt es sich nur noch bei der Clivis um eine in der Handschrift durch eigene Form ausgezeichnete und somit leicht erkennbare Ligatur im eigentlichen Sinne. Pes und die anderen zusammengesetzten Neumen[122] kommen zwar vor, werden aber durch Kombinationen von Puncta und Virgae und nicht, wie zu früheren Zeiten, durch eigene Formen dargestellt.

Insgesamt läßt sich für den Gebrauch der Noten in den Zwickauer Handschriften ein ähnlicher Usus feststellen, wie ihn WOLF (nach einem Anonymus des 15. Jahrhunderts) beschreibt:

»Die Ausführungen [...] lassen uns die Rhombe als Einzelnote für eine Silbe erkennen. [...] Bei auf- oder absteigender Bewegung ist die höchste als virga zu notieren. [...] Von Ligaturen ist dem Verfasser eigentlich nur die clivis als zusammengesetzte (composita) bewußt. Alle anderen zerlegt er in ihre Bestandteile und betrachtet sie als einfache Figuren, ein deutliches Zeichen dafür, daß zu seiner Zeit das Ligaturen-Material bereits in der Auflösung begriffen war, daß man es entsprechend dem damaligen graphischen Bilde als etwas Zusammengesetztes, nicht als einheitliche Figur ansah. Zwei Formen der clivis werden verwendet: ⌐ oder ⌐. Ihren unterschiedlichen Gebrauch festzustellen, erklärt der Verfasser nicht als leicht. Doch läßt sich gemeinhin folgende Regel erkennen: Gehen der clivis über eine Silbe aufsteigende Töne voran, so steht die erste Form; beginnt mit ihr eine neue Silbe, so gelangt die zweite zur Anwendung.«[123]

So mußte die ursprüngliche Absicht, nur die handschriftlich in Eigenformen dargestellten Ligaturen durch einen Bindebogen zu kennzeichnen, aufgegeben werden. Andernfalls wären eindeutige Ligaturen, beispielsweise längere Melismen (das sind längere Tonfolgen über einzelnen Vokalen oder Silben) nicht erfaßt worden. Augenscheinlich wurden zur Zeit der Niederschrift unserer Handschriften die Ligaturen schon durch die neue, aufgelöste Schreibweise ausgedrückt.

Über die Verteilung mancher Bindebögen kann man unterschiedlicher Ansicht sein, insbesondere dann, wenn bei Textparallelen unterschiedliche Notenverteilung möglich ist[124]. Auch die Melodieparallelen bei SCHULER II und – wegen der oben S. 19/20 dargelegten Übersetzungsweise – die lateinischen Vorlagen helfen da nicht immer weiter. Diese Schwierigkeiten sind augenscheinlich schon zur Zeit der Niederschrift der Handschriften oder jedenfalls bald danach empfunden worden, sonst wären die vielen Zuweisungsstriche unnötig gewesen[125]. Im Zweifelsfalle bleibt die Übertragung nahe an der jeweiligen handschriftlichen Überlieferung. Sie war wichtiger als der Wunsch nach Normalisierung.

Die Übertragung erfolgt in ein modernes fünfliniges System, dessen zweite Linie wie auch sonst durch den (Violin- oder G-)Schlüssel als Ton G bestimmt wird. Werden Töne oder Melodien in Buchstaben ausgedrückt, so umfassen die nach mittelalterlichem Vorbild gebildeten Tonbuchstaben von A–G und von a–g den Umfang von nahezu zwei

---

[122] »Neumengruppen«, vgl. AGUSTONI S. 61–75.
[123] WOLF S. 159/160.
[124] z.B. *Cum venissem* I, 43 und III, 84.
[125] z.B. Hs. A, fol. 57ᵛ *properemus* II, 51 und *geh wir mit* II, 57.

(aufeinander folgenden) Oktaven, ohne daß damit eine exakt bestimmbare Tonhöhe, etwa a–g^1 und a^1–g^2 oder deren Oktavierung nach unten gemeint sei[126]. Aus diesem Grunde ist auch der Schlüssel, der allzu leicht eine moderne Tonhöhe nahelegt, im Normalfall in eckige ([ ]), innerhalb von Ergänzungen in spitze Klammern (< >) eingeschlossen worden.

Bei Hinweisen auf die handschriftlichen Schlüssel bedeutet die vorangestellte Zahl die Linie des Systems, auf welcher der entsprechende Schlüssel steht (von unten gezählt), der folgende Buchstabe (F oder c) den Ton, den der Schlüssel bezeichnet: 2F, 4c = auf der zweiten Linie des Systems steht ein F-Schlüssel, auf der vierten ein c-Schlüssel.

Als Versetzungszeichen erscheint das b, und zwar ausschließlich vor unserem heutigen h als Zeichen seiner Erniedrigung um einen halben Ton. Es wird in der Übertragung nur dort gesetzt, wo es auch in den Handschriften steht[127] (in die es möglicherweise nachträglich eingesetzt wurde). Einzig für I,63 wurde das b aus I,62 übernommen, weil es dort direkt nach dem (3c-)Schlüssel steht und die erste Note von I,62 ein a (und nicht wie in I,31 ein b) ist, so daß die Annahme berechtigt erscheint, es könne hier eine Vorzeichensetzung für das ganze System gemeint sein. Anders liegt der Fall in I,31. Zwar steht auch hier das b nach dem (3c-)Schlüssel, doch ist die erste Note ein b; mithin bezieht sich das Vorzeichen möglicherweise nur auf diese Note.

Der besseren Lesbarkeit halber werden die den Noten unterlegten Texte – insbesondere bei Melismen, die auf einen einzigen Vokal gesungen werden – sinnvoll nach Silben getrennt: also III,3 *or—to* statt *o—rto* oder III,5 *sanc—to* statt *sa—ncto*.

Zur Entlastung von ständigen Wiederholungen und Querverweisen, die durch die besondere Überlieferungslage der Zwickauer Handschriften bedingt sind und den Apparat unnötig aufgeschwellt hätten, wurden zwei Konkordanzen eingerichtet (s. S. 109–112 und 112–114). Aus ihnen geht die Parallelüberlieferung der Gesänge hervor.

1.6 Danksagung

Die Herausgeber danken dem Leiter der Ratsschulbibliothek Zwickau, Herrn Joachim Werner, für die Publikationserlaubnis; dem Leiter der Handschriftenabteilung der Deutschen Staatsbibliothek Berlin, Herrn Abteilungsdirektor Dr. Hans-Erich Teitge, dafür, daß er die Benutzung der Manuskripte und ihre Mikroverfilmung in Berlin ermöglichte; und ganz besonders herzlich seiner Mitarbeiterin, Frau Dr. Renate Schipke, die auf vielfältige Weise zur Entstehung dieser Ausgabe beigetragen hat: Sie erteilte unverdrossen eine Vielzahl von Auskünften, gewährte Einblick in das noch unveröffentlichte Manuskript ihres Zwickauer Handschriften-Katalogs und verkürzte Literatur- und andere Recherchen durch eigene, z.T. recht zeitaufwendige Nachforschungen.

---

[126] Vgl. NIEMÖLLER S. 326.
[127] I, 31, 62. II, 12, 344, 348. III, 67, 125.

2. Die Spieltexte mit ihren Melodien

Zwickauer Osterspiel I

In sacratissima nocte resurrectionis domini nostrj
Jhesu christi Visitatio sepulchri. Sub
tercia lectione conuenient tres persone ad
modum Honestarum mulierum vestite in

0e

sacristia et finita tercia lectione Organo inci=
piente responsorium Exeant tribus pueris
cum superpellicys accensis luminibus precedentibus
ad medium chorj et finito responsorio
omnes tres simul concinne cantent versum

0j

dicti Responsory ›Dum transisset sabatum‹:

1

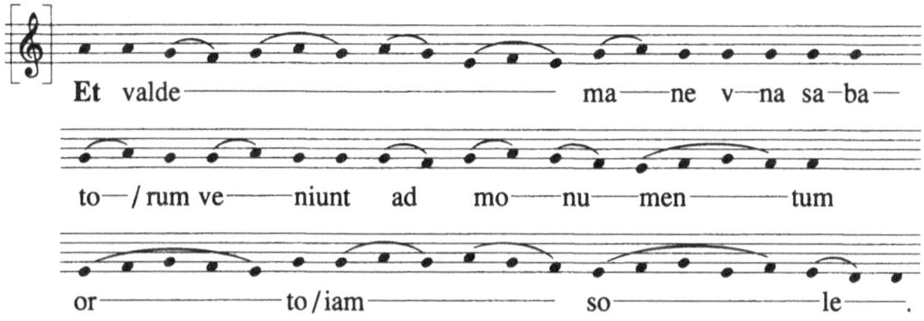

Et valde ma — ne v — na sa — ba —
to — / rum ve — niunt ad mo — nu — men — tum
or — to /iam so — le —.

2

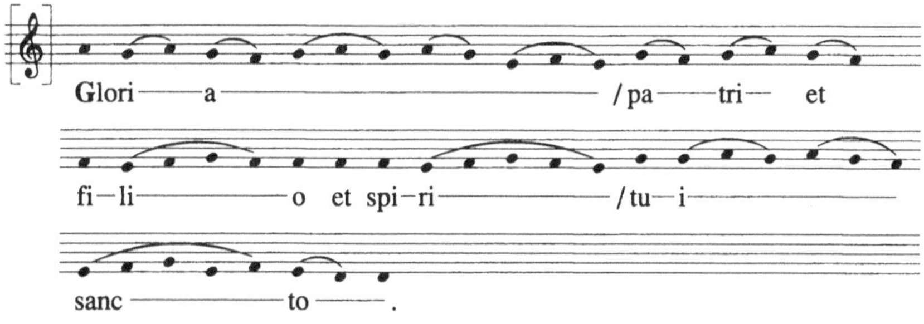

Glori — a / pa — tri — et
fi — li — o et spi — ri — / tu — i —
sanc — to —.

0a/b *nostrj* doppelt: einmal am Ende der 1., einmal am Beginn der 2. Hs.-Zeile (*nostri*).   **0b** *sepulchri* verbessert aus *sepulcri*.   **0f** *responsorio* Hs. Vgl. dagegen III, 0g. – Gemeint ist das 3. Responsorium *Dum transisset sabatum*, s. Z. 0j.   **0h** *responsorio*] Schluß-*o* aus Korrektur.   **0j** *transissent* Hs. – Nach *sabatum* ein wohl als Schlußzeichen dienender Punkt mit Klammer dahinter und halb darüber: ᔓ. Das Zeichen findet sich auf fol. 1 (nämlich nach *sancto* V. 2, nach *temporum* V. 6, nach *tolleres* V. 10, nach *residens* V. 14) und fol. 4ʳ (nach V. 60a).   **1/2** Melodie ähnlich III,1–5, aber nicht gleich (*valde mane* [...] *sabbatorum, Gloria, Sancto*).

Prima persona / sola cantat eundo / ad altare sancte crucis / Ante chorum :

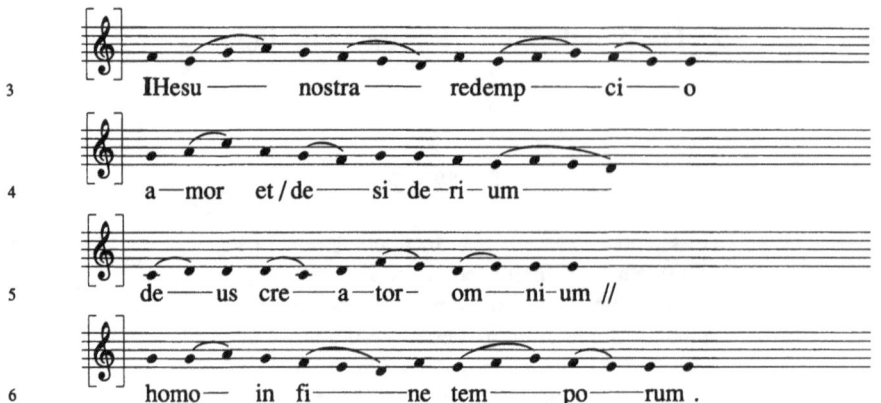

3   IHesu —— nostra —— redemp —— ci —— o

4   a—mor et / de —— si–de–ri– um ——

5   de —— us cre —— a –tor– om —— ni–um //   1v

6   homo— in fi —— ne tem —— po —— rum .

Post finem / istius versus / sequatur 2ᵃ / persona cantans / sequentem versum :

2ᵃ persona:

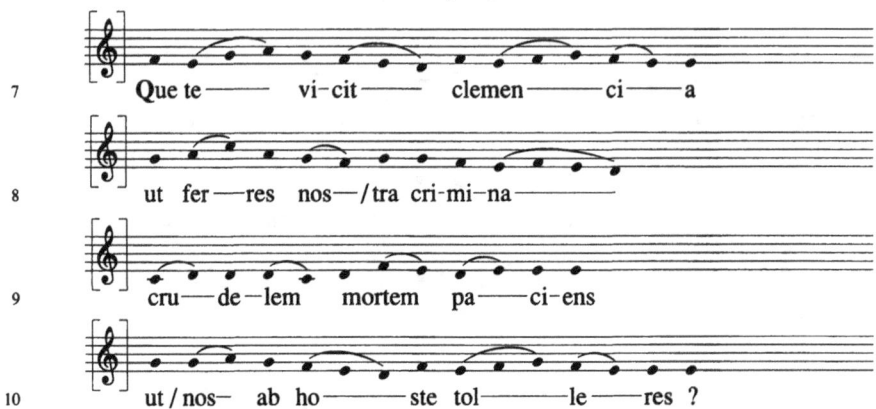

7   Que te —— vi–cit —— clemen —— ci —— a

8   ut fer —res nos—/tra cri–mi–na ——

9   cru —— de –lem mortem pa —— ci–ens

10 ut / nos– ab ho —— ste tol —— le —— res ?

Tercia persona / similiter sequa/tur :

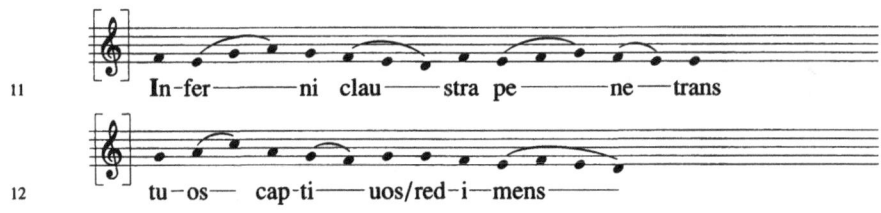

11 In–fer —— ni clau —— stra pe —— ne —trans

12 tu–os— cap–ti —— uos/red–i—mens ——

2a *sala* Hs. **6** s. Anm. zu V. 0j. **6b** In den obersten Zwischenraum des Notensystems, auf Mitte gesetzt, mit der dicken Feder des Majuskel- und Notenschreibers geschrieben. **10** s. Anm. zu V. 0j. **10a** *pesona* Hs.

13 vic — tor tri — um – pho - no — bi – li

14 ad dex–/tram pa — tris re — si — dens .

Statim Iterum progredia=/tur prima persona ad / medium ecclesie cantans / sequentem Antiphonam :

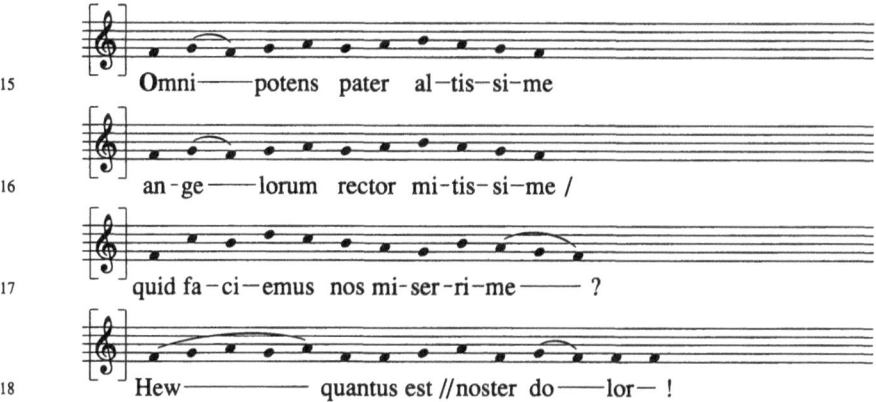

15 Omni — potens pater al–tis–si–me

16 an - ge — lorum rector mi-tis- si–me /

17 quid fa – ci — emus nos mi-ser –ri-me — ?

18 Hew — quantus est //noster do — lor— !

2r

Finita ista antiphona immediate se=/quetur 2ᵃ persona cantans / sequentem Antiphonam :

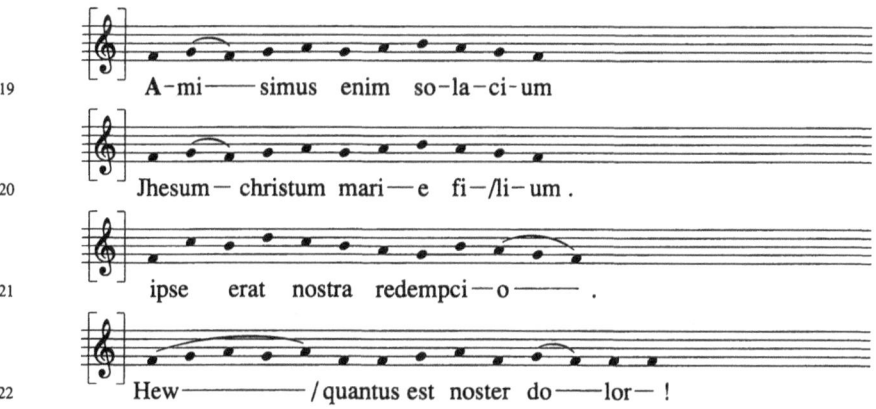

19 A-mi — simus enim so-la-ci-um

20 Jhesum — christum mari — e fi–/li– um .

21 ipse erat nostra redempci — o — .

22 Hew — / quantus est noster do — lor— !

---

14 s. Anm. zu V. 0j. **17** *faciemus* korrigiert aus *faciamus*. **19–22** Über dem lateinischen Text in der untersten Zeile des Notensystems von jüngerer kursiver Hand: *Vorloren haben wir vnsern trost liben / son er was vnser erlosung. / wy gros ist vnser [...] smercz* (*liben* und *smercz* jeweils auf dem rechten Rand, *smercz* erst nach V. 22a). Damit ist offenbar der folgende deutsche Text intendiert, der auf die Melodie des lateinischen gesungen werden sollte/konnte: *Vorloren haben wir vnsern trost / Jhesum christum marie liben son. / er was vnser erlosung. / Hew wy gros ist vnser smercz!*

Mox sequatur tercia / persona cantans an/tiphonam sequentem :

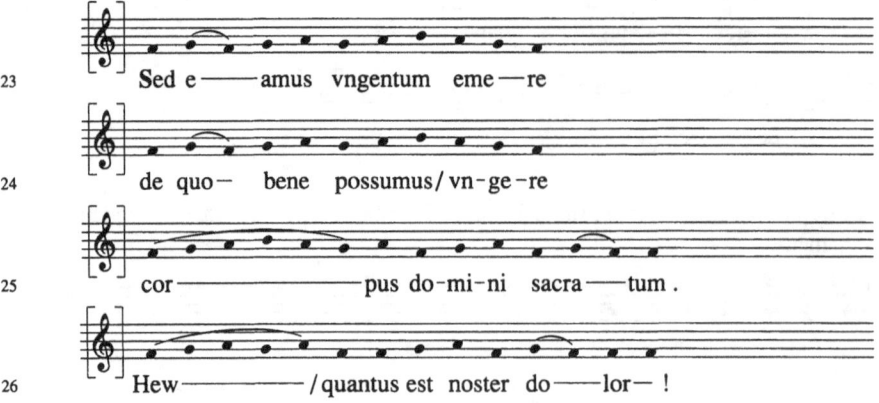

23 Sed e——amus vngentum eme—re

24 de quo— bene possumus/ vn-ge-re

25 cor——————pus do-mi-ni sacra——tum .

26 Hew——————/quantus est noster do——lor— !

Tunc chorus can=/tet Antiphonam sequentem :

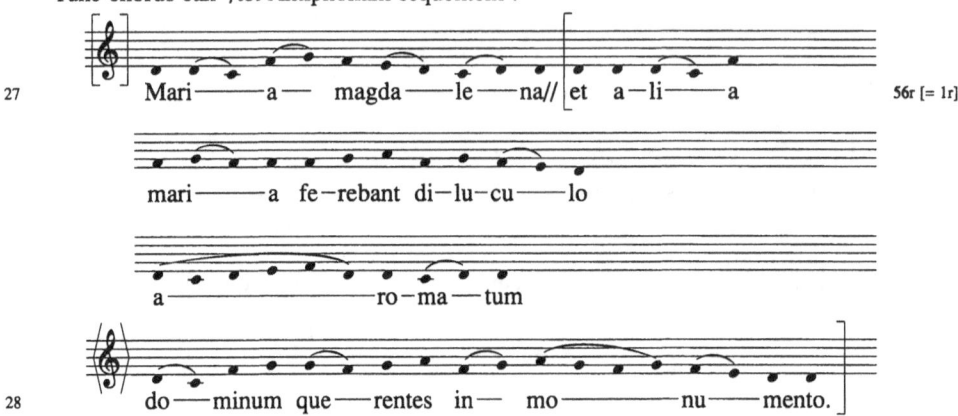

27 Mari——a— magda——le—na// et a-li——a   56r [= 1r]

mari——a fe—rebant di-lu-cu——lo

a——————————ro—ma—tum

28 do——minum que——rentes in— mo——————nu——mento.

28a //Vt patet in Antiphonario.   2r
     Et interim quod chorus cantet Antiphonam
     vadant predicte tres persone ad sepul=
     chrum. Et finita Antiphona cantent
28e omnes tres simul vt sequitur: //

29 Quis re——uoluet— no——————bis— ab osti——o——   2v

la—pi-/dem

27/28 Text und Melodie ergänzt nach Zwickau II, 12/13, allerdings um eine Quinte nach unten versetzt. Vgl.
die Anmerkungen zu II, 12/13 und III, 49(1)–50. Die Melodie in III ist mit der hier vorliegenden identisch,
bricht ebenso wie sie nach *magdalena* ab; ebenso findet sich der Hinweis auf das Antiphonar (III, 48b vgl.
mit I, 28a).

30   quem tege — re — sanctum cer — ni — mus — se — pulchrum ?

Tunc quatuor Juuenes loco angelorum in sepulcro
sedentes cantent antiphonam sequentem:

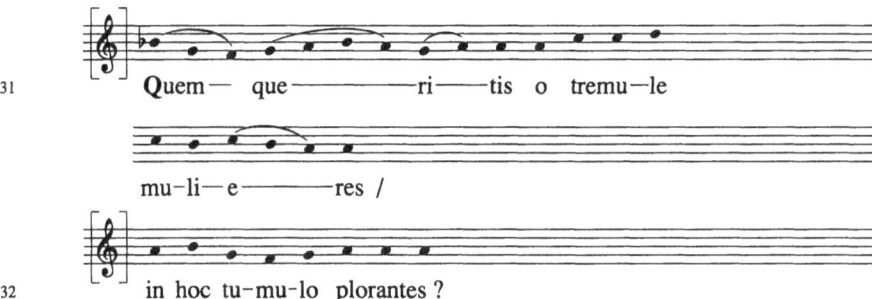

31   Quem — que —— ri — tis o tremu — le

mu – li — e —— res /

32   in hoc tu – mu – lo plorantes ?

Tunc tres marie / respondent sine / interuallo ut sequitur:

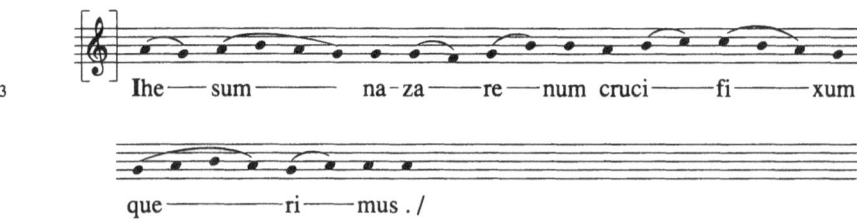

33   Ihe — sum — na – za — re — num cruci — fi — xum

que —— ri — mus . /

Iterum Angeli:

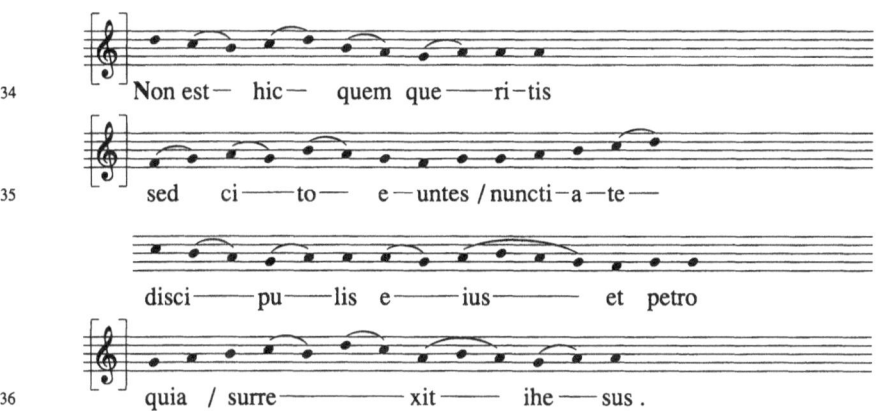

34   Non est — hic — quem que — ri – tis

35   sed ci — to — e — untes / nuncti – a – te —

disci — pu — lis e —— ius — et petro

36   quia / surre —— xit — ihe — sus .

30b *sedentes* korrigiert aus *sedendetes* durch Streichung des zweiten *de*.   **31/32** Melodie wie III, 57/58 bis auf a statt h(=b?)–a–g über *plo(rantes)* (III, 58). Zur b-Vorzeichnung vor der ersten Note vgl. Einleitung S. 27.

Et exeuntes detegunt / sepulchrum cantantes / immediate Antiphonam sequentem :

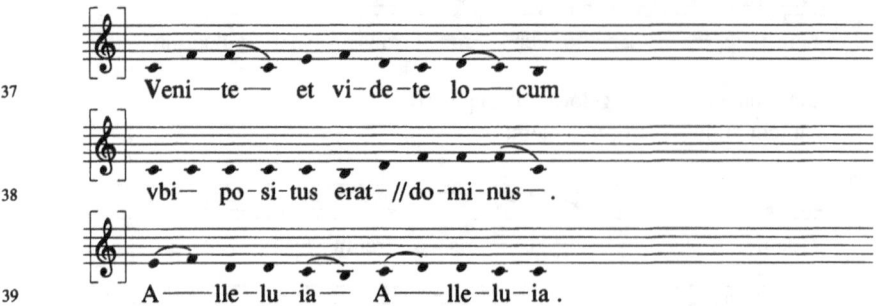

37   Veni—te— et vi–de–te lo——cum

38   vbi— po–si–tus erat–//do–mi–nus—.   3r

39   A——lle–lu–ia— A——lle–lu–ia .

Et sic reuertantur / ad medium / ecclesie vbi prius / steterant cantan/tes :

40   Ad monu——men-tum- ve————ni——mus gementes

41   ange———lum–/ do–mi–ni sedentem vi–dimus et dicentem

42   qui——a surre———xit Jhe——sus—. /

42a   Deinde tercia persona recedens ab alys duabus
       Ceroferario precedente facit circuitum per
       ecclesiam incipiens circa Ambonem vsque
       ad altare sancte Anne Cantans Antipho=
42e   nas infrascriptas Incipiens ‚Cum venissem' etc.:

43   Cum ve——nis————sem- vn–gere

      mor————————————tu——um /

44   monu——mentum in–ue–ni— va–cu————um .

37–39 Melodie wie III, 71/72, aber hier um eine Quinte niedriger notiert (Anfangston C statt G). Möglicherweise liegt hier ein Schlüsselfehler vor: sollte etwa statt des 3F-Schlüssels ein 3c-Schlüssel geschrieben werden? **44** *inueni* aus Raummangel zwischen *monumentum* und *vacuum* unter die Zeile gesetzt.

45 Hew ne — sci–o rec/te dis — cer-ne — re

46 v–bi pos — sum — /

magi — strum —

que — re — re —. /

47 Do-lor — cres — cit — tremunt

precor — di–a //

48 de ma — gistri py— ab — senci — a   3v

49 qui sal -ua — uit me / plenam vi — cy — s

50 pulsis a — me — / septem —

de — mo — ny — s. /

51 En la — pis— est— vere

depo — si — /tus

47–50 Melodie wie III,92–95 – mit den gleichen Abweichungen von I, 43–46, wie sie III, 92–95 gegenüber III, 84–87 aufweist.   **50** *demonys* korrigiert aus *demonis*. Offenbar wollte der Schreiber der Zweisilbigkeit der Endung wegen zunächst *demoni-is* schreiben (zur Schreibung vgl. III, 94, 95 und S. 24).

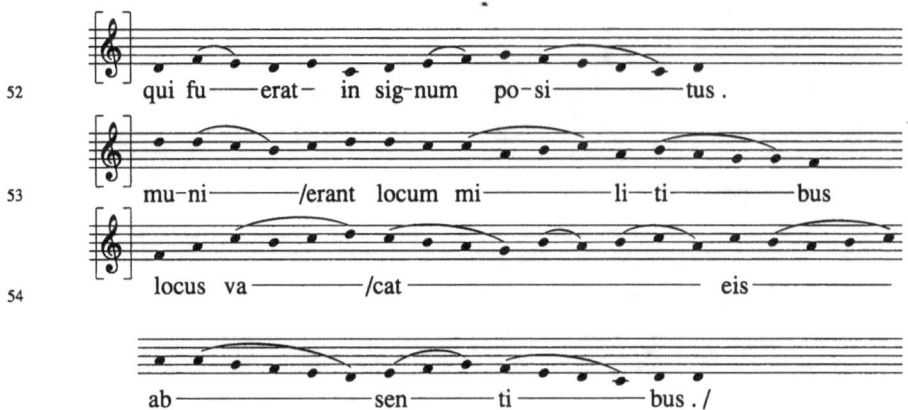

52 qui fu——erat– in sig-num po-si————tus .

53 mu-ni————/erant locum mi————li—ti————bus

54 locus va————/cat———————————— eis————

ab————————sen————ti————bus ./

Circa Altare sancte Crucis Ante chorum
incipiat cantare sequentem Antipho=
nam et cantet eam ter usque ad Altare
Sancte Anne etc.

55 Hew- redempci—o is—rahel

56 ut quid mortem//susti—nu—it pa–ciens .   4r

[Hew redempcio israhel
ut quid mortem sustinuit paciens.
Hew redempcio israhel
60 ut quid mortem sustinuit paciens.]

Et cum ter cecinit Stans / plebanus Ante altare / Sancte Anne sic cantans:

61 Muli——er quid plo—ras quem que——ris—?

Respondit ipsa / stans ante al=/tare dicens vt / sequitur:

62 Do-mi——ne si tu sus——tu——lis——ti eum

60a s. Anm. zu V. 0j. **61** Dieser Vers mit Melodie fol. 5ᵛ wiederholt: s. Zwickau Ia, V. 1. **62/63 Vgl.** die
Melodie zu III, 126/127, dort jedoch ohne b-Vorzeichnung (s. Einleitung S. 27).

63 di — ci — to /michi et vbi — po-su-is—ti eum

64 et — e-go e-/um— tollam — .

Et tunc plebanus / cantet / illud / verbum / ›Maria‹ :

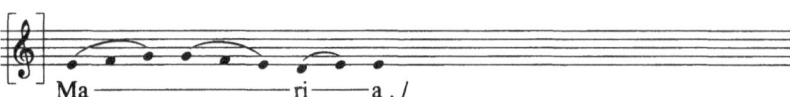

65 Ma — ri — a ./

[Maria dicat :]

66 Ra — bi quod di-ci — tur

ma — gister ./

Tunc iterum plebanus cantet ›prima‹ etc. vt sequitur / in propria / cedula:

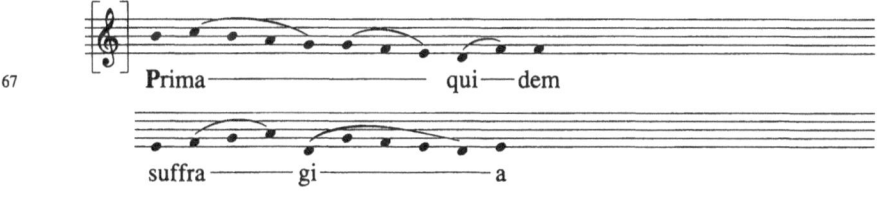

67 Prima — qui — dem

suffra — gi — a

etc.

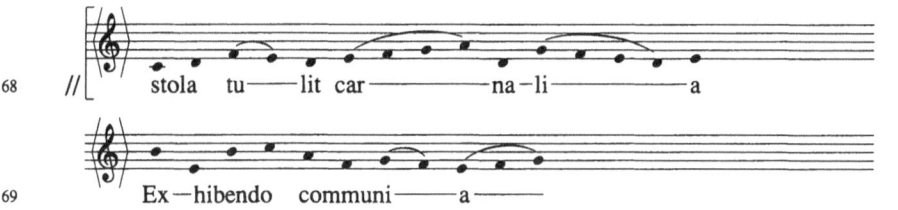

68 // stola tu — lit car — na-li — a   5ᵛ

69 Ex—hibendo communi — a —

---

65 Dieses Wort mit Melodie wiederholt fol. 5ᵛ: s. Zwickau Ia, V. 2.   **65a** Fehlt Hs., ergänzt in Anlehnung an V. 75a.   **66a** *in propria cedula* a. r. R. unter *sequitur* aus Raummangel untereinander ins Notensystem der Folgezeile V. 67 geschrieben. Gemeint sind fol. 5ʳ–6ʳ = Zwickau Ia.   **67–70** V. 67 (hier ohne Schlüssel) mit Melodie (samt Schlüssel) wiederholt auf fol. 5ᵛ, jedoch mit abweichender, wohl richtiger Wort-Ton-

70   se per na–tu————re— mu–ni–a .

//Tunc geniculetur ipsa maria ante altare sancte / Anne vel alibi cantans: 4r

71   Sancte————————————————— de ————— us !

Tunc iterum / respondit ple=/banus ›Hec priorj‹:

72   Hec pri——————— o — ri dis——— si
                                                         mi————lis

etc. vt sequitur in propria / cedula: //

73   //   hec est incor–rup————ti–bi————lis—   5v

74   que nunc fuit pas–si–bi——lis———

75   iam non e–rit———— so——lu–bi–lis .

//Iterum Dicat Maria cantans: 4v

76   Sancte————————————————— for————tis !

Zuweisung in *suffragia* (Ia, 3 identisch mit III, 136). Die Differenz erklärt sich vermutlich daraus, daß der Text in der Salvatorrolle (Ia) ebenso wie in Zwickau III im Zusammenhang der Gesamtmelodie und nicht nur eines Incipit aufgezeichnet wurde. – V. 68–70 mit Melodien ergänzt nach der vollständigen Aufzeichnung auf fol. 5ᵛ: s. Zwickau Ia, V. 3–6. **71** Zum Trishagion (V. 71, 76, 81) s. Schuler I, S. 15 unter e und Lipphardt, Füssen S. 408–410. – Das doppelte Punctum a–a im Climacus *Sancte* wohl Schreibfehler: die Parallelstellen I, 76, 81; II, 243, 256, 269 und III, 145, 156, 167 haben es nicht. **72–75** V. 72 bricht die Melodieaufzeichnung nach *dissi[milis]* ab, der ganze Vers mit vollständiger Melodie wiederholt auf fol. 5ᵛ; V. 73–75 mit Melodien ergänzt nach der vollständigen Aufzeichnung auf fol. 5ᵛ: s. Zwickau Ia, V. 7–10. **72a** *cedula* aus Raummangel unter *in propria*. Vgl. Anm. zu V. 66a. **76** Gleiche Melodie wie V. 71, doch fehlt demgegenüber hier wie an sämtlichen anderen Parallelstellen im Climacus *Sancte* das doppelte Punctum a–a.

Iterum plebanus:

77   Ergo —————————— no ——li me ——————
      tange —————— re

etc. vt sequitur:

78   //   nec ultra —— veni —as ——— plange ——————— re   5ᵛ

79   quem mox in puro si—de ——— re ————

80   cernes ad pa ————trem // scandere .   6ʳ

//Iterum cantet maria dicens: 4ᵛ

81   Sancte —————————— et in —morta ——lis
      mise ———re ——re ——— no ——bis ! /

Tunc iterum / plebanus / vt sequitur:

82   Nunc igna —ros huius re ——— j ——

etc.

83   //   certos reddes fra ————tres— me ——i   6ʳ

---

77 Am Ende der Notenzeile nach E–E im ersten Zwischenraum *etc.*; Verdoppelung des E (wie des D in V. 72) möglicherweise als musikalisches Abbrechungssignal einer fortzusetzenden Melodie zu deuten.   **77–80** V. 77 mit Melodie wiederholt auf fol. 5ᵛ; V. 78–80 mit Melodien ergänzt nach der vollständigen Aufzeichnung auf fol. 5ᵛ/6ʳ: s. Zwickau Ia, V. 11–14.   **82–85** V. 82 (hier ohne Schlüssel) mit Melodie (samt Schlüssel) wiederholt auf fol. 6ʳ, aber einen Zwischenraum tiefer. Hier erhöht und ohne Schlüssel, weil unterste Linie des Notensystems für den Text verwendet. V. 83–85 mit Melodien ergänzt nach der vollständigen Aufzeichnung auf fol. 6ʳ: s. Zwickau Ia, V. 15–18.   **82** *ignaros*] *ignoras* Hs. Der gleiche Fehler Zwickau Ia, V. 15. Vgl. dagegen II, 273b und III, 169.   **83** s. zu Zwickau Ia, V. 16.

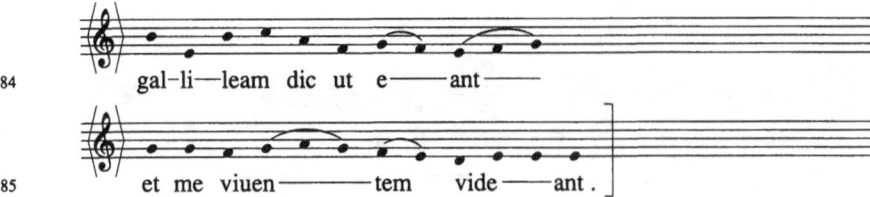

84   gal–li—leam dic ut e———ant———

85   et me viuen———tem   vide——ant .

//Post finem huius antiphone recedit ipsa maria a plebano   4v
rediens ad alias duas cantans antiphonam ut sequitur:

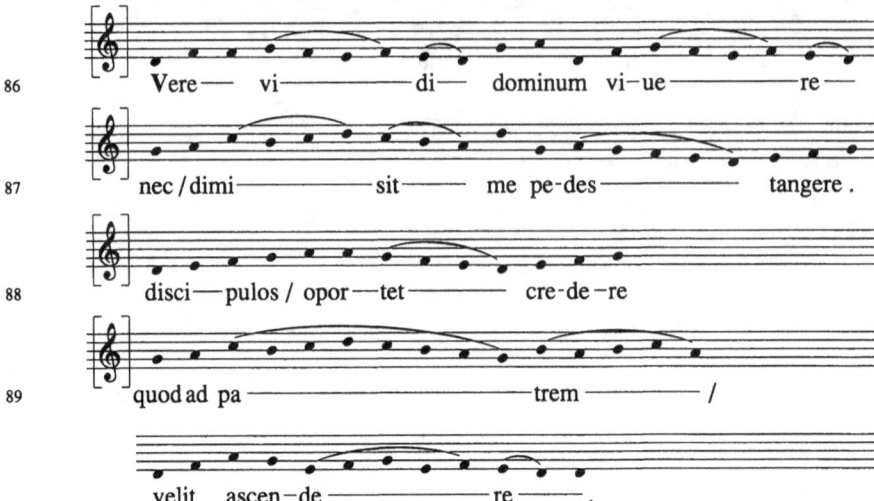

86   Vere— vi————di— dominum vi–ue————re—

87   nec / dimi————sit——— me pe-des——— tangere .

88   disci—pulos / opor—tet——— cre-de-re

89   quod ad pa————————trem———— /

velit   ascen–de———re——— .

Post finem huius antiphone / Incipiat sola ›victime‹ etc.:

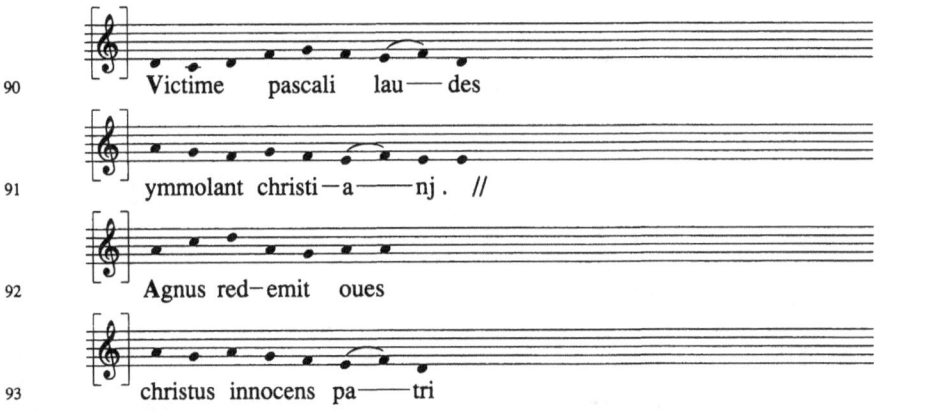

90   Victime   pascali   lau—des

91   ymmolant christi—a——nj . //

92   Agnus red–emit   oues   5r

93   christus innocens pa——tri

92–95 Gleiche Melodie wie III, 191–193 mit Ausnahme von V. 94 (FGEFED gegen FGDFDC III, 193). Abweichung möglicherweise Flüchtigkeitsfehler.

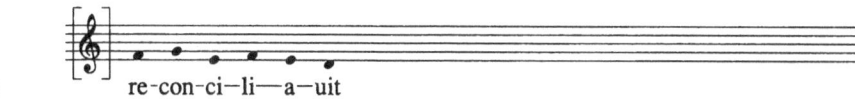

94   re-con-ci—li——a—uit

etc.

95 // pecca-to——res .   75v [=21v]

96   //Mors et vi—ta du—el-lo   5r

97   con-fli-xe-re mi-ran——do

98(1)   dux vi-te

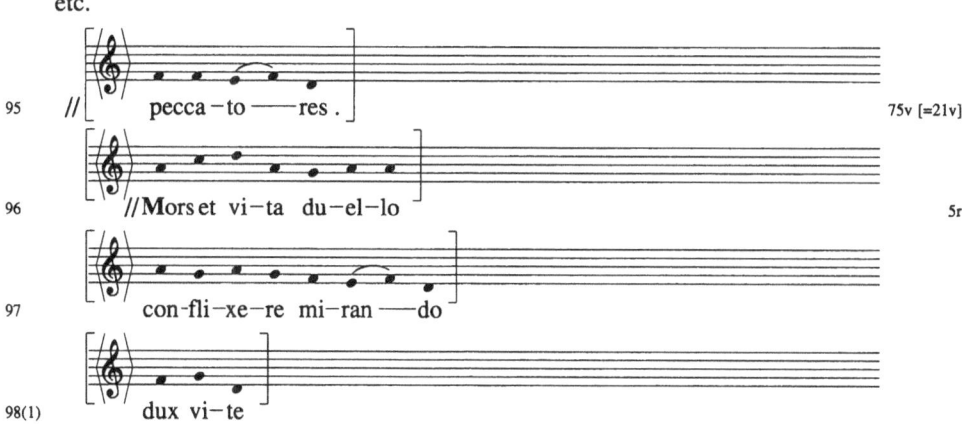

98(1)a etc.

98(2)   // mortu-us   76r [=22r]

99   reg-nat vi——uus .

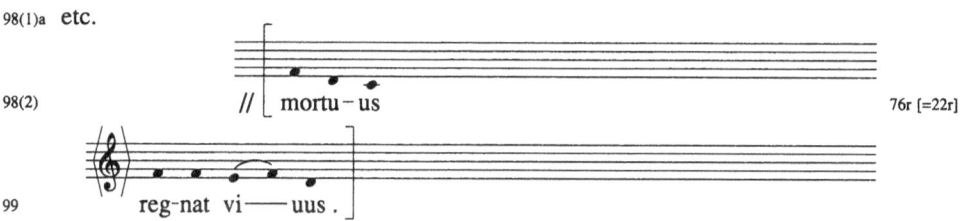

//Et ipsa sic cantans stabit sola aduersus alias   5r
duas marias. Et ipse jnterrogant eam cantan=
tes sub hac forma:

100   Dic nobis ma—ri—a

101   quid/vi-dis—ti in via—?

---

95 Text und Melodie ergänzt nach III, 194. **96–99** Die Verse stehen in einer Zeile unter V. 92–94, die, ebenfalls in einer Zeile, unter den zugehörigen Noten stehen, so daß diese auch auf V. 96–98 (1) bezogen werden können. Die Melodie I, 92–94 ist identisch mit derjenigen zu III, 191–193 und III, 199–201, daher hier Text und Melodie von I, 98 (1) und I, 98 (2) ergänzt nach III, 201/202. **100/101** Melodie ergänzt nach III, 207/208.

Et sic eam interrogant trina vice.
Quibus ipsa Respondet:

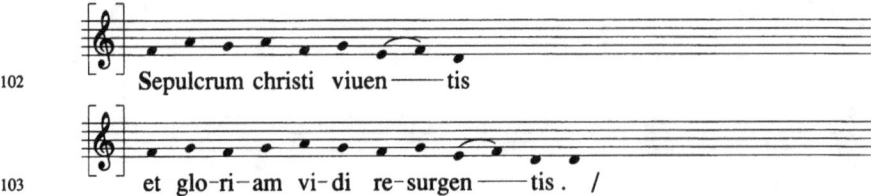

102   Sepulcrum christi viuen——tis

103   et glo-ri—am vi-di re-surgen——tis . /

[Prima et secunda persona cantant:
                    Dic nobis maria
105   quid vidisti in via?
   Tercia persona respondet:
                    Sepulcrum christi viuentis
                    et gloriam vidi resurgentis.
   Prima et secunda persona cantant:
                    Dic nobis maria
                    quid vidisti in via?
   Tercia persona respondet:
110   Sepulcrum christi viuentis
                    et gloriam vidi resurgentis.]
Post terciam responsionem subiungit illum versum:

112   Ange—li-cos testes

113   su—da—rium   et   vestes .

114(1)   sur-rexit christus

114(1)a   etc.

114(2)   // [spes me——a   76v [=22v]

115   prece-det suos in galli—le——am .

112–115 Die Melodie für diese Verse ist über der Regieanweisung V. 111a eingetragen oder genauer: die Regieanweisung V. 111a ist aus Raumgründen nicht nach V. 111, sondern in die unterste Notenzeile der Melodien für V. 112–114 (1) eingeschrieben. – Die Melodie ist identisch mit der zu III, 225–227, daher hier Text und Melodie des restlichen Versikels ergänzt nach III, 227/228.

//Post finem huius versus intrant chorum   5r
simul omnes tres cantantes sequentes versus
scilicet ›Credendum est‹ Et ›Scimus christum surrexisse‹ etc.
vsque ad finem:

116 // Credendum est magis so—li   76v [=22v]

117 mari—e ve -ra——ci

118 quam iude—o—rum

119 tur-//-be falla———ci .   77r [=23r]

120 Scimus cristum sur-re-xis-se

121 a mortu—is ve——re

122 tu nobis victor

123 rex mi—se —re———re .

124 a—lle—lu——ia .

//Tunc chorus post finem illorum versuum in   5r
medio ecclesie stantes cantent Antiphonam
125   Curre=/bant duo simul
  etc.
              //[et ille alius discipulus precucurrit cicius petro   61v [=6v]
              et venit prior ad momentum.]
127a //Tunc sub ista antiphona duo   5r
  diaconi accipiant lintheamen ex sepulchro
  ostendentes illud omni populo Et Can =

116–124 Text und Melodie ergänzt nach III, 235–238 und 243–247. **125–127** Da es zu dieser Antiphon variierende Melodien gibt, ist eine Ergänzung nach II, 344/345 nicht statthaft. Einzig der konstante Text durfte eingefügt werden.

tantes antiphonam ›Cernitis O socy‹ etc. vt in an=
127e tiphonario:

//[Cernitis O socy   62r [=7r]
ecce lintheamina et sudarium
130   et corpus non est in sepulcro inuentum.]

//Chorus subiungit ›Surrexit   5r
enim sicut dixit‹ etc.

[Surrexit enim sicut dixit dominus
et precedet vos in Galileam.alleluia.
ibi eum videbitis.
alleluia. alleluia. alleluia.]

134a Post finem tunc plebanus
superius in choro cantet tribus vicibus
›Surrexit dominus de sepulchro‹ vt in Anthi=
phonario Et Chorus respondit semper
134e ›Qui pro nobis pependit in ligno alleluia‹.
[Plebanus cantet:

135   Surrexit dominus de sepulchro.
Chorus respondit:

Qui pro nobis pependit in ligno.
alleluia.

Plebanus cantet:

Surrexit dominus de sepulchro.

Chorus respondit:

Qui pro nobis pependit in ligno.
140   alleluia.

Plebanus cantet:

Surrexit dominus de sepulchro.

Chorus respondit:

Qui pro nobis pependit in ligno.
alleluia.]

Post / terciam in choacionem Jncipiet plebanus Ma=
terna voce:

Crist ist erstandenn

etc. Et
tunc chorus Scilicet scolares intrant chorum.
Et incipit organista ›Te deum laudamus‹ etc.

128–130 Da es zur Kündungsantiphon ebenfalls variierende Melodien gibt, durfte ebenfalls nur der konstante
Text, nicht aber die Melodie nach II, 351/352 ergänzt werden, zumal in I, 127 d/e ähnlich wie in I, 134 c/d
auf ein (unbekanntes) Antiphonar als Quelle verwiesen wird.   **131–134** Text ergänzt nach CAO III, 5082.
Die Ergänzung ist – wie die parallele in III, 267–270 – nicht vollkommen sicher, da auch CAO 5081 gemeint
sein könnte. Dieses differiert von 5082 darin, daß in V. 132 statt *et:ecce* steht, im gleichen Vers das einzige
und in V. 134 das dritte *alleluia* fehlt. – Vgl. auch SCHULER Nr. 594.   **134c** Da es zu diesem Text divergierende
Melodien gibt, durfte hier nicht nach III, 357–359 ergänzt werden, zumal ähnlich wie in I, 127d/e auf ein
(unbekanntes) Antiphonar als Quelle verwiesen wird (I, 134c/d).   **144** Bei der Variationsbreite der überlieferten Texte dieses Liedes (cf. WACKERNAGEL Bd. 2. – Nr. 39–42, 935–940, 942–951) läßt sich weder das
Incipit ergänzen noch sagen, wieviele Strophen gesungen wurden.

Zwickau Ia
Zwickauer Salvatorrolle aus Zwickau I
(Rollenauszug für den Plebanus)

0a Sequentes Antiphone omnes pertinent

ad plebanum : //

1 Mu–li——er quid plo—ras quem que —ris ?

2 Ma————————ri——a /

3 Prima——————————qui—dem

suff————ra–gi————————a

4 stola / tu——lit car——————na–li————————a

5 Ex–hiben–do communi————a——— /

6 se per natu————re— mu–ni—a.

7 Hec pri————————o——rj/ dis————si—

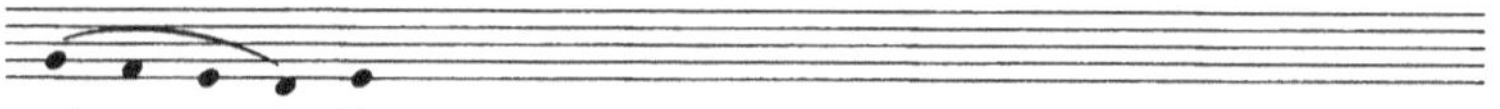

mi————lis

8 hec est in–cor–rup————ti–bi————lis. /

0a *Anthiphone*] *Antiphona* Hs., unvollständig verbessert aus *Antiphonas*, dessen Schluß-*s* nicht vollkommen gelöscht wurde.   **2** Davor Trennstrich von der c-Linie quer durch das Notensystem nach unten bis vor die Oberlängen des *M* von *Maria*.   **7** Davor Trennstrich von der c-Linie quer durch das Notensystem bis herab in die Textzeile zwischen *munia* und *Hec*.

9   que nunc fuit passi—bi——lis——

10 iam non e—rit—— so——lu—bi—lis .

11 Er—go———— no——li me———— /

    tange————re

12 nec ultra—— ve—ni—as—— plange————re /

13 quem mox in puro si—de——re——

14 cernes ad pa————trem // scandere .   6r

15 Nunc ignaros huius re——i

16 certos / reddes fra————tres— me——i

17 galli—leam dic ut / e——ant——

18 et me vi—uen————tem— vi—de—ant

etc.

---

11 Davor Trennstrich von der c-Linie quer durch das Notensystem bis herab in die Textzeile zwischen *solubilis* und *Ergo*. **15–18** Melodien von V. 15/16 und V. 17/18 jeweils wie V. 5/6 (= zweite Hälfte des Versikels *prima quidem.*) So auch III, 169/170 und III, 171/172. **15** Davor Trennstrich von der c-Linie quer durch das Notensystem bis herab vor die Oberlänge des *N* von *Nunc. – ignaros*] *ignoras* Hs. Derselbe Fehler Zwickau I, 82. Vgl. dagegen III, 169. **16** *mei* unvollkommen korrigiert aus *meos* (nicht umgekehrt, wie STÖTZNER in der Fußnote zu I, 192 fälschlich angibt), d.h. über *o* kräftig hinweggeschrieben (daher wirkt die Tinte des *i* dunkler), aber Rest des *o* und des *s* versehentlich nicht getilgt.

Zwickauer Osterspiel II

0a   **Visitacio sepulcri domini in sacra**
        nocte pasce Resurrectionis dominice Cum
        tribus personis tribus angelis et vno
        saluatore ut patet. Responsorio ›Dum transisset‹ etc.
0e   finito cum versu et ›gloria patri‹ Cantores
        reincipient:
1   Dum transisset

   etc.

               [sabbatum
        Maria Magdalena et Maria Jacobi et Salome emerunt aromata
        ut venientes ungerent Jhesum.
5   Alleluia.
        Et valde mane una sabbatorum
        veniunt ad monumentum
        orto iam sole.
        Ut venientes ungerent Jhesum.
10   Gloria patri et filio et spiritui sancto.
        alleluia.]
   Et tunc infra repe[-]
   ticionem chorus intrabit uel potius exibit monas=
   terium scilicet ad medium ecclesie. Et finito Responsorio 2ª vice
   Tunc Cantores incipient antiphonam sequentem:

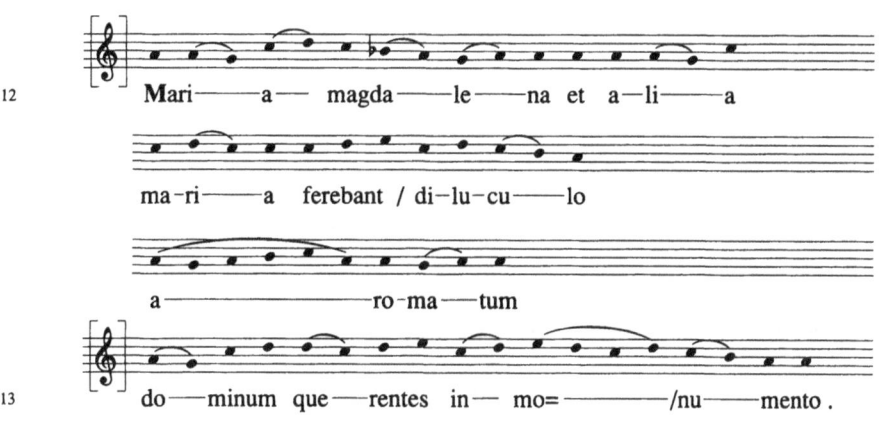

12   Mari——a—— magda——le——na et a—li——a

     ma–ri——a ferebant / di–lu–cu——lo

     a———————ro–ma——tum

13   do——minum que——rentes in— mo=————/nu——mento .

0a *Visitacio sepulcri domini in* mit dickerer Feder, *sacra* dagegen mit der normalen Feder des Textschreibers bereits in der Folgezeile (B). **0c** Nach *personis* Doppelpunkt (AB). **0d** *transsisset* (A). **0e** Nach *finito* und *patri* jeweils Doppelpunkt (AB). **1** *transsisset* (AB). **6–11** Zu einer möglichen Melodie s. III, 1–5 (und I, 1/2). **11b** *vel pocius* B. **12/13** Der Anfang der Melodie gleicht genau derjenigen zu III, 49 (1), die jedoch eine Quinte tiefer steht. SCHULER II, Nr. 337 kennt beide Melodien. – *aromata* B.

13a Et inter cantandum chorus ponit se
      ad sessum. Et antiphona finita juuenis
      preparatus ad modum honeste mulieris
      stans in choro ante gradum quem
13e precedit puer superpellicio indutus portans
      candelam Cantet ut sequitur ›heu nobis‹ etc.
      Jtem omnes tres persone simul stare debent ante gradum.

14   Heu- no──bis in-ter-nas mentes

15   quanti ──── pulsant gemitus /

16   pro nostro conso-la-to-re────

17   quo priua────mur──── mi-se-re

18   quem//crudelis iu-de-o-rum────   56v [= 1v]

19   morti de────dit──── po-pu-lus .

vulgariter:

20   We─ vns─ /armen frawen

21   wy groß seufftczen──────── wir heuth/beschawen

22   an vnßerm troster vnd herren──── /

23   des wyr cleg──lich──── entperen

13b *Juuenis* B. **13d/g** Auf dem linken Rand verbindet ein mit Tinte gezogener Bogen die Zeilen 13d und
13g miteinander (A). **13f** *vt* B. **20** *frauen* B. **21** *seuffczen* B. Darüber von jeweils gleicher Hand und
Feder die Variante *iammer* AB. – *wyr heut beschauen* B. **23** *wir* B.

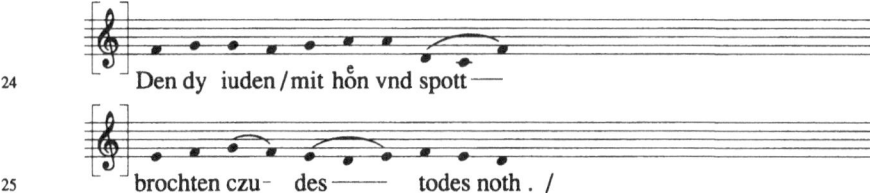

24 Den dy iuden / mit hŏn vnd spott ——

25 brochten czu- des —— todes noth . /

Et dicet :

Owe vns armen elenden frawen
großen iammer mag man an vns schawen
Synt das wyr haben verloren
der vns czu troste was geboren
30 den dy falsche boße iudischeyt
An dem creutze sterbet yn großem leyt.

2ᵃ persona / cantat :

32 Jam —— percusso cew- pa —— sto —— re

33 o- ues —— errant mi-se -re //

34 sic magistro dis-ce-den-te ——   57r [= 2r]

35 turbantur dis——ci -pu -li

36 atque nos / ab—sente e- o ——

37 dolor te ——net —— ni- mi- us .

wulgare:

38 So —— man eynen / hyr——ten— schla——get

39 werden — dy—— schaff gantz verczaget . /

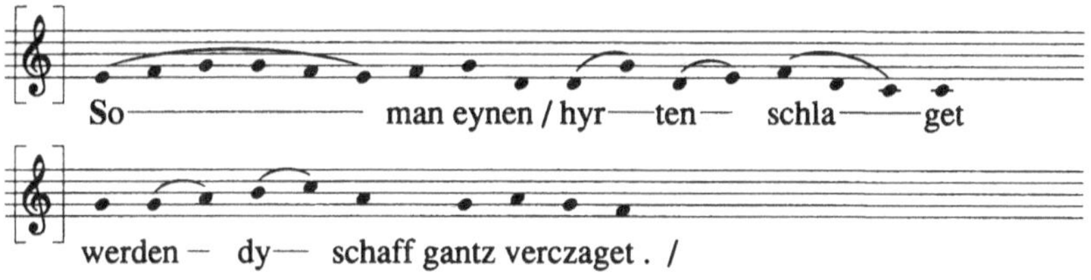

24 *hon* B.   25 *zcu* B.   25a Auf dem linken Rande zwischen V. 25 und 26 (AB).   31 *creucze* B.   31a Auf dem rechten Rand neben V. 30/31 (AB).   32 *cew*] *hew* A, *heu* B.   37a *Vulgare* B.   39 *gancz* B. – *verczaget*] *vergaget* [sic] AB.

40   von des meysterß a–be–we–ßen

41   dy iunghern nicht —/ geneßen .

42   al-ßo seynthalben groß schmertzen — /

43   hab wir in — vn———ßern hertzen .

Et eadem persona dicet:

> O wy gar iammer=/lich das stehet
> 45   wu das vich / ane hyrten gehet.
> vnd yn des meysterß abeweßen
> wy mochten dy iungern geneßen ?
> Das mag man alhy alß wol schawen
> An vnß arme elenden drey frawen.

Tunc tertia persona sola cantet ut sequitur: //

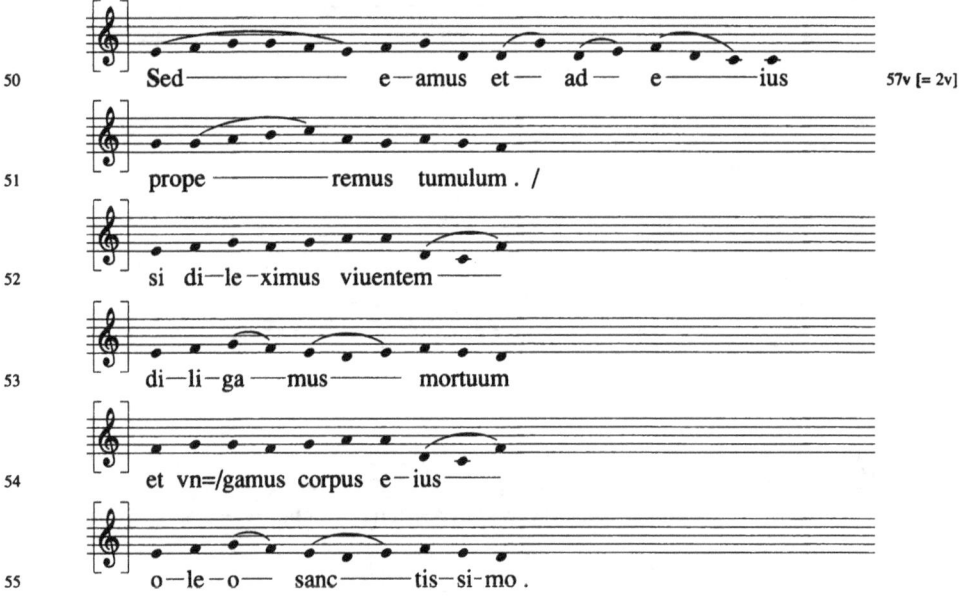

50   Sed——————— e–amus et — ad — e———ius   57v [= 2v]

51   prope —————remus tumulum . /

52   si di—le–ximus viuentem———

53   di—li–ga ——mus——— mortuum

54   et vn=/gamus corpus e–ius———

55   o–le–o— sanc———tis–si–mo .

---

40 *meysters abweßen* B.   **42** *schmerczen* B.   **43** *wyr, herczen* B.   **43a** *dicet etc.* A.   **44** *daz stet* B.   **45** *hirten geth* B.   **46** *in, meisters abwesen* B.   **47** *genesen* B.   **48** *alhy* über der Zeile mit Einfügungszeichen zwischen *man* und *alß* eingefügt A, in der Zeile B. – *Daz, als, schauen* B.   **49** *vns* B.   **49a** *3ª* B. *sola* am Ende der Zeile nachgetragen und mit Verweisungszeichen zwischen *persona* und *cantet* eingefügt (A), über der Zeile nachgetragen (B).

56   Zcu——————— seynem / grab bald vnd– auch—— schir

57   eylend geh——— wir mit / gantzer gir .

58   ßo wyr yn libten am le –ben——

59   lib / wir yn mit to———de be -ge -ben

60   vnd salb wir ym seynen/leychnam———

61   mit der edlen sal——be ßo heylßam . /

Et tunc dicet rithmum sequentem: //

O we der iemmerlichen clage   58r [= 3r]
Dy ich an meynem hertzen trage
Dy mich brengt yn ßo große noth
65   vmb meynes liben herrn vnd meysterß tod.
Eya liben schwestern meyn
gehe wir czu dem grabe sein
Das wir ym mogen salben
Seynen leychnam allenthalben.

69a ¶ hic cantent simul si placet:
69b   ›Amisimus enim solatium‹ etc. ut patet folio 13 Et ›heu quantus‹
etc.

70   //   Ami———simus enim so-la–ti-um   67v [= 13v]

57 *ganczer* B.   **61** *heylsam* B.   **63** *herczen* B.   **64** *so* B.   **65** *herren vnd meysters todt* B.   **66** *mein* B.   **67** *wyr zcu* B.   **68** *wyr* B.   **69** *leichnam* B.   **69b–73** *folio 13* (Blattzahl fehlt B) = A 67ʳ/68ʳ = Zwickau III, 30–33 (2) (vgl. B alt 5ʳ, neu 11ʳ). V. III, 33 (hier II, 73) bricht in beiden Handschriften nach *quantus* ab, es folgt jeweils *ut supra*. Damit ist auf Text und Melodie von Zwickau III, 22 (A 67ʳ, B alt 5ʳ, neu 11ʳ) verwiesen, die beide hier zur Ergänzung herangezogen sind. Der in Zwickau III folgende volkssprachige Gesangstext scheint hier und an den folgenden Stellen (V. 78ff., 88f., 94f., 100, 105ff., 114f., 120ff., 175ff., 187ff., 197ff., 207f., 213, 218ff., 230, 233ff., 243, 248ff., 256, 261ff., 269, 274ff., 288ff., 322f., 324f., 328f., 332f., 334ff.) dem Wortlaut der Regieanweisungen nach nicht mitgesungen worden zu sein: vgl. dagegen die abweichenden Regieanweisungen V. 132c, 166b/c und 301a–d, die deutschen Gesang nach dem lateinischen ausdrücklich verlangen.   **69b/70** *solacium* B.

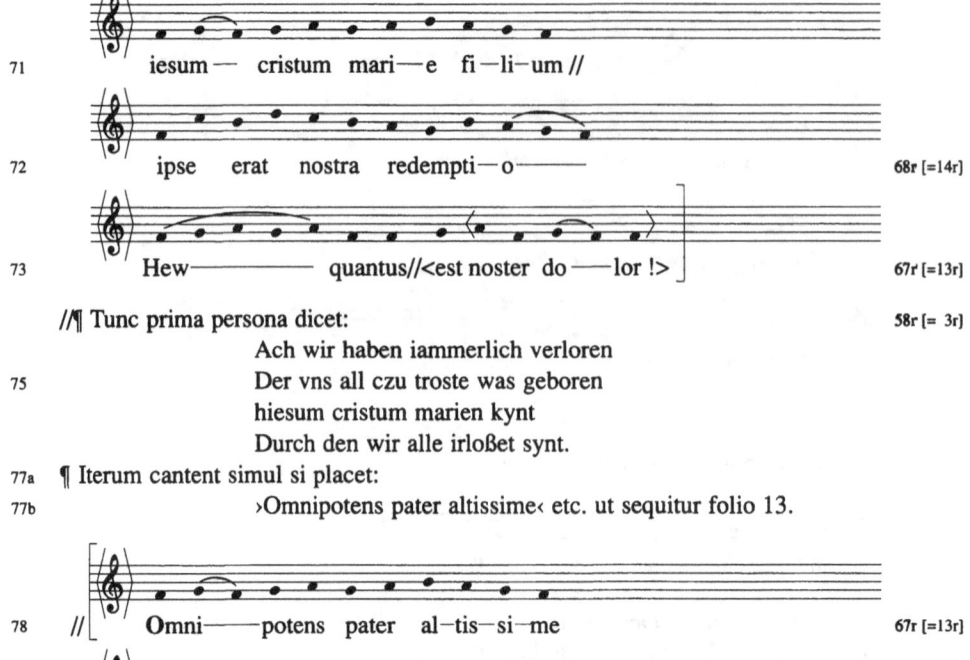

71   iesum — cristum mari—e fi-li-um //

72   ipse   erat   nostra   redempti—o———————   68r [=14r]

73   Hew——————— quantus//<est noster do——lor !>   67r [=13r]

//¶ Tunc prima persona dicet: 58r [= 3r]

        Ach wir haben iammerlich verloren
75   Der vns all czu troste was geboren
        hiesum cristum marien kynt
        Durch den wir alle irloßet synt.

77a ¶ Iterum cantent simul si placet:
77b   ›Omnipotens pater altissime‹ etc. ut sequitur folio 13.

78   // ┌ Omni——potens pater al-tis-si-me   67r [=13r]

79   an-ge——lorum rector mi-tis-si-me

80   quid fa—ci—emus nos mi—serri—me——— ?

81   Hew——————— quantus est noster do——lor !

//¶ tunc 2ª persona dicet: 58r [= 3r]

        O hymlischer vater almechtiger got
        Sich heuth an vnßer hertzen noth
        laß dich nun irbarmen
85   vnd troste vns vil armen
        Synt wir den haben verloren
        Der vns czu trost vnd heyl was geboren.

---

72 *redempcio* B. **74** *iammerlich* am Ende der Zeile nachgetragen und mit Verweisungszeichen zwischen *haben* und *verloren* eingefügt (A), an richtiger Stelle B. – *vorloren* B. **75** *zcu* B. **76** *Jesum* B. **77b–81** *folio 13* (Blattzahl fehlt B) = A 67ʳ = Zwickau III, 19–22 (vgl. B alt 5ʳ, neu 11ʳ), deren Text und Melodie hier zur Ergänzung übernommen sind. **81** *Heu* B. – In A nach *est* unvollendetes und bereits vor der Notierung gestrichenes *dolo[r]*. **83** *herczen* B. **84** *las* B. **85** *trost* B. **86** *wyr* B. **87** *vnß zu, heil waß* B.

87a   ¶ Jterum cantent simul:

87b   ›Quis reuoluet nobis‹ etc. ut sequitur folio 14.

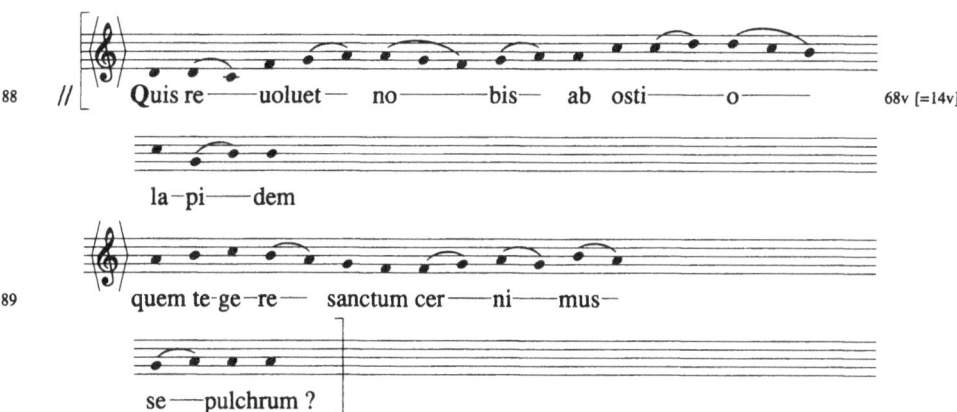

88   //   Quis re——uoluet— no————bis— ab osti————o——   68v [=14v]

la–pi——dem

89   quem te-ge–re— sanctum cer——ni——mus—

se ——pulchrum ?

/¶ tunc tercia persona dicet: 58r [= 3r]

90   Eya wer wil unß hûlff vnd beystand pflegen

          Den schweren stein hy ab czu wegen

          Do mith das grab bedecket ist

          Das wir beschawen vnßern heren ihesum crist ?

93a   ¶ Tres angeli in sepulcro cantent:

93b   ›Quem queritis‹ etc. ut sequitur folio 15.

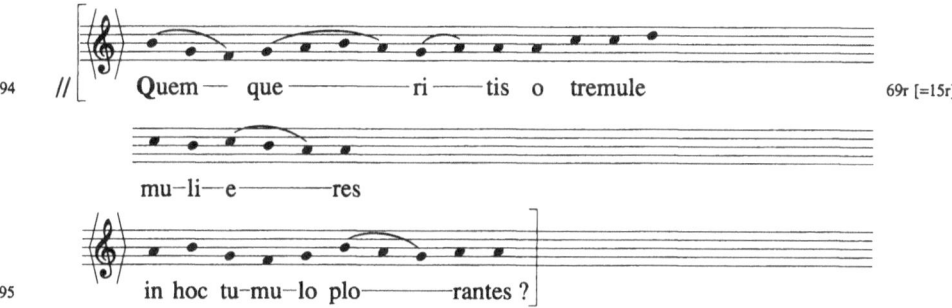

94   //   Quem— que————ri——tis o tremule   69r [=15r]

mu–li—e————res

95   in hoc tu–mu-lo plo————rantes ?

87b–89 *folio 14* (Blattzahl fehlt B) = A 68ᵛ = Zwickau III, 51/52 (vgl. B alt 5ᵛ, neu 11ᵛ), deren Text und Melodie hier zur Ergänzung übernommen sind.   **90** *wyl* B. – *hûlff* oder *hulff* mit bloßem *u*-Bogen nicht sicher zu entscheiden (A), *hulff* B.   **91** *Der* AB. – *steyn, zcu* B.   **92** *mit* B.   **93** *Daß wyr, vnsern* B.   **93b–95** *folio 15* (Blattzahl fehlt B) = A 69ʳ = Zwickau III, 57/58 (vgl. B alt 6ʳ, neu 12ʳ).   **94** Am rechten Rand neben V. 93b und 95a in A eine Melodievariante zum Anfang von V. 94 aufgezeichnet, und zwar mit einer etwas anderen Melodie als II, 94 (und III, 57):

Quem que——ri——tis o trem[u–le ...]

Der Text endet auf *trem̃*, das Übrige ist weggeschnitten; die Noten sind jedoch auch noch für *(trem)ule* erhalten.

/¶ Tunc primus angelus respondet ut sequitur: // 58r [= 3r]

Wen sucht ir drey frawen 58v [= 3v]

Jn iammer vnd leyd czubeschawen

Das ir ßo trawrigk gehet

vnd bey dyßem grab ßo elende stehet?

99a ¶ Tunc marie iterum cantent simul:

99b ›Jesum nazarenum‹ etc. ut patet folio 15.

100 // Je——sum———— na-za——re——num cruci———fi———— xum 69r [=15r]

que————ri——mus .

/¶ Tercia persona dicet: 58v [=3v]

wir suchen iesum von nazareth

den dy schnode boße iudischeyt

An das creutz hingk vnd sterbet

ßo iemmerlich vnd schmelich verterbet.

104a ¶ tunc omnes angeli cantent simul:

104b ›Non est hic‹ etc. ut patet folio 15.

105 // Non est— hic— quem que——ri—tis 69r [=15r]

106 sed— ci——to— e –un-tes // nunci-a-te—— 69v [=15v]

dis-ci——pu——lis e——ius———— et petro

107 quia surre————————xit ie——sus .

//Secundus angelus dicet: 58v [= 3v]

Den ir sucht der ist hye nicht

Des seyt ir von vns bericht.

110 Her ist vom tode ufferstanden

vnd ist gen gallileen gegangen.

---

97 *leydt zcu* B. **98** *Daß ir so traurigk* B. **99** *ßo* mit dünnerer Feder über der Zeile mit Einfügungszeichen zwischen *grab* und *elende* nachgetragen (A), in B an richtiger Stelle in der Zeile. **99b–100** *folio 15* (Blattzahl fehlt B) = A 69ʳ = Zwickau III, 62 (vgl. B alt 6ʳ, neu 12ʳ), dessen Text und Melodie hier zur Ergänzung übernommen sind. **101** *Wyr* B. **103** *creucz* B. **104a** *cantet* A. **104b–107** *folio 15* (Blattzahl fehlt B) = A 69ʳ/ᵛ = Zwickau III, 64–66 (vgl. B alt 6ʳ, neu 12ʳ), deren Text und Melodie hier zur Ergänzung übernommen sind. **106** *nuncciate* B. **107a** Vor *Secundus* Kapitulumzeichen ¶ B. **108** *hy* B.

Das saget seynen iungern vnd petro
Das sy deß alle weßen fro.

113a ¶ Jterum cantant angeli:

113b   ›Venite et videte‹ etc. ut patet folio ·15·

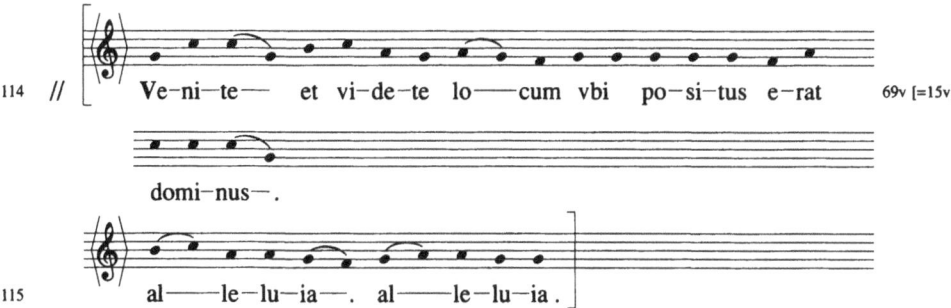

114 //   Ve-ni-te— et vi-de-te lo——cum vbi po—si-tus e—rat   69ᵛ [=15ᵛ]

domi-nus—.

115   al——le—lu—ia—. al——le—lu—ia .

//Tercius angelus dicit: 58ᵛ [= 3ᵛ]

Nu sehet heer yn das grab
Do ihesus cristus ynnen lagk
Das er vom tode ist erstanden
vnd ist ken gallileen gegangen.

119a ¶ Et sub isto rithmo tercia persona
transsit [!] aperiendo sepulcrum Et
tunc omnes tres simul cantent:

119d   ›Ad monumentum venimus‹ etc. ut patet folio 16.

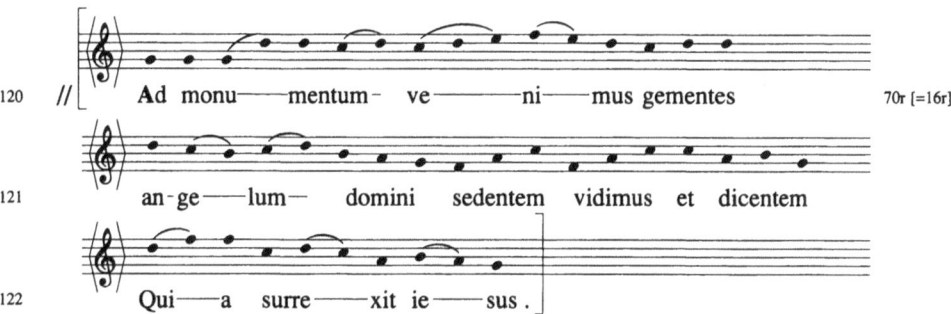

120 //   Ad monu——mentum- ve———ni——mus gementes   70ʳ [=16ʳ]

121   an-ge——lum— domini sedentem vidimus et dicentem

122   Qui—a surre——xit ie——sus .

//Tunc tercia persona dicet: 58ᵛ [= 3ᵛ]

Wir wolten czu dem grabe gahn
Do funde wir dy engel sthan.

112 *Daß, iunghern* B.   **113** *Daß* B. – *frő* A.   **113a** *cantent* B.   **113b–115** *folio 15* (Blattzahl fehlt B) = A
69ᵛ = Zwickau III, 71/72 (vgl. B alt 6ʳ/ᵛ, neu 12ʳ/ᵛ), dessen Text und Melodie hier zur Ergänzung übernommen
sind.   **116** *in* B.   **117** *iesus* B.   **119b** *transit, sepulchrum* B.   **119d–122** *folio 16* (Blattzahl fehlt B) = A 70ʳ
= Zwickau III, 76–78 (vgl. B alt 6ᵛ, neu 12ᵛ), dessen Text und Melodie hier zur Ergänzung übernommen
sind.   **123** *ghan* B. – Nach *gahn* + Schrägstrich von jeweils gleicher Hand die Variante *gehen* unterstrichen
eingetragen (AB).   **124** Nach *sthan* von jeweils gleicher Hand die Variante *stheen* unterstrichen eingetragen
(AB).

125   Dy sagten vnß gute mere
        Das ihesus uffgestanden were.//
        Eya liben schwestern meyn   59r [= 4r]
        wir mußen hye gescheyden sein.
        ich kan nicht czu fride geseyn
130   ich hab dan gesehen ihesum den herren meyn
        Den ich habe verloren.
        O we mir das ich ye wart geboren!
    Et sic due persone vertunt se ad chorum
    et cantant simul Primum versum illius
    hymni ›Jesu nostra redemptio‹ etc. ut patet 12 cum vulgari:

133   Jesu——— nostra——— redemp———ci——o
137   Que te——— vicit——— clemen———ti——a
141   Infer———ni clau———stra pe———ne——trans
145   Glori———a ti———bi do———mi——ne

134   a—mor   et de——si—de—ri—um——————— /
138   ut fer——res no——stra crimi—na——————— /
142   tu-os—— capti——uos red-i—mens——————— /
146   qui sur——rexi—— sti a mortu—is——————— /

135   de——us cre——a—tor— om———ni—um
139   cru——de-lem— mortem— pa———ci—ens
143   vic——tor tri—— umpho— no———bi—li
147   cum— pa-tre et sancto— spi———ri—tu

125 *vns* B.   **126** *daß iesus* B.   **127** *mein* B.   **128** *wyr mussen hy gescheiden* B.   **129** *zcu* B.   **130** *den]* *der*
AB. – *mein* B.   **131** *hab* B.   **132** *daß* B.   **132b/c** Die Regieanweisung verlangt nur den Gesang der ersten
Strophe, der folgende notierte Text umfaßt dagegen vier Strophen, von denen die letzte lt. Regieanweisung
V. 166a–c wiederholt werden soll. Strophe 2 und 3 sind deshalb wohl ebenso wie 4 hier mitgesungen worden.
– *redempcio vt patet folio* B. – *12* (Blattzahl fehlt B) = A 66ᵛ/67ʳ = Zwickau III, 7–18 (vgl. B alt 4ᵛ/5ʳ, neu
10ᵛ/11ʳ), deren deutscher Text mit Melodie hier zur Ergänzung als V. 149–160 übernommen ist.   **133** Auf
der obersten Linie des Notensystems ursprünglich eingetragen und nachträglich unvollkommen getilgt:
Et tunc secunda persona dicet A. Vgl. V. 160a und Einleitung S. 5.   **133–148** Die Verspaare 133/134 und
135/136 füllen in beiden Handschriften je eine Zeile mit darübergesetzten Noten. Darunter stehen interlinear
jeweils die Verspaare der drei Folgestrophen, so daß die Melodieaufzeichnung von V. 133–136 für sie mit
gilt.   **134** *amor et de-* über gelöschten früheren Text hinweggeschrieben; zwischen *et* und *de-* noch ein altes
e schwach sichtbar (A).   **137** *clemencia* B.

136 homo— in fi——ne tem——po—rum . /
140 ut nos— ab ho——ste tol——le—res . /
144 ad dex——tram pa——tris re——si—dens . /
148 in sem—pi—ter——na se——cu—la . /

149 // Jhesu——crist vn——ßer er——lô—sungh   66v [=12v]

150 vnßer— lib un——de be-ge-rungh——

151 got— her eyn— schôppfer al——ler dingk

152 mensch ge—worden—— am end—— der— czeyth .

153 Welche—— gûth dich—— beczwun— ghen hat

154 das du— trugst vn——ßer misse -tath——

155 den— schmeli——chen todt czu——dulden

156 das du— vnß freyst— von todes—— schulden .

157 Der hel—— len schloßß- czu // bro——chen hast   67r [=13r]

158 deyn ge—fangnen— doryn er-lost——

---

140 *vt* B. – *tolleres*] *s* weggeschnitten A, ergänzt nach B. **149–160** s. zu 132b/c. **149** *Jesu, vnser erlosungh* B. **150** *vnser* B. – Über *vnde* von gleicher Hand, aber mit blasserer Tinte die Variante *vnßer* eingetragen (A). – *vnd* B. **151** *schopffer* B. **152** *czeyt* B. **153** *guth* B. **154** *vnser missethat* B. **155** *tod zcu[...]* B. **156** *vns* B. **157** *schloß* B.

159　v——berwyn——der mit— ed——lem kampff

160　sytzt czu- der rech–ten gots va————terß- handt .

//Et tunc 2ª persona dicet:　　　　　　　　　　　　　　　　59r [= 4r]

O liber herre iesu crist

Du vnßer erloßer vnd schoppfer bist.

deyne libe hat dich dar czu gebracht

Das du vnßer sunden hast loß gemacht

165　dar vmb du lydest den bittern thodt

das du vns irloßest auß all vnßer noth.

166a　Jterum ambe persone cantant alium versum

scilicet ›gloria tibi domine qui‹ etc. ut patet supra in latino et infra

cum theotunico verso folio. Et cum illo intrant

armarium se exuendo uel foris maneant

166e　et expectant finem Si placet.//

167　//　Glori————a ti———bi do————mi——ne　　59r [= 4r]

168　qui sur——rexi——sti a mortu–is———

169　cum pa–tre et sancto— spi——ri—tu

170　in sem——pi-ter————na se———cu——la .

171　// Ehr sey—— dir her—— got er——bo——ten　　59v [= 4v]

172　uffer——standen— von / den toten————

---

160 *syczt* B. **160a** *secunda* B. **162** *schopffer* B. **164** *Daß* B. **165** *leydest* B. **166** *Daß* B. **166b** *ut patet supra in latino* = V. 145–148. **166c** *cum theotunico verso folio* = 59ᵛ (alt 4ᵛ), V. 171–174. – *theutunico,* danach durchstrichen *verso, folio* fehlt. Der Schreiber von B korrigierte sich also bereits während des Abschreibens, als er merkte, daß er den in A tatsächlich auf der Rückseite dieser Regieanweisung stehenden Text V. 171–174 in seiner Abschrift noch auf der gleichen Seite unterbringen konnte. **166d** *vel* B.

173   mit dem vater— vnd hey——li—gem geyst /

174   sey nu— czu al————ler-czeyt— ge—leyst .

Tunc tercia persona / cantet ›Cum ve/nissem vngere‹ etc. / ut sequitur folio 16.

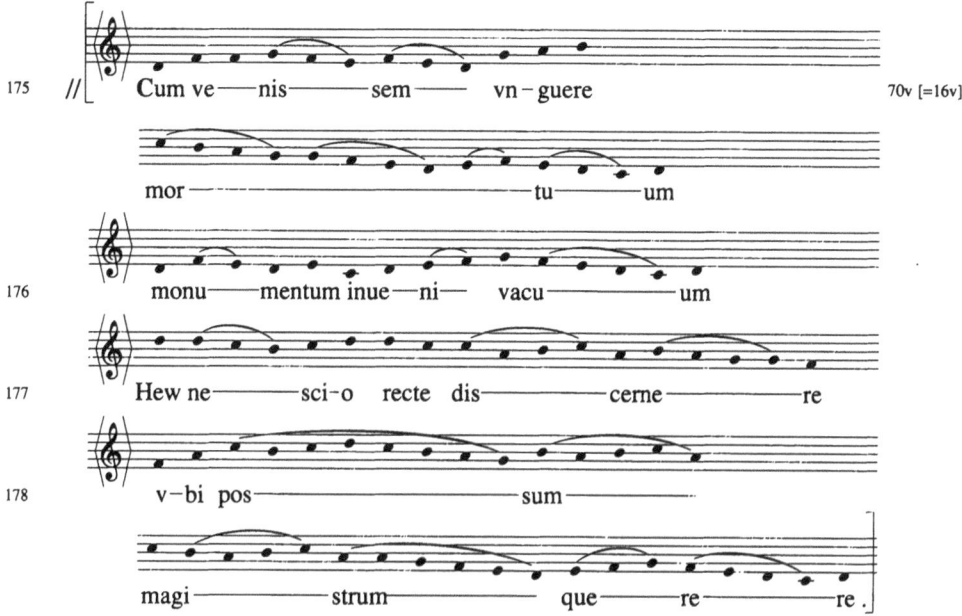

175 //   Cum ve—nis————sem—— vn–guere   70v [=16v]

      mor————————————tu———um

176   monu————mentum inue—ni— vacu————um

177   Hew ne————sci-o recte dis————cerne————re

178   v–bi pos————————sum————

      magi————————strum—— que——re——re .

//Quo finito dicit: 59v [= 4v]

      Ach wy groß schmertzen
180   trag ich nu yn meynem hertzen
      Szo ich ihesum meynen heren nit finden magk
      Der do alhy yn dem grabe lagk.
      dy engel sagten mir gar gewyß
      das er ken gallileen gegangen yß
185   Dan ich sehe hy do vnde dar
      vnd werd doch seyn nyrgeth gewar.

---

174 *nw* B.   **174a–178** *folio 16* (Blattzahl fehlt B) = A 70ᵛ = Zwickau III, 84–87 (vgl. B alt 6ᵛ, neu 12ᵛ), deren Text und Melodie hier zur Ergänzung übernommen sind.   **175** *venisßem* B.   **176** *monumentum* korrigiert aus versehentlich wiederholtem *mortuum* (A).   **177/178** Von *recte* bis *vbi* auf Rasur (A).   **179** *schmerczen* B.   **180** *herczen* B.   **181** *So* B.   **182** *yn* aus *ym* korrigiert B.

186a   Tercia persona canit:

186b   ›En lapis est vere‹ etc. ut patet folio 17.

187   // En la——————pis— est — ve –re   71v [= 17v]

           de–po————————————————si————tus

188   qui fu——erat in signum— po–si————————tus .

189   muni————————erant locum mi——————li–ti————bus

190   locus va————————cat ——————————————

          e –is————— ab ——————— <–>

          sen————ti————bus .

  //Et dicet rithmum sequentem: 59v [= 4v]

          Helfft mir durch got clagen meyne noth.

          ich suche ihesum cristum meynen got

          den ich habe verloren

          O we das ich ye warth geboren!

195   Des muß ich nw verterben

          vnd von großem iammer sterben.

196a   Jterum canit sequentem cantum:

196b   ›Dolor crescit‹ etc. ut patet folio 17.

197   // **Dolor**— cre————scit– tremunt   71r [= 17r]

          pre————————cor—————————di————a

186a Vor *Tercia* Kapitulumzeichen ¶ B.   **186b–190** *folio 17* (Blattzahl fehlt B) = A 71ᵛ = Zwickau III, 103–106 (vgl. B alt 7ʳ, neu 13ʳ), deren Text und Melodie hier zur Ergänzung übernommen sind.   **190a** Vor *Et* Kapitulumzeichen ¶ B. – *dicit* B.   **192** *Jesum* B.   **193** *ich* am Ende der Zeile mit Einfügungszeichen zwischen *den* und *habe* nachgetragen (A), in B an richtiger Stelle. – *hab* B.   **195** *nu* B.   **196** *großen* AB.   **196a** Vor *Jterum* Kapitulumzeichen ¶ B.   **196b–200** *folio 17* (Blattzahl fehlt B) = A 71ʳ = Zwickau

198 de ma——gistri pi—j ab——senti————a

199 qui salua——uit me plenam vi————ci————is

200 pulsis a———— me

septem———— de————— mo—— <->

ni————is .

//Et dicit rithmum qui sequitur://

    Awe meyn iammer wil sich meren

    vmb ihesum meynen liben herren.

    ich mag wol sehr sorgen

    vmb dy sunden yn mir verborgen

205   vnd bekummer mich vmb seynen todt

    Der mich hat gelaßen yn ßo großer noth.

206a Et similiter cantet:

206b   ›Hew heu redempcio israhel‹ etc. ut patet folio 18.

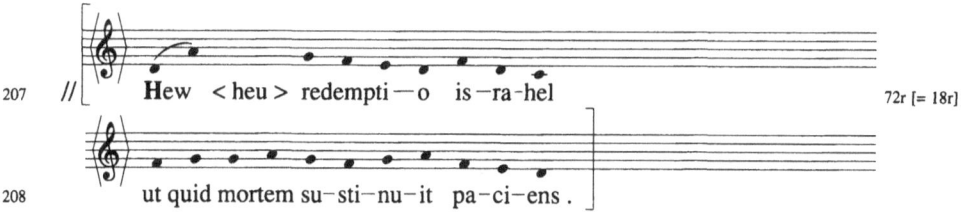

207 // Hew < heu > redempti—o is—ra-hel

208 ut quid mortem su—sti—nu—it pa—ci—ens .

//Et dicit rithmum:

    O liber herre ihesu crist

210   trŏste mich ßo du das bist.

    herre vater vnd trost

    Bistu das ßo bin ich erlost.

III, 92–95 (vgl. B alt 7ʳ, neu 13ʳ), deren Text und Melodie hier zur Ergänzung übernommen sind. **197** *Dolor* mit dicker Feder AB. **198** *py absencia* B. **200a** Vor *Et* Kapitulumzeichen ¶ B. **201** *Aue* B. **202** *iesum* B. **206a** Vor *Et* Kapitulumzeichen ¶ B. **206b** *hew* B (an zweiter Stelle). **206b–208** *folio 18* (Blattzahl fehlt B) = A 72ʳ = Zwickau III, 112/113 (vgl. B alt 7ᵛ, neu 13ᵛ), deren Text und Melodie hier zur Ergänzung übernommen sind. – Das zweite *heu* fehlt dort, hier ergänzt aus V. 206b, seine Melodie jedoch ungewiß. **207** *redempcio* B. **208a** Vor *Et* Kapitulumzeichen ¶ B. **209** *iesu* B. **210** *troste* B. **212** *Bistu du* AB.

The following marginal folio references appear next to the musical/text lines:

59v [= 4v]
60r [= 5r]
72r [= 18r]
60r [= 5r]

212a Hic venit saluator a latere et cantet / ›Mulier quem queris‹ etc. ut patet folio 18.

213 // Mu-li——er quid plo—ras quem que—ris ?   72v [=18v]

//Quo finito dicet rithmum: 60r [= 5r]

Nu sage mir weybeß bilde sicherlich

215   wehn du suchest ßo iammerlich

mit ßo großem weynen vnd schmertzen

dy du tragst yn deynem hertzen.

217a Tunc maria respondendo cantet:

217b   ›Domine si tu sustulisti‹ etc. ut patet folio 18.

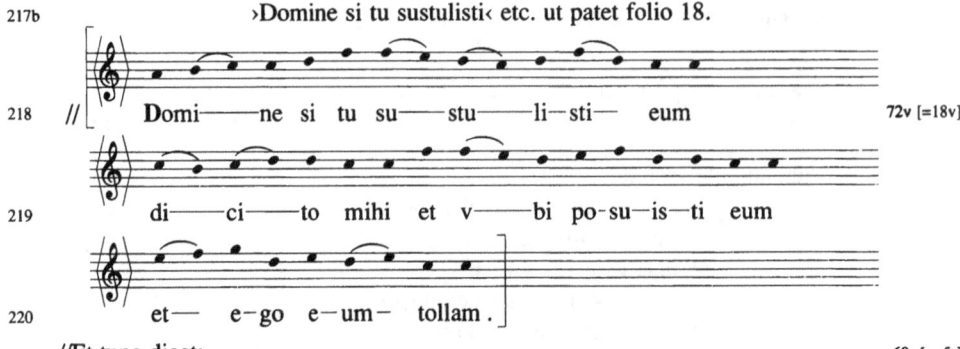

218 // Domi——ne si tu su——stu——li-sti— eum   72v [=18v]

219   di——ci——to mihi et v——bi po-su-is—ti eum

220   et— e-go e-um— tollam .

//Et tunc dicet: 60r [= 5r]

Herre hastu yn icht wegk genummen?

Sage mir wu er ist hyn kummen.

meyn hertz ist in großer quâl vnd peyn

Das ich nicht sal bey ym seyn.

224a Et respondet saluator cantans:

224b   ›Maria‹ ut patet folio 18.

225 // Ma————ri——a .   72v [=18v]

//quo finito dicit: 60r [= 5r]

Maria ich byn got selber dein trost

Der dich von deynen sunden selbst hab erlost.

212a–213 *folio 18* (Blattzahl fehlt B) = A 72ᵛ, trotz des abweichenden, weil kontrahierten Textes wegen des eindeutigen Seitenverweises zweifellos = Zwickau III, 124 (vgl. B alt 7ᵛ, neu 13ᵛ), dessen Text und Melodie hier zur Ergänzung übernommen sind. **213** *plorans* AB. **213a** *dicit* B. **214** *beybeß bylde* B. Über *weybeß bilde* von gleicher Hand, aber mit dünnerer Feder die Varianten *frawe weyb* A, fehlen B. **215** *wen, so* B. **216** *weynnen vnd schmerczen* B. **217** Über *yn* die Variante *an* in A mit normaler, in B mit dünnerer Feder geschrieben. – *herczen* B. **217b–220** *folio 18* (Blattzahl fehlt B) = A 72ᵛ = Zwickau III, 126–128 (vgl. B alt 7ᵛ, neu 13ᵛ), deren Text und Melodie hier zur Ergänzung übernommen sind. **218** *tu* mit Einfügungszeichen zwischen *si* und *sustulisti* über der Zeile nachgetragen (A), in B an richtiger Stelle in der Zeile. **219** *michi* B. **223** *hercz, yn, quel* B. **224** *Daß* B. **224a** *respondens* B. **224b–225** *folio 18* (Blattzahl fehlt B) = A 72ᵛ = Zwickau III, 133 (vgl. B alt 7ᵛ, neu 13ᵛ), dessen Melodie hier zur Ergänzung übernommen ist. **226** *deyn* B. **227** *selbst* rechteckig umrahmt A.

Du bist maria magdalena geheyßen
des namenß saltu alczeyt geneßen.

229a Tunc tertia persona respondet cantans:

229b ›Raboni quod dicitur‹ etc. ut patet folio 18.

230 // Ra—b‹o›———————ni quod di—ci———tur   72v [=18v]

ma———gister .

//Et dicit rithmum: 60v [= 5v]

liber herre ihesu crist
troste mich ab du das bist.

232a tunc saluator canit:

232b ›Prima quidem suffragia‹ etc. ut patet folio 19.

233 // Prima———————qui—dem   73r [=19r]

suf————fra–gi————a

234 stola tu——lit car———na–li————a

235 ex–hiben-do commu———nia——

236 se per na–tu———re— mu–ni–a .

//Quo finito tunc dicit: 60v [= 5v]

Maria schaw nu das antlitz meyn
ich byn hiesus der herre deyn
mit dem selbigen irdischen leychnam
240 Den ich von meyner mutter marien nahm.

---

229 *namenß*] In B hatte der Schreiber ursprünglich *manne* geschrieben, verbesserte es aber noch während des Schreibens zu *namenß.* – *alleczeyt* B. **229a** *3ᵃ* B. **229b–230** *folio 18* (Blattzahl fehlt B) = A 72ᵛ = Zwickau III, 134, das an dieser Stelle zwar nur e i n e Melodie, aber für das erste Textwort außer *Rabi* auch die dort fehlerhaft übergeschriebene und hier verlangte Variante *rab[o]ni* bietet. Sie fehlt III (B). **231** *iesu* B. **232** *trost* B. – *das*] *da* B. **232b–236** *folio 19* (Blattzahl fehlt B) = A 73ʳ = Zwickau III, 136–139 (vgl. B alt 8ʳ, neu 14ʳ), deren Text und Melodie hier zur Ergänzung übernommen sind. **236a** *finita* B, dessen Schreiber einen Fleck rechts unten am *o* in seiner Vorlage A als *a*-Haste verlas. **237** *daß* B. – *antlit* A, *antlicz* B. **238** *iesus* B.

Ich hab nu vberwunden den todt
Den ich leyt vmb des sunderß noth.
Maria cantat flexis genibus / ›Sancte deus‹ ut patet folio 19.

243 //   Sancte ——————————————— de ————— us !   73v [=19v]

//quo cantato dicit: 60v [= 5v]

Warlichen mich duncket an argelist
245   du seyst meyn herre ihesu crist.
Eya meyn herre iesu milder goth
warvmb warstu den iuden spoth?

247a tunc iterum saluator canit:

247b   ›Hec priori dissimilis‹ etc. ut patet folio 19.

248 //   Hec pri ———————————————— o ——— ri   73v [=19v]

         dis ————— simi ————— lis

249   hec est in ——— corrup ——— ti–bi ——————— lis

250   que nunc fuit   passi–bi —— lis ———

251   iam non e –rit ——— so ——lu–bi–lis .

//Quo finito iterum dicit: 60v [= 5v]

Maria den leyp den ich hab sichtigleych
Der ist dem ersten gar sehr vngleych

---

242 *deß* B. **242a–243** Zum Trishagion vgl. Anm. zu I, 71. – *folio 19* (Blattzahl fehlt B) = A 73ᵛ = Zwickau III, 145 (vgl. B alt 8ʳ, neu 14ʳ), dessen Text und Melodie hier zur Ergänzung übernommen sind. **243a** *cantando* B. – **245** *iesu* B. **247** *den*] Verschreibung für *der*? **247b–251** *folio 19* (Blattzahl fehlt B) = A 73ᵛ = Zwickau III, 147–150 (vgl. B alt 8ʳ, neu 14ʳ), deren Text und Melodie hier zur Ergänzung übernommen sind. **247b** Nach *priori* durchstrichenes geschäftetes *s* B. **252** Erstes *den*] *deyn* AB, Verschreibung entweder für *den* oder aber auch für *meyn*. Ich habe mich bei der Emendierung für die erste Möglichkeit entschieden, weil ich *ey* in *deyn* für einenVorklang des gleichen Diphthongs im Folgewort *leyp* und den Akkusativ *den* des Artikels für Kasusattraktion (attractio inversa) an das folgende Relativpronomen *den* halte. **253** *vngeleich* B.

wan der erste muste sterben
255   dyßer mag nymmer mer verterben.
Maria canit ‚Sancte fortis' ut patet folio 19.

256   //   Sancte————————————————————for————tis———!   73v [=19v]

//Et subiungit rithmum: 60v [= 5v]

O starker got liber herre
war vmb fleustu mich ßo sere?
Deyn name ist doch ßo suße
260   des wil ich kusßen uff deyne fuße.
260a   Et Saluator canit:
260b   ›Ergo noli me tangere‹ etc. ut patet folio 20.

261   //   Ergo————————————no—li me————   74r [=20r]

tange————————re

262   nec vltra—— ve–ni–as———— plange————re

263   quem mox in pu—ro si–de——re————

264   cernes ad pa————————trem   scande·re .

//quo finito dicit://   60v [= 5v]
265   Maria du salt nicht an ruren meynen leyp   61r [= 6r]
Sunder gehab dich eyn seliges weyp.
Du solt gar balde nemen ware
das ich auff czu hymmel wert faren.

255a–256 *folio 19* (Blattzahl fehlt B) = A 73ᵛ = Zwickau III, 156 (vgl. B alt 8ʳ/ᵛ, neu 14ʳ/ᵛ), dessen Text und Melodie hier zur Ergänzung übernommen sind. **257** *starcker* B. **259** *Dein* B. **260b–264** *folio 20* (Blattzahl fehlt B) = A 74ʳ = Zwickau III, 158–161 (vgl. B alt 8ᵛ, neu 14ᵛ), deren Text und Melodie hier zur Ergänzung übernommen sind. **260b** *folio*] *fo* / A. **265** *an* über der Zeile nachgetragen und mit Einfügungszeichen zwischen *nicht* und *ruren* gestellt (A), in B an richtiger Stelle in der Zeile, aber *rurren*. **266** *seyliges* B. **268** *Daß, zcu* B.

Jterum maria respondet cantando ›Sancte et im/mortalis‹ etc. ut patet folio 20.

269 //   Sancte ─────────── et immorta ──── lis   74v [=20v]

         mise ──── re ── re ──── no ──── bis !

//Et dicit: 61r [= 6r]

270   O lieber herre iesu crist meyn hochstes heyl
                           meyn hoffnungh trost vnd außerwelt teyl
                           du bist starck vnd vnthỏtlich.
                           Erbarm dich vber alle sunder vnd vber mich!

273a Jnde Saluator canit:

273b   ›Nunc ignaros huius rei‹ etc. ut patet folio 20.

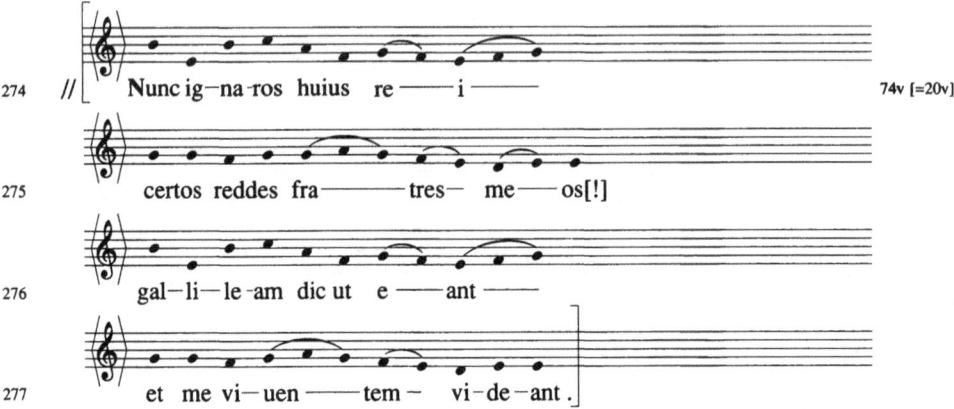

274 //   Nunc ig─na─ros huius re ──── i ────   74v [=20v]

275   certos reddes fra ──── tres─ me ── os[!]

276   gal─li─le-am dic ut e ──── ant ────

277   et me vi─uen ──── tem ─ vi─de─ant .

//Quo cantato dicit: 61r [=6r]

                           Maria diße ere ist dir gescheen
                           das du mich czum ersten hast gesehen
280   nach dem das ich byn auffgestanden
                           vnd byn gen gallileen gegangen.
                           Das sage meynen iungern bsunder petro
                           das sy alle czusammen seyn fro.
                           wollen sy mich lebendig sehen
285   das sy alle do hyn gehen.

268a–269 *folio 20* (Blattzahl fehlt B) = A 74ᵛ = Zwickau III, 167 (vgl. B alt 8ᵛ, neu 14ᵛ), dessen Text und Melodie hier zur Ergänzung übernommen sind.   **268a** *inmortalis* B.   **269** *misere* B.   **270** *liber, mein* B. **272** *byst, vnthotlich* B.   **273b–277** *folio 20* (Blattangabe fehlt B) = A 74ᵛ = Zwickau III, 169–172 (vgl. B alt 8ᵛ, neu 14ᵛ), deren Text und Melodie hier zur Ergänzung übernommen sind.   **277a** *cantando* B. **282** *iunghern besunder* B.   **285** *das sy*] *Daß* B.

Nu stehe auff maria czu dißer stundt
Deyne große libe hat dich macht gsunth.

287a Et isto facto Saluator recedet ab ea.

287b Tunc Maria cantat ›Vere vidi‹ etc. ut patet folio ·21·

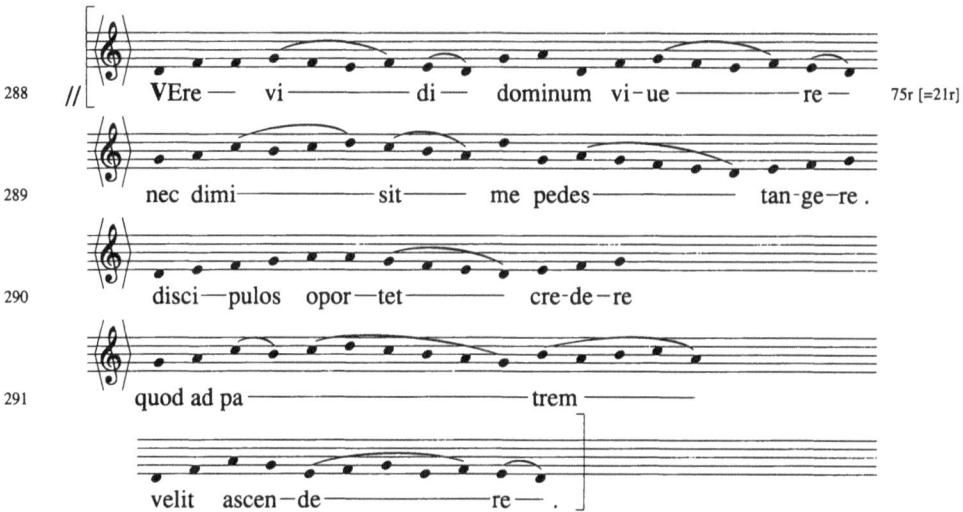

288 VEre — vi — di — dominum vi-ue — re — 75r [=21r]

289 nec dimi — sit — me pedes — tan-ge-re .

290 disci—pulos opor—tet — cre-de-re

291 quod ad pa — trem —

velit ascen-de — re — .

//Quo finito dicit ut sequitur: / 61r [= 6r]

Nu seyt fro vnd lasset ewer trawren sein.
Jch hab gesehen ihesum den herren meyn
vnd verkundige euch gute nawe mere
295 von meynem meyster ihesu liben herre.
ich byn ytzund geweßen dar
Das sag ich euch vorwar
das ich yn lebendig sach
Des frewe ich mich nacht vnd tag.//
300 Dar vmb wyl ich syngen vnd frolich seyn 61v [= 6v]
vnd mich frewen der aufferstendungh sein.

Et Subiungit cantando hylari voce ›victime pascali‹
ut patet folio ·21· cantando tres versus latine uel
almanice ut ibidem habetur uel eciam simul primo latine
post hoc wulgariter.

---

286 *zcu* B. **287** *Deine, gesunth* B. **287b–291** *folio 21* (Blattzahl fehlt B) = A 75ʳ = Zwickau III, 177–180 (vgl. B alt 9ʳ, neu 15ʳ), deren Text und Melodie hier zur Ergänzung übernommen sind. **287b** *fo* A. **291a** *vt* B. **292** *frổ* A. **294** *newe* B. **295** *meyne* AB. **296** *yczund* B. **297** *vorbar* B. **299** *alle meyne tag* als Variante in A unter, in B hinter *nacht vnd tag*, jeweils von gleicher Hand und mit gleicher Feder. **300** *wil, singen* B. **301** *frawen* B. **301a–321** *folio 21* (Blattzahl fehlt B) = A 75ᵛ/76ʳ = Zwickau III, 187–206 (vgl. B alt 9ʳ/ᵛ, neu 15ʳ/ᵛ), deren Text und Melodie hier zur Ergänzung übernommen sind. **301b** *vel* B. **301c** *vel* B. **301d** *hac vulgariter* B.

302 // Uicti—me pascha-li lau——des   75v [=21v]

303 immolant cristi—a——ni.

304 Lobgesanck all cristen ge——ben

305 frolich got vnßerm her——ren.

306 Agnus red-e-mit oues

307 cristus in-nocens pa——tri

308 re-con-ci—li-a-uit

309 pecca-to——res.

310 Cristus das vnschuldig lamp

311 erlost seyn schaff von todes bandt

312 dy sunder ver-sunet

313 got dem va——ter.

---

305 *vnßr* B, Rest des Wortes fehlt wegen Beschneidung des Blattrandes. **311** *seyne*, aber Schluß-*e* nachträglich gestrichen (A). Über *von* jeweils von derselben Hand, aber in B mit dünnerer Feder die Variante *auß* AB.

314 Mors et vi—ta du-el-lo

315 con-flixe—re mi=//ran——do   76r [=22r]

316 dux vi—te mortu-us

317 regnat vi——uus .

318 Todt vnd leben wunderßam

319 in eym kampff czusammen— kam

320 Das leben ge-storben

321 herscht nu le——bend .

321a //Et tunc subiungit chorus: 61v [=6v]
321b   ›Dic nobis maria quid vidisti in via‹ ut patet folio ·22·

322 // Dic nobis ma-ri—a   76r [=22r]

323 quid vi-di—sti in via?

323a //tunc maria respondet ›Sepulcrum christi viuentis et   61v [= 6v]
323b   gloriam vidi resurgentis‹:

---

318 *beben* A.   **319** *zcu sammen* B.   **320** *gesterben* AB, in A möglicherweise nur mißverständlich geschriebenes *o*.   **321b–323** *folio 22* (Blattzahl fehlt B) = A 76ʳ = Zwickau III, 207/208 (vgl. B alt 9ᵛ, neu 15ᵛ), deren Text und Melodie hier zur Ergänzung übernommen sind.   **323a–325** Vgl. A 76ʳ (alt 22ʳ; B alt 9ᵛ, neu 15ᵛ) = Zwickau III, 209/210.

324 // sepulchrum cristi vi-uen——tis   76r [=22r]

325 et glo-ri-am vi-di resur-gen——tis .

//Iterum chorus canit: 61v [= 6v]
325b   ›Dic nobis‹ etc.
                 //[Dic nobis maria   76r [=22r]
                 quid vidisti in via?]
//Respondet maria ›Angelicos testes‹ etc./ ut patet folio ·22·   61v [= 6v]

328 // Ange—li-cos testes   76v [=22v]

329 su-da-ri-um et vestes .

//Tunc tercio chorus canit ›Dic nobis‹ etc.   61v [= 6v]
330   //[Dic nobis maria   76r [=22r]
                 quid vidisti in via?]
//Respondet maria ›Surrexit cristus spes mea‹ etc.   61v [= 6v]

332 // Sur-rexit cristus spes me——a   76v [=22v]

333 prece-det suos in galli—le——am .

//Tunc chorus continuabit Sequenciam ad finem usque.   61v [=6v]

334 // Credendum est magis so—li   76v [=22v]

335 ma-ri—e ve-ra——ci

327a–329 *folio 22* (Blattzahl fehlt B) = A 76ᵛ = Zwickau III, 225–226 (vgl. B alt 9ᵛ, neu 15ᵛ), deren Text und Melodie hier zur Ergänzung übernommen sind. **329a** *tercius* B. **331a–333** Vgl. A 76ᵛ (alt 22ᵛ, B alt 9ᵛ, neu 15ᵛ) = Zwickau III, 227/228. **334–342** Wie die vorstehenden Versikel der Ostersequenz ebenfalls ergänzt nach Zwickau III, hier V. 235–238 und 243–247 (vgl. A 76ᵛ/77ʳ, alt 22ᵛ/23ʳ; B alt 9ᵛ/10ʳ, neu 15ᵛ/16ʳ).

336 quam iude—o—rum

337 tur=//be fal—la——ci .

77r [=23r]

338 Scimus cristum sur—re—xisse

339 a mortu—is ve——re

340 tu nobis victor

341 rex mi—se—re——re .

342 alle—lu——ia .

//Sed finita sequentia tunc duo presbiteri uel persone
currunt ad sepulcrum cantando antiphonam quae sequitur per chorum:

61v [=6v]

343 Curre—bant duo si——mul

344 et il—le a—li—us disci————pu——lus—

pre-/-cucur—rit ci—ci—us— pe——tro—

345 et— venit pri——or ad— mo—nu—men—/tum .

346 al—le——lu—ia .

342a *sequencia, vel* B.   **342b** *sepulchrum* B.   **344** *discipulus*] kein b-Vorzeichen B.

347 Zcwen iun-gern- czugleych li——fen /

348 vnd eyner dem andern czuuor———— ly——fe—

vnd auch/schirer kam czuuor— pe——tro—

349 vnd eyngingk//erst—lich czu— des her-ren— grab .   62r [=7r]

350 al—le——lu—ia .

Post hoc iterum due persone ibunt ad sepulcrum domini feren[–]
do lintheamen a sepulcro jn quo lintheamine crux
fuit posita erigentes lintheamen et cantantes antiphonam ut sequitur:

351 Cerni—tis o— so——ci——j ec-ce —

linthe——a-mi-na et su——da——ri——um /

352 et— cor——pus non— est in se——pulcro in——uentum .

353 Seht nu / hy liben bru——der— meyn

354 nempt war— das seynt/dy— leylach sein

---

347 *zugleich* B. 348 *czuuor*] kein b-Vorzeichen B. – *schirrer* B. – Über *schirer* von jeweils derselben Schreiberhand mit der normalen Feder der Textschrift und nur wenig kleiner die Variante *rischer* AB. 349 *heren* B. 350b *sepulchro in* B. 350c *lintheamenn* B. 351 *socy* B. – Zwischen *suda-* und *-rium* getilgtes *-rium* A; vgl. Einleitung S. 21. 352 *sepulchro* B. 353 *mein* B. 354 *nemptwar* A. *nempwar* dʒ B. 355 *sein schweißtuch* B.

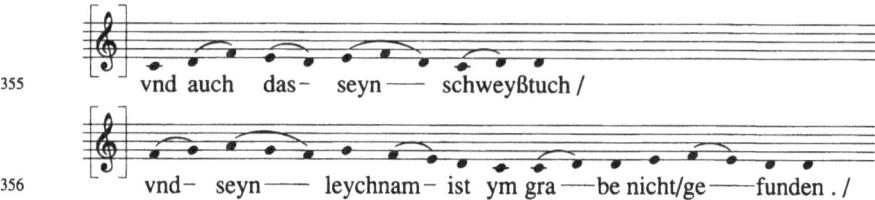

355   vnd auch das- seyn —— schweyßtuch /

356   vnd- seyn —— leychnam- ist ym gra ——be nicht/ge ——funden . /

Et tunc statim due persone ambonem ascendentes et crucem
ostendentes Cantant antiphonam sequentem://

357   Surre ——xit do-mi-nus de se-pul —chro .   62v [=7v]

Chorus respondet ut moris est:

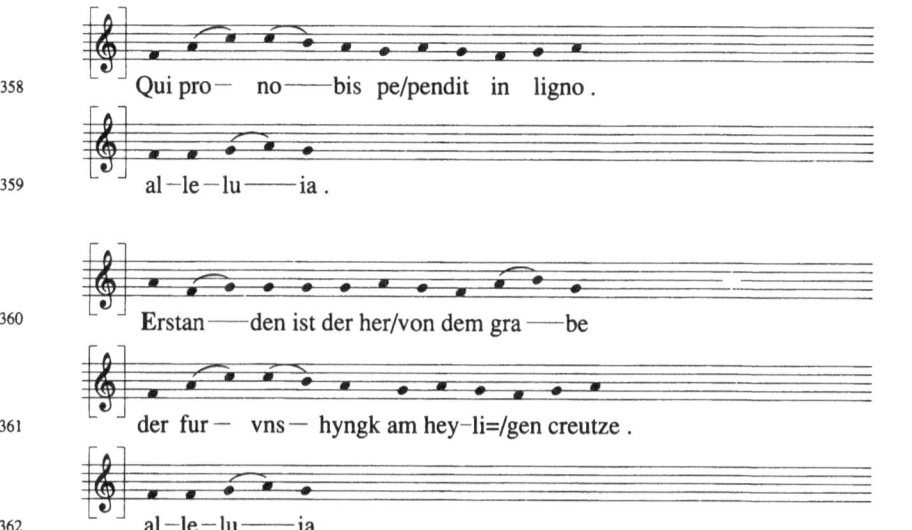

358   Qui pro— no——bis pe/pendit in ligno .

359   al –le –lu ——ia .

360   Erstan ——den ist der her/von dem gra ——be

361   der fur — vns— hyngk am hey–li=/gen creutze .

362   al –le –lu ——ia .

hys finitis cantores inci/pient ›Te deum laudamus‹ / continuando laudes.

---

356 Nach *vnd* gestrichen *auch* A, vgl. Einleitung S. 5. – *sein leichnam* B.   **357** *sepulcro* B.   **357a** Die ganze Regieanweisung in A auf der zweiten, in B in der ersten Notenzeile zwischen dem Text von V. 358 und den darüberstehenden Noten. – *est* A im Falz.   **360–362** Die Textaufzeichnung läßt keine Entscheidung darüber zu, ob dieser deutsche Text nur vom Chor allein gesungen oder in der gleichen Weise wie der vorhergehende lateinische (V. 357–359) auf die *due persone* (V. 356a) einer- und den Chor anderseits verteilt werden sollte. In letzterem Falle bleibt ferner unentscheidbar, ob dem geteilten lateinischen Text jeweils seine deutsche Entsprechung unmittelbar folgen oder der auf *due persone* und Chor verteilte ganze Text erst lateinisch und danach in deutscher Wiederholung dargeboten werden sollte; die Initialensetzung spricht eher für das letztere.   **360** Über *grabe* von jeweils derselben Hand und mit derselben Feder wie die Textschrift die Variante *tothen* A / *thoten* B eingetragen.   **361** Über *fur* von der gleichen Hand die Variante *vor* A; in B nur *vor*. – *heiligen czeucze* B.   **362a** *his* B.

Zwickauer Osterspiel III

0a

Visitacio sepulchri
Jn sacratissima nocte resur-
rectionis domini nostri iesu cristi. Sub tercia
lectione conueniunt tres persone ad modum

0e

honestarum mulierum vestite in sacristia. Et
tercia lectione finita Organo incipiente
Responsorium exeant tribus pueris cum superpel[–]
licijs accensis luminibus precedentibus ad medium
chorj. Et finito Responsorio omnes tres simul concinne

0j

cantent versum dicti Responsorij ›Dum transisset sabbatum‹.

1   Et valde——————————————— ma———ne

v—na sabba—to—rum

2   ve————niunt ad— mo—/ nu——men————tum

3   or—————to iam——————— so————le —

4   Vt ve-ni-[en——tes   ungerent Jhesum .]

5   Glo-ri——/ a———————————— pa——tri—

et— fi—li—————o et

0a *Visitaco* A (Abbreviierungs-Strich vergessen). **0a/b** *Visitacio sepulchri in sacratis* = / so die erste Zeile in B, mit dicker Feder. **0d** Nach *lectione* Doppelpunkt (AB). **0e** Nach *mulierum* Schrägstrich (AB). **0f** *lctone* A. **0g** Nach *Responsorium* und *exeant* jeweils Doppelpunkt (AB). **0g/h** *superpellicys* B. **0i** *chori* B. **0j** *Responsory* B. – *Dum transisset sabbatum* mit dickerer, danach auf dem Rande *etc.* mit dünnerer Feder (A). – *sabbatum etc.* fehlt B. **4, 6** Text ergänzt nach Zwickau II, 9.

spiri———————tu-i————— / sanc———————to ——

6 Vt ve-ni—en—[tes ungerent Jhesum .]

Prima persona sola can/tat eundo ad altare sanc/te crucis ante chorum://

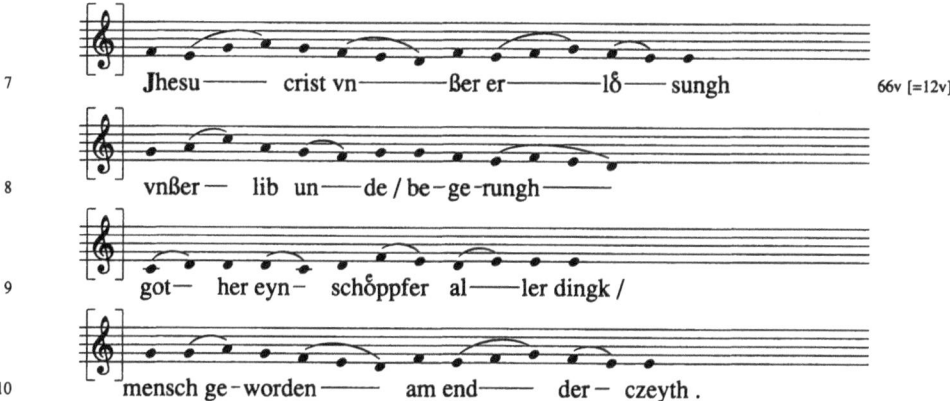

7 Jhesu——— crist vn———ßer er———ld—— sungh   66v [=12v]

8 vnßer — lib un—de / be-ge-rungh———

9 got— her eyn- schŏppfer al——ler dingk /

10 mensch ge-worden——— am end——— der- czeyth .

Post finem istius versus / sequatur 2ª persona / cantans sequentem versum:

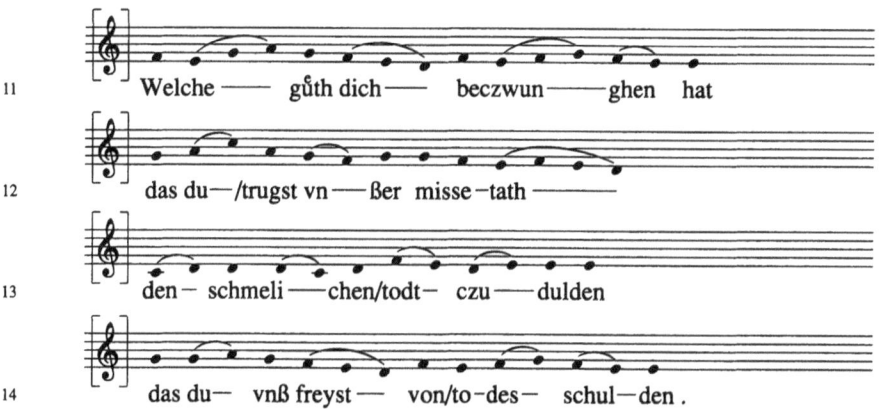

11 Welche——— gŭth dich——— beczwun———ghen hat

12 das du—/trugst vn——ßer misse -tath ———

13 den- schmeli ——chen/todt- czu——dulden

14 das du— vnß freyst — von/to-des- schul—den .

3ª persona similiter / sequatur et canit:

15 Der hel———len schloßß czu//bro———chen hast   67r [= 13r]

---

7 *Jesu, vnser erlosungh* B.   **8** *vnser, vnd* B. – Über *vnde* von gleicher Hand, aber mit blasserer Tinte die Variante *vnßer* A.   **9** *schopffer* B.   **10** *czeyt* B.   **11** *guth* B.   **12** *vnser missethat* B.   **13** *tod zcudul-den* B.   **14** *vns* B.   **14a** *Tercia, sequantur* B.   **15** *schloß* B.

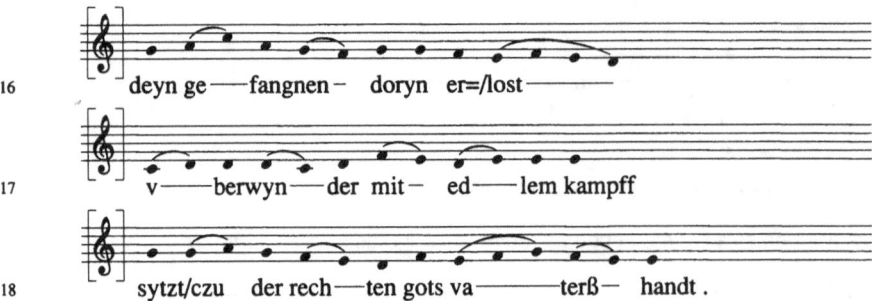

16   deyn ge——fangnen– doryn er=/lost——

17   v——berwyn——der mit– ed——lem kampff

18   sytzt/czu der rech——ten gots va————terß– handt .

Statim iterum / progrediatur prima / persona ad medi[um] / ecclesie cantans sequ[entem] / antiphonam:

19   Omni——potens pater al–ti—ssime

20   an-ge——lorum rector / mi-tis-si—me

21   quid fa-ci—emus nos mi—serri—me——? /

22   Hew———— quantus est noster do——lor !

Sequitur / teotunicum:

23   Almech-ti-ger got vater yn e—wykeyt

24   der//en——gel trost vnd al–le se—li–keyt   67v [=13v]

25   was thun/wir ar-me dorffti—ge weyber——

26   Ach wy—— /groß ist vnßer leyth vnd schmerczen !

---

18 *syczt* B. **18a** *medium*] vom *u* nur noch die erste Haste vorhanden, alles folgende weggeschnitten (A). Fehlendes ergänzt nach B. **18b** *sequentem*] -*entem* in A durch Beschneidung verloren, ergänzt nach B. **22** *Heu* B. – Nach *est* gestrichenes *dolo* ohne Noten darüber (A). Vgl. Einleitung S. 5. **22a** Mit dicker Feder (A) – *teutunicum* B. **24** *der* am Anfang von fol. 67ᵛ mit Note wiederholt, dort beides unvollkommen gelöscht (A). **25** *weyber* fehlt B (wahrscheinlich beim Binden weggeschnitten), Anfang der Notation jedoch erhalten. **26** *schmerchen* B.

vel sic:

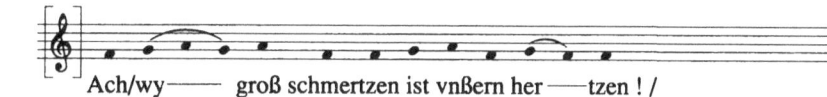

27 Ach/wy——— groß schmertzen ist vnßern her——tzen ! /

[Vel] sic in alia [no]ta:

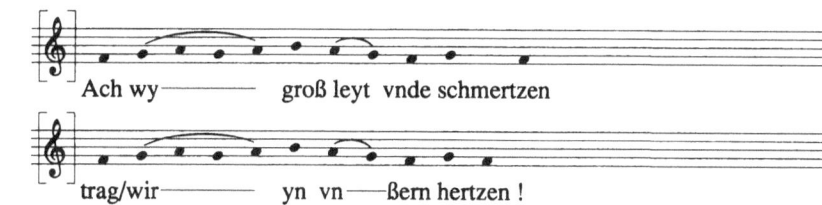

28 Ach wy——— groß leyt vnde schmertzen

29 trag/wir——— yn vn——ßern hertzen !

Finita ista antiphona imme/diate sequetur 2ª / persona cantans / sequentem antiphonam:

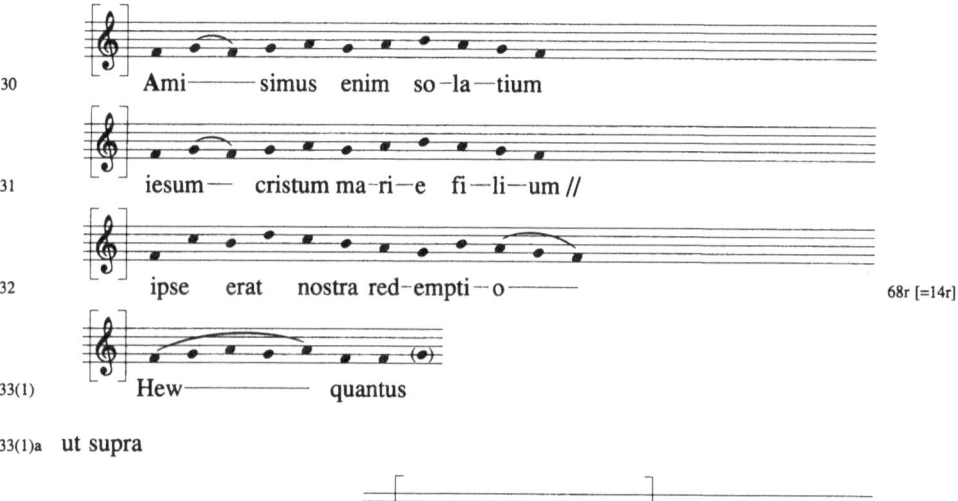

30 Ami——— simus enim so-la—tium

31 iesum— cristum ma-ri-e fi—li—um //

32 ipse erat nostra red-empti-o———

                                                         68r [=14r]

33(1) Hew——— quantus

33(1)a ut supra

33(2) // est noster do——lor !   67r [=13r]

33(2)a //Sequitur theotunicum: 68r [=14r]

---

27 *schmerczen, vnsern herczen* B. – Melodie wie III, 22 und 26.   **27a** Durch Beschneidung des Randes in A Verlorenes aus B ergänzt. **28/29** Die Melodie entspricht im wesentlichen derjenigen von V. 19/20; dort am Anfang Wiederholung von FG, hier am Ende von GF.   **28** *schmerczen* B.   **29** *herczen* B.   **29a** *sequitur secunda* B.   **30–33(1)** Schlüsselfehler in Hs. B: Die Melodie ist dort eine Terz zu niedrig notiert, weil in einem fünflinigen und nicht wie im ersten System von A in einem vierlinigen System aufgezeichnet: Der c-Schlüssel gehört auf die 3., nicht die 4. Linie. – B übernimmt dann den Kustos für *ipse* (Seitenwechsel 67ᵛ/68ʳ A) eine Terz zu tief und fährt dann mit dem Quint- bzw. in B Septim-Sprung nach c richtig fort.   **30** *solacium* B.   **32** *redempcio* B.   **33(1)a/(2)** Ergänzt nach V. 22, auf den 33(1)a verweist.   **33(2)a** *teutunicum* B.

34   Wir haben verlorn vnßern trost vnßer kron /

35   iesum— cristum ma‑ri‑en liben son

36   Er was vnßer / erlosungh vnde lon——

37(1)   Ach wy—— groß

37(1)a   etc. ut supra

37(2)   // ist vnßer leyth vnd schmerczen !   67v [=13v]

37(2)a   vel sic:

38   Ach/wy—— groß schmertzen ist vnßern her—tzen !

//Mox sequatur / 3ᵃ persona can=/tans antiphonam se/quentem: 68r [=14r]

39   Sed e——amus vnguentum e‑me‑re

40   de quo— bene / possumus vnguere

41   cor————pus do‑mi‑ni sa‑cra—tum . /

42(1)   Hew———— quantus

42(1)a   etc. ut supra

42(2)   // est noster do——lor !   67r [=13r]

---

34 *vnsern* B. – Über *vnßer* von gleicher Hand, aber mit dünnerer Feder die Variante *vnde* (A). – In B beim Seitenwechsel 11ʳ unten der richtige Kustos G, 11ᵛ oben jedoch irrig F geschrieben. **36** *vnser* B. **37(1)–38** Fehlendes ergänzt nach V. 26/27, auf die V. 37(1)a verweist. Die Variante V. 27a–29 ist der Notierung des Anfangs von V. 37(1) zufolge, die von derjenigen von V. 28 abweicht, hier offenbar nicht in Betracht gezogen worden. **37(1)a** *etc.* fehlt B. **42(1)a/(2)** Ergänzt nach V. 22, auf den 42(1)a verweist.

42(2)a //Sequitur almanicum: 68r [=14r]

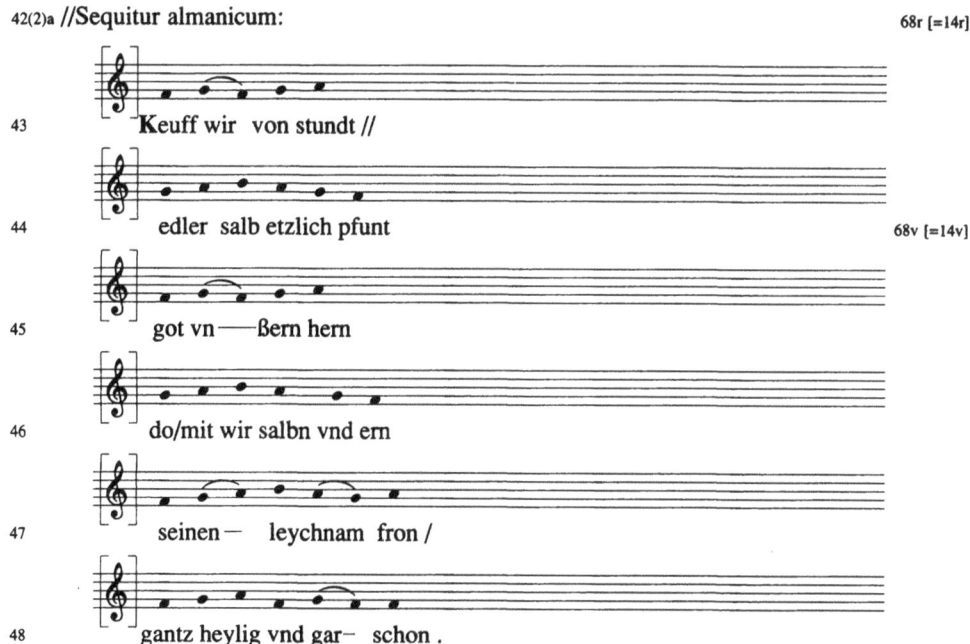

43   Keuff wir von stundt //

44   edler salb etzlich pfunt   68v [=14v]

45   got vn——ßern hern

46   do/mit wir salbn vnd ern

47   seinen— leychnam fron /

48   gantz heylig vnd gar— schon .

Tunc chorus canit / antiphonam sequentem / uel similem scilicet / ex anthiphonario:

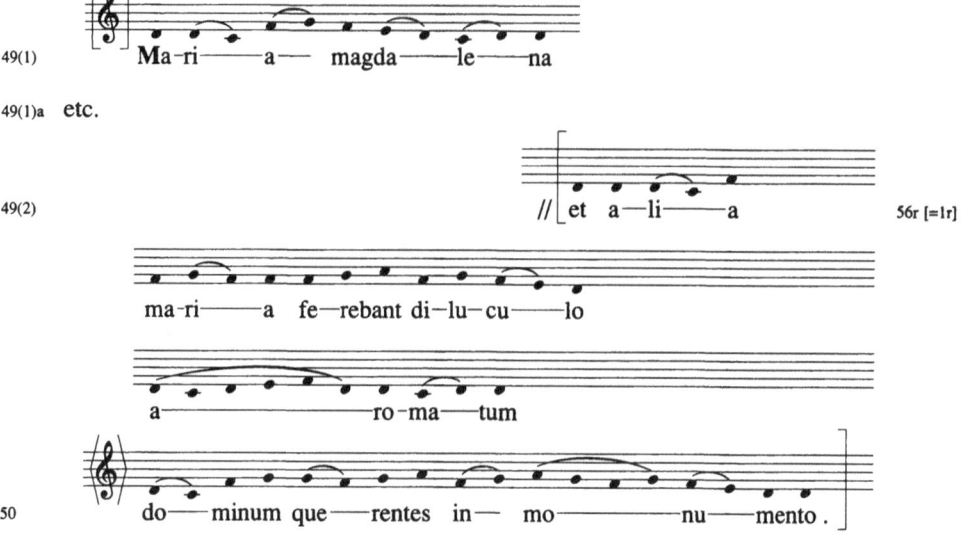

49(1)   Ma-ri——a—— magda——le——na

49(1)a etc.

49(2)   // et a—li——a   56r [=1r]

ma-ri——a fe—rebant di-lu-cu——lo

a————————ro-ma——tum

50   do——minum que——rentes in— mo————nu——mento .

43–48 Deutsche Übersetzung der Verse 39–41; die drei lateinischen Verse dabei in sechs deutsche aufgeteilt. **45** *vnßrn* A. – *herren* B. **47** *seynen* B. **48** *gancz* B. **49(1)–50** Text und Melodie (wie auch in I, 27/28: s.d.) ergänzt nach Zwickau II, 12/13, allerdings eine Quinte nach unten versetzt und ohne Beachtung des b-Vorzeichens. Sollte statt des 3F – ein 3c-Schlüssel stehen? Dann wäre es die gleiche Melodie. – In B Schlüssel 2F statt 3F (A), dadurch Melodie eine Terz höher notiert.

//Et inter cantandum antiphonam pre/dicte tres persone vadant / ad sepulcrum.   68v [=14v]
Et antiphona finita / cantent omnes tres simul / ut sequitur:

51 Quis re——uoluet—— no———bis— ab osti———o———

la –pi——dem

52 quem/te-ge–re— sanctum cer——ni——mus— se——pulchrum ?

Sequitur alemanicum:

53 Wer weltz / vns ab— von- di–ßem – grab

54 den großen— steyn— / ßo schwe—re

55 den wir sehn be——decken

56 das//heylig— grab des— herren ?   69r [=15r]

Tunc quatuor iuuenes / loco angelorum in sepulcro / sedentes cantent antiphonam /
sequentem:

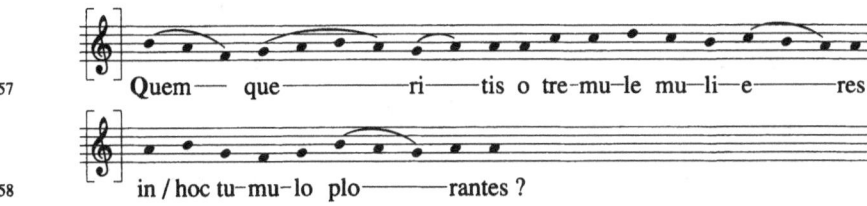

57 Quem— que———————ri——tis o tre-mu-le mu–li–e———res

58 in / hoc tu–mu-lo plo————rantes ?

Sequitur theotonicum:

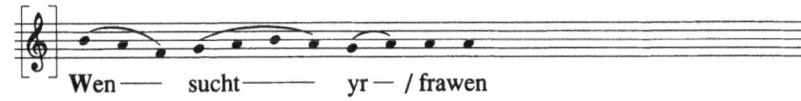

59 Wen—— sucht——— yr — / frawen

50a *sepulchrum* B.   **52a** Fehlt B.   **53** *welczt* B.   **55** *sehen* B.   **56a** *sepulchro* B.   **58a** *teutunicum* B.

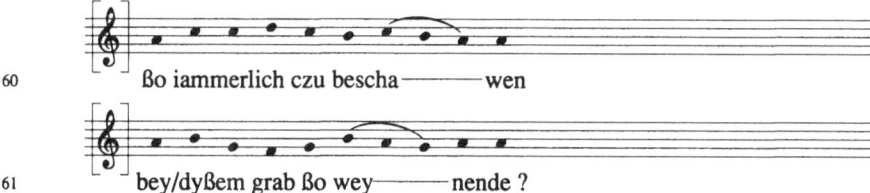

60 ẞo iammerlich czu bescha————wen

61 bey/dyẞem grab ẞo wey————nende ?

Tunc tres marie respondent sine / interuallo:

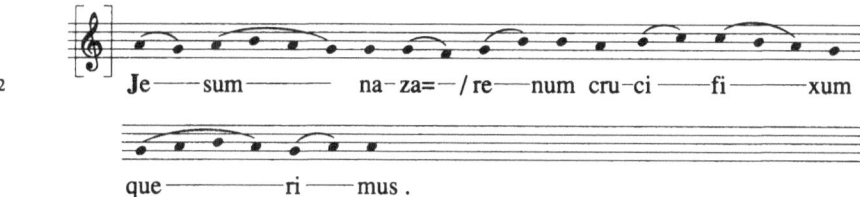

62 Je——sum———— na-za=—/re——num cru-ci——fi————xum

que————ri——mus .

Sequitur theotunicum:

63 Je——sum————/von na——za—reth den ge——creutz——ten

su————chen wir . /

Iterum angeli respondent:

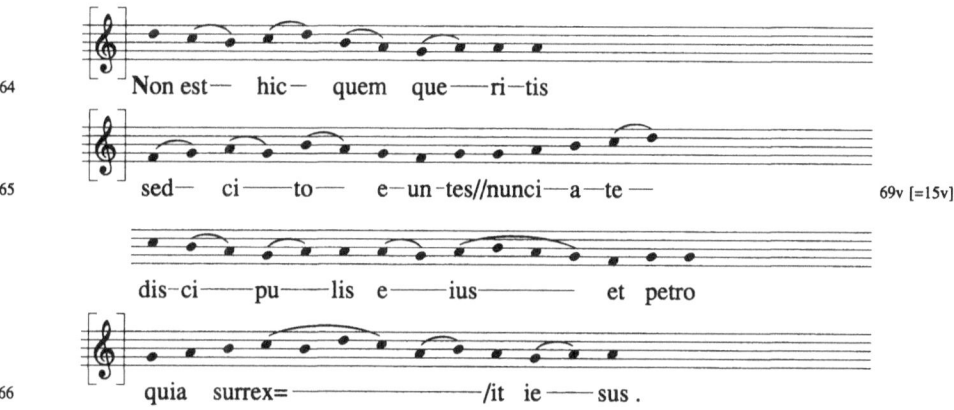

64 Non est—— hic— quem que——ri-tis

65 sed— ci——to— e-un-tes//nunci—a-te—   69v [=15v]

dis-ci————pu——lis e——ius———— et petro

66 quia surrex=————————/it ie——sus .

60 *zcu*[...] B.   **61** *b* von *bey* aus *y* korrigiert (A). – *so* B. – Über *weynende* jeweils von gleicher Feder die Variante *weclagende* AB.   **61a** Von *tres* sind *es*, von *sine* sind *ne*, von *interuallo* sind *allo* durch nachträgliche Beschneidung des Randes weggefallen (B).   **62a** *teutonicu*[*m*] B. – Von *Sequitur* sind *tur*, vom *m* in *teutonicum* die beiden letzten Hasten infolge nachträglicher Beschneidung des Blattes weggefallen. Die Regieanweisung ist nicht mit der dabei üblichen ganz dünnen, sondern mit der etwas dickeren Feder des Textes geschrieben.   **63** *geczreutzten* A, *geczreuczten* B.   **65** *nuncciate* B.

wulgare:

67   Er ist — nicht hy den ir— sucht do /

68   sunder geht— bald vnd seyt fro

69   verkun-di-geth- / das al——len— seynen— iun——ghern vnd petro

70   dan / aufer-standen ist— der— her ie——sus .

Et euntes detegunt / sepulcrum cantantes / immediate antiphonam / sequentem:

71   Ve—ni—te— et vi-de-te lo——cum

     v—bi po-si—tus e-rat do-mi-nus—. /

72   al——le-lu—ia—. al——le-lu—ia .

Sequitur vulgare:

73   Kumpt al—le — vnd seht hy//dy stel——le   70r [=16r]

74   wu hyn ge-leget warth der herre —. /

75   al——le-lu—ia—. al——le-lu—ia .

Et sic reuertantur / ad medium ecclesie / vbi prius ste/terant cantantes:

76   Ad monu——men-/tum   ve———ni——mus gementes

66a *vulgare* B.   **67** Vorzeichen b (fehlt B) bei *ist*; steht nur in der Melodie des deutschen, nicht in der sonst identischen des lateinischen Textes. Vgl. III, 125.   **68** *ght* B. – *frô* A.   **70** *aufferstanden* B.   **70a** *sepulchrum* B.   **71/72** Vgl. Zwickau I, 37–39, dort eine Quinte tiefer notiert.   **72a** Fehlt B.   **73** scheint in A *stélle* zu stehen. Vgl. V. 110.   **75a** *reuentantur* B.

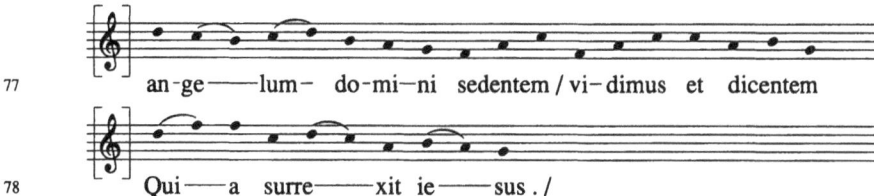

77 an-ge——lum- do-mi-ni sedentem / vi-dimus et dicentem

78 Qui——a surre——xit ie——sus . /

Sequitur vulgare:

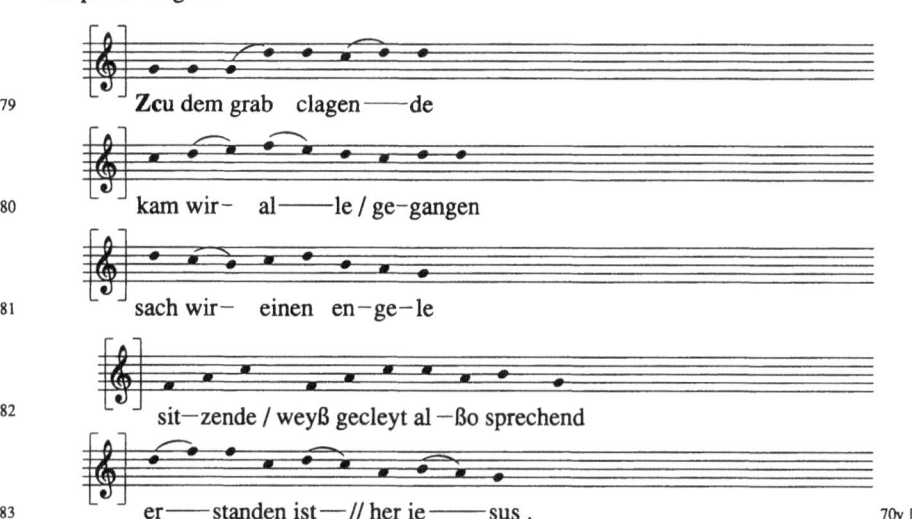

79 **Z**cu dem grab clagen——de

80 kam wir- al——le / ge-gangen

81 sach wir- einen en-ge-le

82 sit—zende / weyß gecleyt al -ßo sprechend

83 er——standen ist— // her ie——sus .   70v [=16v]

Deinde tercia persona recedens ab / alijs duabus ceroferario precedente facit /
circuitum per ecclesiam incipiens circa ambonem / usque ad altare sancte Anne
cantans / antiphonas infrascriptas jncipiens ›Cum / venissem vngere‹ ut sequitur :

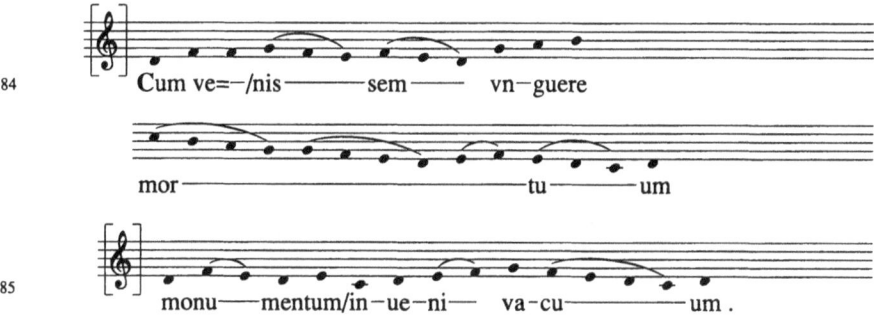

84 Cum ve=-/nis——sem—— vn-guere

mor————————————tu——um

85 monu——mentum/in-ue-ni— va-cu——um .

79–83 Deutsche Übersetzung von V. 76–78, mit gleicher Melodie wie dort, aber anderer Versaufteilung.
81 *wyr eynen* B.   **82** *siczende* B. – Über *alßo sprechend*, mit dünnerer Feder, aber von gleicher Hand die
Variante *vnd sprechende* A.   **83** *ist* fehlt B. – Über *erstanden ist // her* mit dünnerer Feder, aber von gleicher
Hand die Variante *ufferstanden // ist* A.   **83a** *alys* B.   **84** *venisßem* B.   **85** *monumentum* korrigiert aus
versehentlich wiederholtem *mortuum* (A).

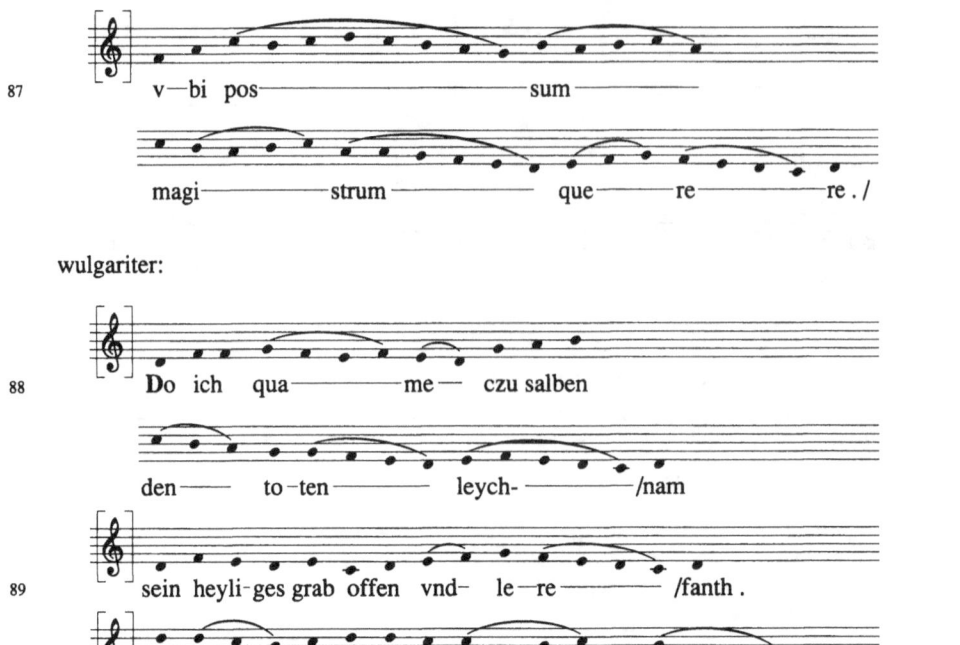

86 Hew ne————sci-o recte dis————cer/ne————re

87 v—bi pos————————sum————

magi————strum————que——re——re . /

wulgariter:

88 Do ich qua————me—— czu salben

den—— to-ten———— leych-————/nam

89 sein heyli-ges grab offen vnd— le—re————/fanth .

90 Ach ich—— nit weiß rechtlich wol———— // erken————nen   71r [=17r]

91 wu ich mag- fin————————————den/meynen -

meyster got———— meynen— her————renn . /

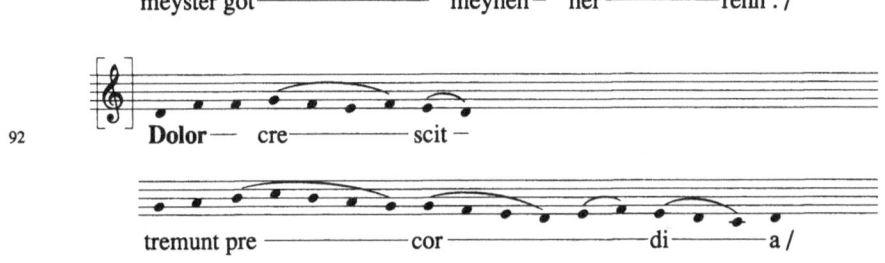

92 Dolor—— cre———— scit —

tremunt pre————cor————di————a /

<hr />

86/87 Von *recte* bis *vbi* auf Rasur (A).   **87a** *vulgariter* B.   **88** *zu* B.   **90** *nicht* B. – Über *weyß* von der gleichen Hand und mit gleicher Feder die Variante *mag*, darüber wieder mit dünnerer Feder, aber immer noch von der gleichen Hand, die Variante *kan* A. Die Tintenfarbe von *kan* ist die gleiche wie die von *weyß*, diejenige von *mag* jedoch merklich dunkler. Die Varianten fehlen B.   **91** Über *finden* von gleicher Hand und mit gleicher Feder die Variante *suchen* A. – *herren* B.

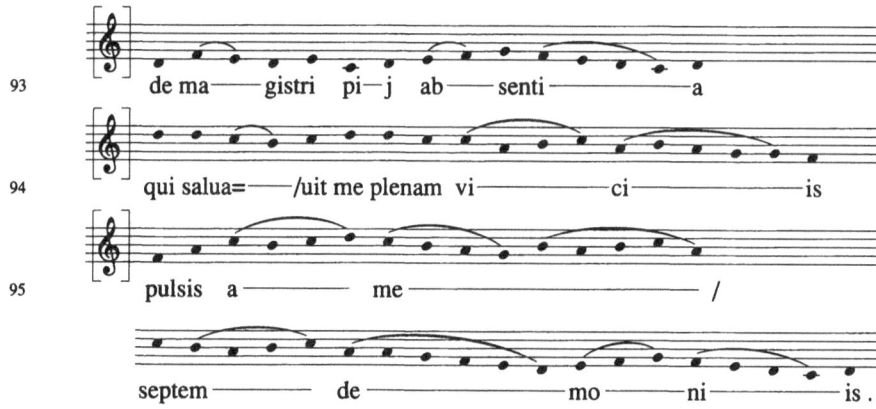

93 de ma——gistri pi–j ab——senti————a

94 qui salua=——/uit me plenam vi————ci————is

95 pulsis a————me————————/

septem————de————————mo——ni————is .

Sequitur vulgariter:

96 Groß angst / vnd schmertze —

97 durchdringhet mir —— meyn———— // hert————ze   71v [=17v]

98 meynes– liben meysterß a————be-we————ßen /

99 der mit sey——ner crafft

100 mich vol mit– sun——den/be————hafft

101 von siben—— teufel nu———— hat— ir ——lost

---

93 *py absencia* B.   **95a** *Sequitur* fehlt, *vulgare* B.   **96–102** Die (ziemlich wörtliche) Übersetzung von *Dolor crescit* (V. 92–95), wobei V. 92 und 94 jeweils in zwei Verse zerlegt (v. 96 + 97, 99 + 100) sind und V. 102 textlich (nicht musikalisch!) hinzugefügt ist. Auch die Melodie ist bis auf einige geänderte Ligaturen identisch. Trotz des fehlenden Reims auf *abeweßen* (V. 98) fehlt hier also weder textlich noch musikalisch etwas. **96** *schmertze* korrigiert aus ursprünglichem *schmertzen* durch Löschung des End-*n* A. – *schmercze* B.   **97** *hercze* B.   **98** *meysters abewesen* B.   **99** Über *mit seyner crafft* von derselben Hand, aber mit dünnerer Feder die Variante *mich seylig* [!] *macht* A.   **100** *vol* aus *wol* korrigiert (B).

109-110 Der zehnsilbige Vers 109 ist die deutsche Übersetzung seiner lateinischen Entsprechung V. 105, dessen Melodie er unverändert übernimmt; er durfte daher trotz der an sich vom Reim her gegebenen Möglichkeit nicht in zwei Zweiheber zerlegt werden. – Auch die beiden Verse 110/111 übernehmen bis auf die leichte Abwandlung ganz weniger Ligaturen die Melodie ihres lateinischen Vorbildes V. 106, dessen Übersetzung sie darstellen. Doch ist hier vom Übersetzer die Aufteilung des Textes auf zwei Verse trotz

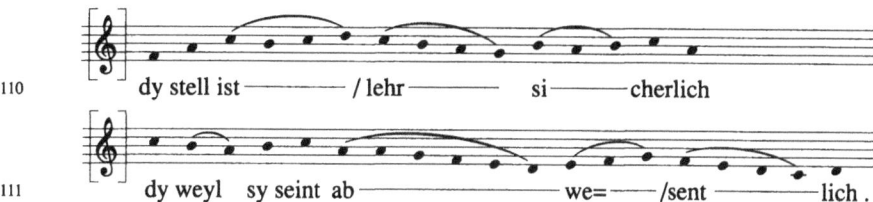

110 dy stell ist ———— / lehr ———— si ——cherlich

111 dy weyl   sy seint ab ———————— we= ——/sent ————lich .

Circa altare sancte / crucis Ante chorum / incipiat cantare / sequentem antiphonam
Et / cantat eam ter usque / ad altare sancte Anne:

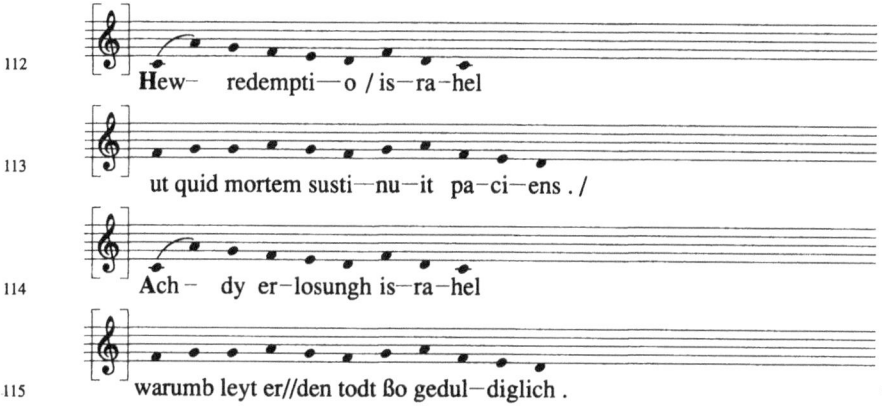

112 Hew— redempti—o / is—ra—hel

113 ut quid mortem susti—nu—it pa—ci—ens . /

114 Ach – dy er—losungh is—ra—hel

115 warumb leyt er//den todt ßo gedul—diglich .   72v [=18v]

        [Hew redemptio israhel
        ut quid mortem sustinuit paciens.

        Ach dy erlosungh israhel
        warumb leyt er den todt ßo geduldiglich.

120   Hew redemptio israhel
        ut quid mortem sustinuit paciens.

        Ach dy erlosungh israhel
        warumb leyt er den todt ßo geduldiglich.]

Et cum ter cecinit / Stans plebanus / ante altare sancte / anne sic cantans:

124 Mu-/-li———— er quid plo ——ras quem que——ris ?

vulgariter:

125 Weybeß— bild/was weyn—stu wen suchstu ?

---

durchlaufender Melodie offenkundig gewollt, da er zwei miteinander reimende Vierheber hergestellt
hat. **109** *saczten* B. – *dar* aus Korrektur (A). **110** *stéll* (A). Vgl. V. 73. **112** *redempcio* B. **114** *israel* B.
115 *so* B. **123a** Vor *anne* verschriebenes *A* (A). **124** *plorans* AB. **124a** *vulgare* B. **125** *waß* B. – Nach
weynstu Doppelpunkt (AB). – b-Vorzeichen (nur A, nicht B) steht (wie in III, 67) nur in der Melodie des
deutschen, nicht in der sonst gleichen des lateinischen Textes (V. 124).

Respondit / ipsa stans / ante altare / dicens ut sequitur:

126   Domi——ne / si tu sus——tu——listi—— eum

127   di——ci——to mihi et v——bi posu—i—sti e—um /

128   et— e–go e–um— tollam .

wulgariter:

129   Meyn her——re hastu yn—— / mir – weg– getragen

130   du— wolst mirß sagen /

131   // vnd wu   hyn du yn hast ge—le–get   73r [=19r]

132   yn czu / holen mich be——weget .

//Et tunc ple/banus cantet / illud verbum / ›maria‹.   72v [=18v]

133   Ma————————ri——a .

Et tunc mag/dalena re/spondet:

134   Ra————————————bi quod di–ci——tur /

ma————gister .

---

126 *tu* mit Einfügungszeichen zwischen *si* und *sustulisti* oberhalb der Zeile in der untersten Notenzeile nachgetragen (A), in B an richtiger Stelle in der Zeile.   127 *(di)cito* notiert e–e (B) statt d–d (A): bloßer Schreibfehler? – *michi* B.   128a *vulgariter* B.   131–135a In A verweist ein Einfügungszeichen auf dem rechten Rande von fol. 72ᵛ (= 18ᵛ) neben *yn* (V. 129; wiederholt am Innenrand von fol. 73ʳ [= 19ʳ] vor dem Notensystem zu V. 131) auf die Fortsetzung von V. 130 durch V. 131/132, die jedoch erst am Anfang von fol. 73ʳ (= 19ʳ) stehen. Das – leicht variiert – wiederholte Verweiszeichen am Ende von V. 132 verweist zurück auf den rechten Rand von fol. 72ᵛ (= 18ᵛ), wo unter dem Verweiszeichen die Regieanweisung V. 132a steht.

73r [=19r]

Neben der Notenzeile zu V. 135 steht, wiederum auf dem rechten Rand: *Sequitur*, danach folgt ein anderes Verweiszeichen, das auf fol. 73ʳ (= 19ʳ) unmittelbar vor der Regieanweisung V. 135a wiederholt ist. – B hat von vornherein die richtige Reihenfolge. Doch hat es bei dem Bemühen, diese aus den Verweisungen in A herzustellen, versehentlich die Verse 134 und 135 vertauscht (d.h. V. 135 vor V. 134 geschrieben) und die richtige Reihenfolge nachträglich durch Umstellungszeichen unter V. 134 und über V. 135 gesichert, die verwunderlicherweise aber nicht miteinander identisch sind. **132** *hólen* A. **134** Über *Rabi* von gleicher Hand, aber mit dünnerer Feder die Variante *rab[o]ni* A. Sie müßte folgendermaßen gesungen werden:

Vor 135 Über den Noten zu *Rabi* in der obersten Notenzeile *Vulgare* B. **135** *so* B. – Über *Rabi* bis *als*, aber noch unterhalb des Notensystems, von gleicher Hand, jedoch etwas kleiner und mit dünnerer Feder, die Variante *Raboni welchß wirt gesprochen* A, wahrscheinlich gesungen wie die Varianten in V. 134. **136** Der Schlüsselwechsel vor *quidem* (von 2F 4c vor *Prima* zu 3F 5c) in A wird in B mitten im laufenden System übernommen. – *suffragia* deutliche Wort-Ton-Zuweisung, identisch mit Ia, 3, aber abweichend von I, 67.

das was fleyschlich vergenglich / sterblich —— gethan

er–czegen–de sich an al——len—— / wan

Der na–tu———ren— vntherthan .

Tunc geniculetur / ipsa maria ante / altare sancte / Anne vel alibi / cantans://

Sancte ————————————— de ——— us !   73v [=19v]
hey–li–ger ————————————— her ——— re — got !

Tunc iterum respondet / plebanus ›hec priori‹ etc.

Hec pri———————— /o———ri

dis——— simi———— lis

hec est in——cor–rup———— ti–bi————lis

que nunc/fu—it passi—bi——lis——

iam non e—rit———— so——lu—bilis .

vulgare:

Sunder—— / dy–ser—— leych –nam

dem fu–rigen vngleych — ge=/than

145/146 Zum Trishagion vgl. Anm. zu I, 71. – Der deutsche Vers (146) interlinear unter den allein notierten lateinischen (145) geschrieben (AB), in B beide mit dünnerer Feder als der übrige Text. Die Bindebögen folgen hier wie V. 156/157 und V. 167/168 dem lateinischen Text.   **152** *vngleich* B.

Jterum dicat maria:

iterum ple/banus://

153 *er* aus Korrektur (A). – *vnuerrugklich* B. – Über *vnbegreyfflich* (y nachträglich hineinkorrigiert) von gleicher Hand, jedoch mit dünnerer Feder die Variante *vnd vnsterblich* A.   **155** *yczund* B. – Über *vnsterblich* von gleicher Hand, jedoch mit dünnerer Feder die Variante *vnauffloßlich* A, die im Zusammenhang mit der Variante zu V. 153 gesehen werden muß.   **155a** Aus Raummangel unter V. 156 (*Sancte*) B.   **157** Von jeweils gleicher Hand, aber mit dünnerer Feder wie eine Variante über V. 156, aber unterhalb der ersten Notenlinie eingetragen (AB). Offenbar wollte der Schreiber von A V. 157, der auf die gleiche Melodie wie V. 156 zu singen ist, um der Einhaltung des Seitenspiegels willen nicht unter diesen (letzte Zeile der Seite!) schreiben, und derjenige von B ahmte seine Vorlage hier wie auch sonst selbst in der graphischen Einrichtung nach. Zur Reihenfolge Latein – Deutsch im Trishagion vgl. die Vv. 145/146 und 167/168.   **157a** Auf dem rechten Rand (A). In B wegen Beschneidung des oberen Randes nur noch die Unterlängen und Reste der übrigen Buchstaben vorhanden.   **162** *anruren* B.

vulgare:

162 Dar vmb——— wey———beß— /bild

mich nicht mehr an -rů———ren solt

163 auch/hynfurth nicht mehr clagen—

164 sunder frô/lich sa-gen

165 wy du mich bald wirst se-hen— / gar er——leych

166 aufsteygen yn— meynes — vaterß reych . /

Iterum cantet maria dicens ut sequitur://

167 Sancte——————— et immorta——lis   74v [=20v]
    heyli—ger——————— vnd vntodtli——cher

mi—se——re——re——— no——bis !
got er——barm dich——— vn——ßer !

Tunc iterum ple/banus canit / ut sequitur:

169 Nunc i-gna-ros huius re——i——

170 certos reddes fra———tres— / me——os [!]

---

164 *frolich* B. **166** *auffsteygen* B. **166a** *dicens ut sequitur* fehlt B. **167/168** Der deutsche Vers (168) jeweils mit dünnerer Feder interlinear unter den allein notierten lateinischen (167) geschrieben (AB). – Der dritte Ruf des Trishagion hat – mit Ausnahme des Anfangs – eine eigene Melodie. Sie war in A augenscheinlich für den lateinischen Text aufgezeichnet worden. Als der abweichende deutsche Text unterlegt wurde, mußten einzelne Wörter neu zugewiesen werden. Das geschah durch Striche von den Noten herab zu *erbarm* und *dich* (A). B dagegen nahm bei der Abschrift von vornherein auf diesen Sachverhalt Rücksicht. **167** *misere* B. **168** *vntodtlich* B. **169–172** Melodien von V. 169/170 und V. 171/172 wie V. 138/139 (= zweite Hälfte der Strophe *Prima quidem*). So auch Ia, 15/16 und Ia, 17/18.

171 gal—li—le-am dic ut e——ant——

172 et me vi-uen——tem— vi—deant . /

vulgare:

173 Nun vn-wißenth dißer heymlichkeyt——

174 czu sagen/meyn iunghern—— biß— be——reyd

175 das sy ken gal—li—leam / ge——hen——

176 do werden sy mich le————benn se——henn . /

Post finem huius antiphone recedit ipsa / a plebano uel saluatore rediens / ad alias duas cantans antiphonam / que sequitur scilicet://

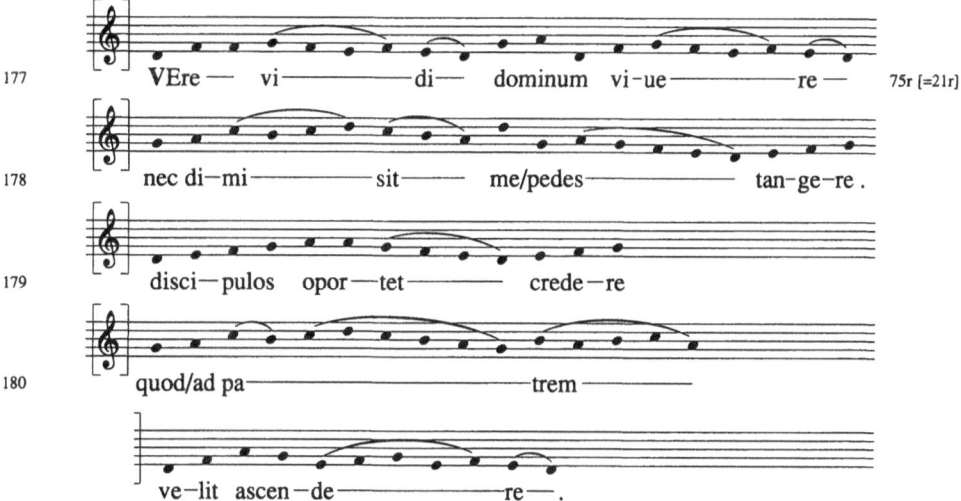

177 VEre—— vi————di— dominum vi-ue————re— 75r [=21r]

178 nec di-mi————sit—— me/pedes————tan-ge-re .

179 disci—pulos opor—tet———— crede—re

180 quod/ad pa————————trem————

ve—lit ascen—de————re— .

---

174 *zcu* B.   **175** Über *ken* von jeweils derselben Hand, aber zumindest in B mit dünnerer Feder die Variante *yn* AB.   **176** *leben sehen* B.   **Nach 180** Regieanweisung *vulgare* B.

181 Warlich / hab ge——se——hen den herren le-ben————de—

182 vnd nicht/ver——gunth———————— mir

183 kusßen sein fůß——— noch be-gir./

184 li-ben iunghern meyneß meysterß——— glawbet mir /

185 er wirt auf————steygen———————— mit— aller czyr

186 czu seinem//vater gar————————— schyr .   75v [=21v]

Post finem / huius antiphone / incipiat / sola ›victime / paschali‹:

187 Uic—ti—me pascha – li / lau——des

188 immolant cristi–a———ni .

189 Lobgesanck all cristen / ge——ben

190 frolich got vnßerm her——ren .

191 Agnus red—e/mit oues

192 cristus in-nocens pa——tri

---

182 Über *vergunth* von jeweils derselben Hand, aber mit dünnerer Feder die Variante *wolt vergunnen* AB. **183** *fuß* B. **184** Von *meyneß* in B wegen Beschneidung des Randes *ß* ganz und *e* fast ganz weggeschnitten. – *glaubet* B. **185** *auffsteygen* B. **186** *seynem, schir* B. **186a** Wegen Beschneidung des Randes in B fehlt von *incipit* das *t* fast ganz, von *paschali* das *l* ebenfalls fast ganz und das *i* vollständig. **190** *vnßr* B, Rest des Wortes fehlt wegen Beschneidung des Blattrandes.

193 re-con-ci—li—a-uit

194 pec/ca—to——res.

195 Cristus das vnschuldig lamp

196 erlost seyn/schaff von todes bandt

197 dy sunder versu—net

198 got/dem va——ter.

199 Mors et vi—ta du—el—lo

200 con-fli—xe-re mi=//ran——do

76r [=22r]

201 dux vi—te mortu—us

202 regnat vi——uus.

203 Todt/vnd leben wunderßam

204 in eym kampff czu=/sammen kam.

196 *seyne*, aber Schluß-*e* nachträglich gestrichen (A). Über *von* jeweils von derselben Hand, aber zumindest in B mit dünnerer Feder die Variante *auß* AB.   **203** *beben* A.   **204** *zcu sammen* B.

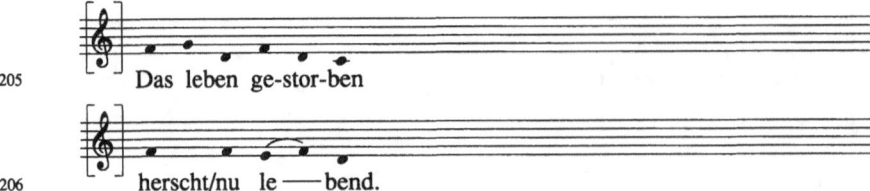

205 Das leben ge-stor-ben

206 herscht/nu le——bend.

Et ipsa sic cantans stabit sola aduersus alias duas Et / interrogant eam ut sequitur trina vice:

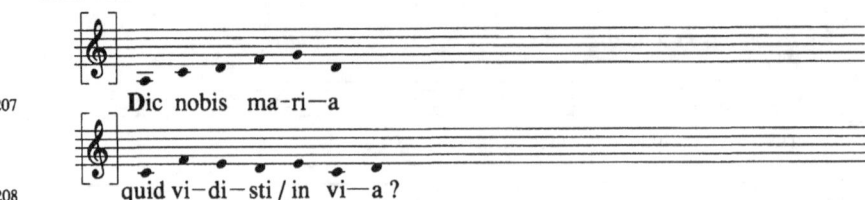

207 Dic nobis ma-ri—a

208 quid vi—di—sti / in vi—a ?

tunc respondet primo et eciam 2° sic:

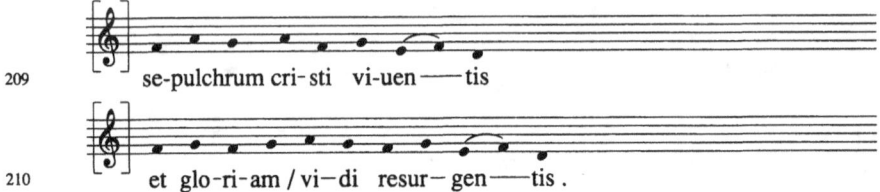

209 se-pulchrum cri-sti vi-uen——tis

210 et glo-ri-am / vi—di resur—gen——tis .

[Prima et secunda Maria cantent:]

211 Sag vns nu ma-ri—a

212 was/sachst du am we-ge stan ?

[Maria Magdalena respondet:]

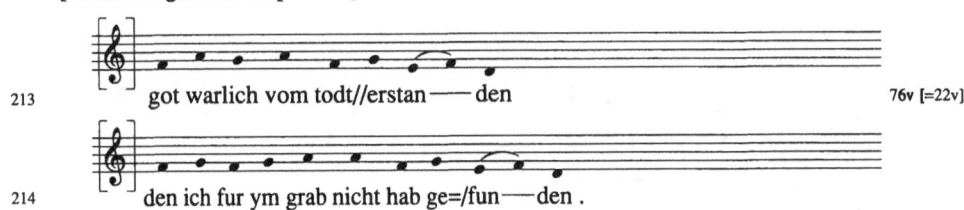

213 got warlich vom todt//erstan——den   76v [=22v]

214 den ich fur ym grab nicht hab ge=/fun——den .

---

205 *gesterben* AB, in A möglicherweise nur mißverständlich geschriebenes *o*.   **206a** *interrogat* B, Nasalstrich über *a* wohl nur vergessen.   **210** Melodie a–G (AB) statt a–a (V. 214, 228, 234) über *vidi* möglicherweise Verschreibung; aber in dem von A unabhängigen I, 103 gleichfalls a–G über *vidi!*   **213** Über *warlich vom* von jeweils derselben Hand, aber mit dünnerer Feder die Variante *meynen herren* AB.   **214** *r* in *grab* aus Korrektur (A).

[Prima et secunda Maria 2° cantent:
215   Dic nobis maria
                quid vidisti in via?
Maria Magdalena 2° respondet:
                sepulchrum cristi viuentis
                et gloriam vidi resurgentis.
Prima et secunda Maria:
                Sag vns nu maria
220   was sachst du am wege stan?
Maria Magdalena:
                got warlich vom todt erstanden
                den ich fur ym grab nicht hab gefunden.
Prima et secunda Maria 3° cantent:
                Dic nobis maria
                quid vidisti in via?]
tercia vice [Maria Magdalena] respondet sic:

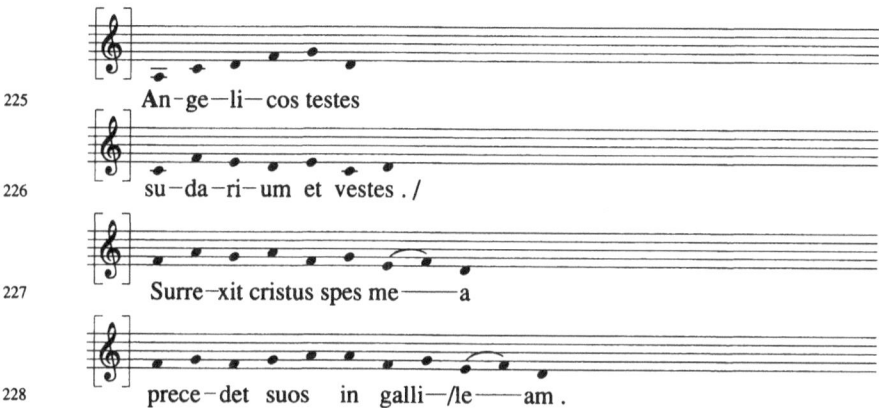

225 An-ge—li—cos testes

226 su—da—ri—um et vestes . /

227 Surre—xit cristus spes me———a

228 prece—det suos in galli—/le———am .

[Prima et secunda Maria:
                Sag vns nu maria
230   was sachst du am wege stan?
Maria Magdalena:]

231 Ich sach dy engel clar

232 sein schweyßtuch/vnd sag vorwar

224a Fehlt B. – *Maria Magdalena* zur Verdeutlichung der Verteilung des Textes auf die Sänger vom Herausgeber eingefügt. **232** *vorbar* B.

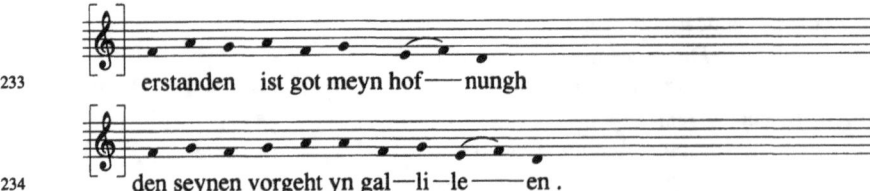

233   erstanden ist got meyn hof———nungh

234   den seynen vorgeht yn gal—li—le———en .

Post finem huius versus intrant chorum simul omnes tres
cantantes sequentes versus scilicet ›Credendum est‹ etc.
usque ad finem:

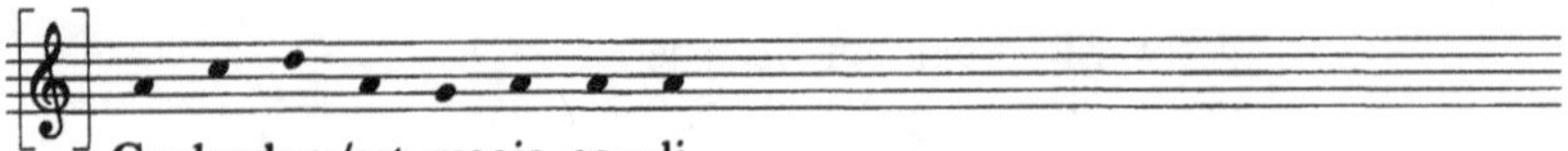

235   Credendum/est magis so—li

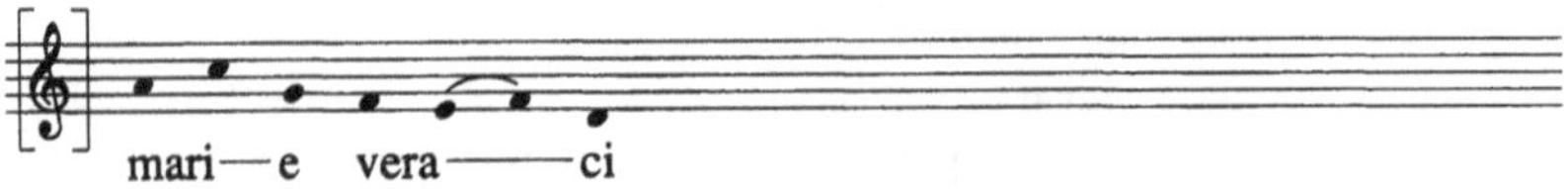

236   mari—e vera———ci

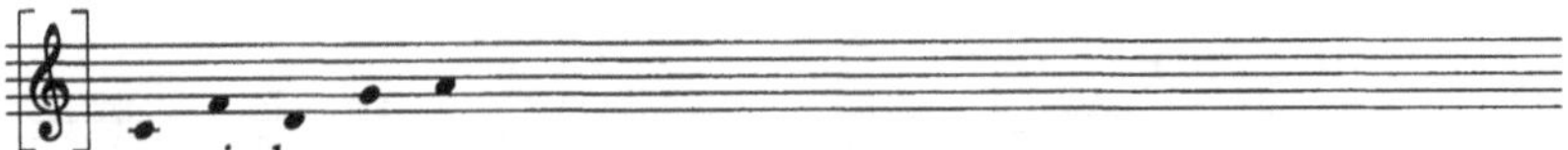

237   quam iude—o—rum

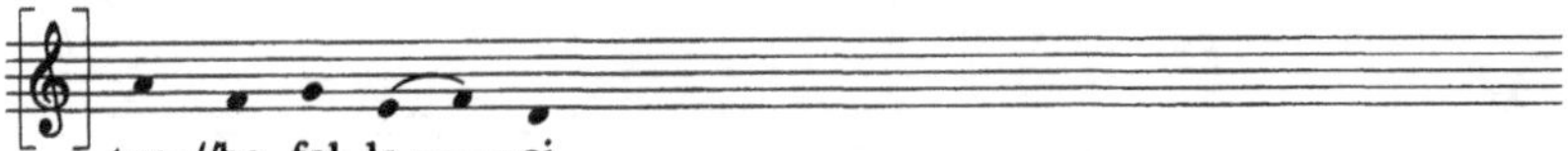

238   tur=//be fal-la———ci .   77r [=23r]

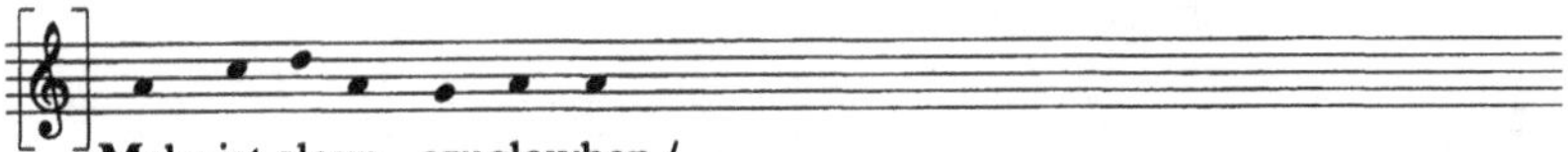

239   Mehr ist aleyn czuglawben /

240   mari—en der wa———ren

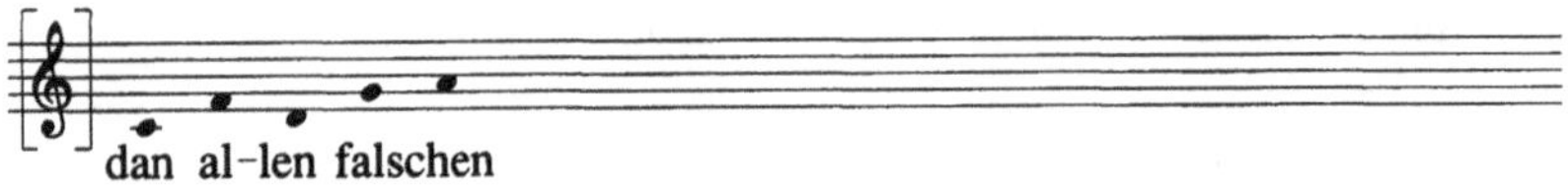

241   dan al-len falschen

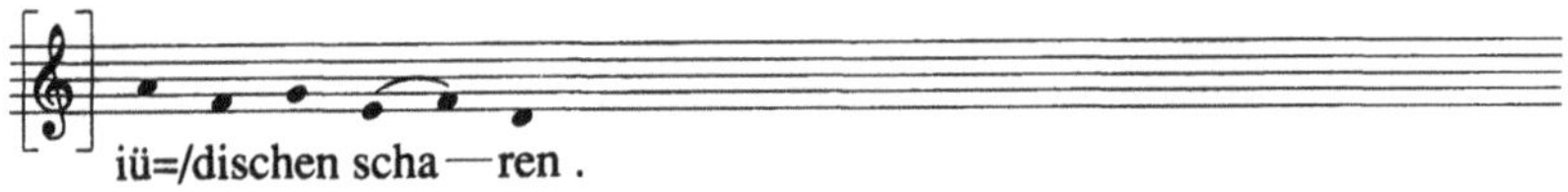

242   iü=/dischen scha—ren .

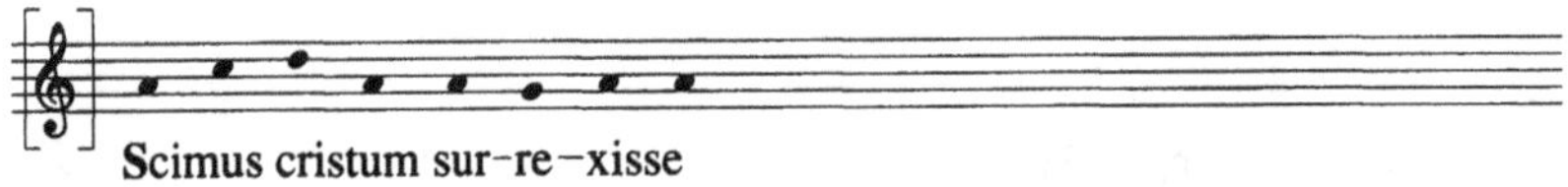

243   Scimus cristum sur-re—xisse

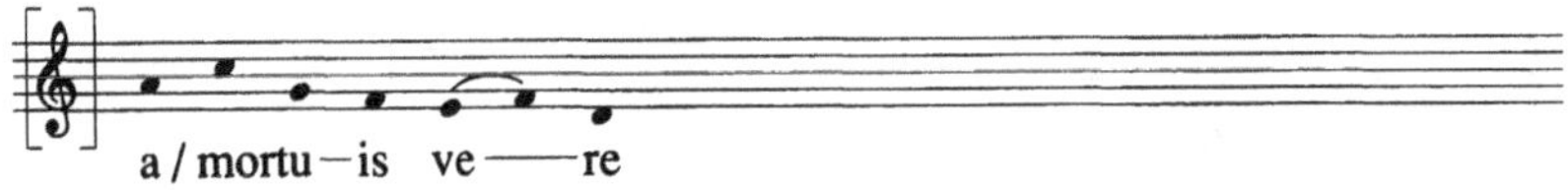

244   a / mortu—is ve———re

233 *hoffnung* B. – Über *hofnungh* von jeweils derselben Hand, aber mit dünnerer Feder die Variante *heyland* AB. **234a–c** Aus Raummangel unter der Verszeile 234 auf dem unteren Blattrand (B). **234c** *vsque* B. **239** Über *aleyn* von gleicher Hand die Variante *sicher* A. – *alleyn zcu* B. **242** *iudischen* B.

245 tu no-bis victor

246 rex mi-se —re ——re .

247 al —lelu ——— ia . /

248 Warlich cri-stum uff-erstanden

249 von tothen wir/wis ——ßen

250 Erbarm dich vnßer

251 her konigk cri —— ste . /

252 al—le—lu——ia . //

Post finem horum versuum tunc chorus in medio ecclesie   77v [=23v]
congregatus Cantet antiphonam precedentem ›Currebant duo simul‹ etc.
ut patet superius folio sexto:

253 // Curre—bant   duo   si——mul   61v [=6v]

---

247 Letzte Note (D) für das Schluß-*a* in *alleluia* wegen Beschneidung des Blattrandes verloren (A), ergänzt aus B und der »deutschen« Entsprechung V. 252 (AB). 249 *thoten* B. 251 Über *konigk* von jeweils gleicher Hand die Variante *iesu* AB, unter *konigk* die Variante *kempfer* A, *kempffer* B; in B alle drei Wörter mit dünnerer Feder und durch eine vorwegstehende Klammer zusammengefaßt. In A laufen Haarstriche von *her* zu *iesu* und *kempfer*. 252a *horum versuum*] – *rum* und -*uum* aus Korrektur A. Der Schreiber scheint ursprünglich *huius versus* geschrieben zu haben, hat dann die jeweiligen Endungen unvollkommen gelöscht und den jetzigen Text darübergeschrieben. 252b *Currebant duo simul* (in B auch *etc.*) mit der dicken Feder des Textes, nicht der dünneren der Regieanweisungen geschrieben (AB). 252c Statt *sexto* A in B *4*. Verwiesen wird auf A alt 6ᵛ/7ʳ = neu 61ᵛ/62ʳ (= B alt 4ʳ, neu 10ʳ) = Zwickau II, 343–346. Ob auch die folgende deutsche Entsprechung V. 347–350 mit gesungen wurde, ist nicht sicher, aber nach der sonst in diesem Spiel durchgängigen Gepflogenheit, dem lateinischen Text eine deutsche Übersetzung folgen zu lassen, als sicher anzunehmen.

254   et il–le a—li–us disci————pu—lus—
        pre-cu—currit ci–ci–us— pe——tro—

255   et— venit pri——or ad— monu-men——tum.

256   al—le———lu—ia.

257   Zcwen iun-gern- czugleych li———fen

258   vnd eyner dem andern czu-uor——————— ly——fe—
        vnd auch schirer kam czu-uor - pe——tro—

259   vnd— eyngingk//erst—lich czu — des her-ren— grab.   62r [=7r]

260   al—le———lu—ia.

//Tunc sub ista antiphona duo dyaconi   77v [=23v]
accipiant lintheamen ex sepulcro ostendentes illud
omni populo et cantantes antiphonam scilicet ›Cernitis o
socij‹ etc. ut patet folio septimo superius:

261 //   Cerni—tis o— so——ci——j ec-ce—   62r [=7r]
        lin-the——a–mi-na et su——da————ri——um

---

257 *zugleich* B.   **258** *schirrer* B. – Über *schirer* von jeweils gleicher Hand mit der normalen Feder der Textschrift und nur wenig kleiner die Variante *rischer* AB.   **259** *heren* B.   **260b** *lyntheamen, sepulchro* B. **260c** *scilicet* fehlt B.   **260c/d** *Cernitis o socij* mit der dicken Feder des Textes, nicht der dünneren der Regieanweisungen geschrieben (AB).   **260d** *socy* B. – Statt *septimo* A in B 4. Verwiesen wird auf A alt 7ʳ, neu 62ʳ (= B alt 4ʳ, neu 10ʳ) = Zwickau II, 351/352. Zu den deutschen Versen II, 353–356 vgl. die Anm. zu 252c.   **261** *socy* B. – Zwischen *suda-* und *-rium* getilgtes *-rium*: Zu früh geschrieben (A).

262 et — cor——pus non— est in se——pul-cro in——uentum .

263 Seht nu hy liben bru——der— meyn

264 nempt war das seynt dy— leylach sein

265 vnd auch das— seyn—— schweyßtuch

266 vnd- seyn—— leychnam - ist ym gra——be nicht ge——funden .

//Tunc chorus subiunget   77v [=23v]

›Surrexit enim sicut dixit‹ etc. ut patet

        [Surrexit enim sicut dixit dominus

        et precedet vos in Galileam. alleluia.

        ibi eum uidebitis.

270   alleluia. alleluia. alleluia.]

Post finem tunc plebanus superius in choro cantet tribus

vicibus ›Surrexit dominus de sepulchro‹ ut patet folio septimo

Et chorus respondet semper ›Qui pro nobis pependit

in ligno. alleluia.‹

271 // Surre——xit do-mi-nus de se -pul—chro .   62v [=7v]

---

262 *sepulchro* B.   **263** *mein* B.   **264** *nemptwar* A. *nempwar* d3 B.   **265** *sein schweißtuch* B.   **266** Nach *vnd* gestrichenes *auch* A. – *sein leichnam* B.   **266b** *Surrexit enim sicut dixit* (in B auch *etc.*) mit der dicken Feder des Textes, nicht der dünneren der Regieanweisungen geschrieben (AB). *sicut dixit etc. ut patet* über unvollständig gelöschten alten Text hinweggeschrieben (A). – Nach *ut patet* in beiden Hss. Rest der Zeile für den Seitenverweis freigelassen, der dann nicht eingetragen wurde, weil sich der mit dem bloßen Incipit zitierte Volltext in keinem der drei Zwickauer Osterspiele I–III findet; auch Zwickau I, 130a/b bietet nur das gleiche Incipit. Vermutlich sollte wie in III, 48b auf ein Antiphonar verwiesen werden. **267–270** Zur Textergänzung vgl. die Anm. zu Zwickau I, 131–134. **270b** *Surrexit dominus de sepulchro* mit der dicken Feder des Textes, nicht der dünneren der Regieanweisungen geschrieben (AB). **270b** Statt *septimo* A in B 4. Verwiesen wird auf A alt 7ᵛ, neu 62ᵛ (= B alt 4ʳ, neu 10ʳ) = Zwickau II, 357–359. **270c/d** *Qui pro nobis pependit in ligno alleluia* mit der dicken Feder des Textes, nicht der dünneren der Regieanweisungen geschrieben (AB). – *pro nobis* korrigiert aus *probis* (A). **271** *sepulcro* B. **271–279** Es ist angesichts der Betonung des Übergangs zur Muttersprache in der Regieanweisung V. 279b unwahrscheinlich, daß hier auf den lateinischen Text – wie in Zwickau II, 357–360 und auch in Zwickau III sonst immer – deutsche Entsprechungen folgen sollten – zumal sich der Schluß von hier ab aufs engste an das rein lateinische Osterspiel Zwickau I anlehnt –, und wenn es doch so gewesen sein sollte, so ließe sich über die Zuordnung des Deutschen zum Lateinischen nichts Definitives ausmachen (vgl. Anm. zu Zwickau II, 360–362).

<Chorus respondet: >

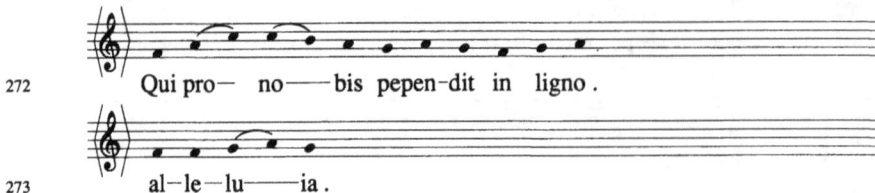

272   Qui pro— no——bis pepen-dit in ligno .

273   al–le–lu——ia .

<Plebanus cantet:
               Surrexit dominus de sepulchro.
Chorus respondet:
275   Qui pro nobis pependit in ligno.
               alleluia.
Plebanus cantet:
               Surrexit dominus de sepulchro.
Chorus respondet:
               Qui pro nobis pependit in ligno.
               alleluia. >]
//Et post terciam decantacionem inci[–]   77v [=23v]
piet plebanus vulgari voce
280   Crist ist enstanden
etc.
Et tunc scolares intrant chorum Et incipit Organista
›Te deum laudamus‹ etc.

---

280 *erstanden* B. – Der ganze Vers innerhalb der Regieanweisungen, aber mit der dicken Feder des Textes geschrieben (AB); hier als Textzeile herausgerückt, da der Volltext nicht mit Sicherheit angegeben werden kann (vgl. Anm. zu Zwickau I, 144). **280c** *Te deum laudamus* (in B auch *etc.*) mit der dicken Feder des Textes, nicht der dünneren der Regieanweisungen geschrieben (AB).

Zwickauer Maria-Salome-Rolle aus einem Passionsspiel

planctus Marie Salomee

1 Lu-ge——te mecum omnes fi-de——les— a—ni-me   16v

2 fle—te me-cum——— so-ro——res me——e——————— /

   op-ti-me

3 planc———tus da-te precor o men—tes

   in-ti———————me

4 Ac in——————luc=/tus me———cum- om——nes--

   con———sur-gi-te

5 mestos gestus——— simul cum la=———/cri-mis———

   ef———————fundi—te

6 Grates-que me———————cum- immor—tales——— de-o———

   agi———te ———— ! /

Überschrift: am oberen Rande beschnitten. **6a** Mit der dicken Feder der Überschrift etwa in der Mitte über
der Notenzeile.

vulgare:

Ad crucem vertendo se dicit planctum ut sequitur:

---

7 Nach *clagen* hochgesetzter Punkt.   9 Nach *mir* Doppelpunkt.   15–46 In der über V. 15 notierten Melodie steht eine F-Note zuviel oder besser: ist eine zu wenig gestrichen worden. (Die gestrichene ist in der Übertragung fortgelassen, die überschüssige rund eingeklammert.) Die Melodie gibt den Rezitationston an,

wy duldestu heuth von den deynen ßo große noth
Das du ßo iammerlich leydest den schmehelichen todt
gleich ab du nicht werst almechtig vnd warer goth.
Ach waß hat dich zcu dyßem elend iammer vnd dorfftikeyt gebr/acht?
20   vorwar dein große guthe vnd libe hat das gemacht
Dy du von anbegynne hast getragen czu menschlicher arth
das du mensch bist wurden vnd den todt geliden uff dyser fart.
O herre verley vnß deyne gnade uff dyßer erden
das wir deines bittern leydens teylhafftig mogen werden.

Ad matrem domini vertendo se dicit planctum:
25   O maria du betrubte mutter gotis eyn reyne maidt   *bis*
das hat dir der alte Simeon wol vorgesayt
do er dir im tempel weysaget durch den heyligen geyst
Dich iungkfraw vnd mutter gotis allermeyst
wirth durchschneyden das schwert der schmerczen
30   verwunden tiff an deinem iungfraulichen mutterlichen herczen.
Dein gruß aue ist dir heuth gewandelt in alles wee.
hilff das wir deines mithleydenß vergeßen nymmer mehe!
O betrubte mutter elendes weyp czu dyßer frist
Etwan volgenaden yczund vol betrubnuß bist.
35   Bit vor vns dein libes kindt ym ewigen leben
dan wir seine bruder seint vnd nu dir czu kinder gegeben.

Ad populum et ad omnes facit planctum:
O alle ir liben kindt der werden cristenheyt   *bis*
Seht an vnd nempt czu herczen vnßer großes herczeleyt
das vns armen elenden frawen heut ist vbirgangen
40   Dy weil marien ßon warer mensch vnd got ist gefangen
vorspeyth gegeischelt mit dornern gekronet ist
czum tode verortheilt gecreucziget czu dyßer frist. //
O mensch sich an sein leyden libe vnd marter groß   17r
Das er alles wyllig leydet das du werdest sein genoß.
45   darumb seiner großen lieb leydens martir vnd schwerer pein
Saltu ym alleczeyt in deynem herczen dancken sein.

47   Je – su —— crist vn —— ßer er —— lo — sungh

in dem höchstwahrscheinlich nicht nur V. 15 allein, sondern alle Verse von 15–46 vorgetragen werden sollten. – Neben V. 15, 25, 37 jeweils auf dem rechten Rande *bis*. Auf welchen Text sich diese Anweisung zur Wiederholung bezieht und was sie genau meint, ist ebenfalls nicht eindeutig. Möglicherweise sollte jeweils nur die eine Zeile des Anrufs (Gottes, Marias, der Christen) wiederholt werden. Wahrscheinlicher ist mir, daß jeweils die ganzen Partien 15–24, 25–36, 37–46 im Verlaufe des Spiels zweimal an verschiedenen Stellen vorgetragen werden sollten (etwa einmal bei der Kreuzigung und einmal in der Marienklage danach). **15** Doppelpunkt nach dem zweiten *got*. Am rechten Rande *bis* wie V. 25 und 37. **19** *-acht* von *gebracht* mit Einfügungszeichen aus Raummangel auf dem Falzrand über der Zeile. **25** *bis* am rechten Rande wie V. 15, 37. **30** *mutterlichem* Hs. (abbreviiert *-eʒ*). **34** Nach *genaden* hochgesetzter Punkt. **37** *bis* am rechten Rande wie V. 15, 25. **47–62** Die Melodien der vier Strophen Vv. 47–50, 51–54, 55–58 und 59–62

sind gleich gebaut. IV, 47–58 = III, 7–18 (vgl. die Melodien zu den lateinischen Entsprechungstexten II,133–146). IV, 59–62 = II, 171–174 (deutsch) und II, 145–148 (lateinisch); die durch Beschneidung des rechten Randes verlorenen Noten in V. 60 und 62 danach ergänzt. **55** Davor zur Strophentrennung senkrechter Strich quer durch das Notensystem bis herab auf die Textzeile.

60 uff-er——standen— von den thoten————— /

61 mit dem vater—— vnd hey——li——gem geyst

62 sey nu— czu al————ler-czeyt—— / ge——le[yst] . /

Vltimus Rithmus:

> O we vnß armen elenden betrubten frawen
> groß iammer mag man wol an vnß schawen
> 65 dy weyl wir ßo gammerlich [!] haben verloren
> der vnß zcu allem troste vnd heyle was geboren
> den dy falsche boße schnode iüdischeyt
> An dem creucze sterbet in großem leydt.
> O we der gammerlichen [!] clage
> 70 dy ich an meynem herczen trage
> dy vns heuth brenget in ßo große noth
> vmb vnsers liben herren vnd meysters todt.
> Eya nu auff ir liben schwestern mein
> gehe wir mit eynander czu dem grabe sein
> 75 das wir seinen edlen leichnam mogen salben
> vnd yn recht wol beschawen allenthalben.

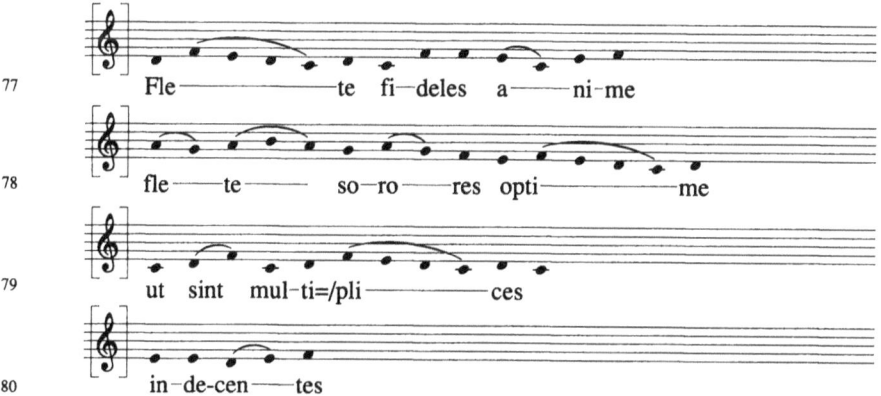

77 Fle————————te fi—deles a——ni-me

78 fle——te———— so—ro——res opti————————me

79 ut sint mul-ti=/pli————————ces

80 in—de-cen——tes

---

60 Note D über (*tho*)*ten* weggeschnitten, ergänzt nach II, 172 (vgl. IV, 48, 52, 56 und II, 146). **62** *geleyst* samt darüberstehendem ausgefülltem Notensystem ohne Schlüssel aus Raummangel am rechten Rand unterhalb der Zeile nachgetragen. Die eingeklammerten Buchstaben und die darüber stehende Note E fehlen wegen Beschneidung des Blattrandes, von *y* noch die nach links geschwungene Unterlänge vorhanden. Alles Fehlende ergänzt nach II, 174. **77** *fideles* C-a-a notiert, die beiden a durch Verweiszeichen auf die F-Linie verwiesen; vgl. die Melodie des deutschen Entsprechungstextes V. 82. **79/80** Die Stelle ist verderbt; V. 80 *indecentes* fälschlich für korrektes *doloris indices*: vgl. AH Bd. 20, Nr. 198 (S. 155).

81 planc—tus— et——— lachri————me .

82 Betru————bet euch/al ir glau—bigen

83 Ir— li—ben schwestern mein all ir— se—ligen /

84 Daß do seint seuffczen a————ne maß

85 vnd weynen- mit

86 cze—ren— a————ne / vn————terlas . //

---

82 Davor zur Strophentrennung ein senkrechter Strich quer durch das Notensystem bis herab auf die Textzeile. **83** Nach *mein* kleiner Schrägstrich. **86** *vnterlas* mit darüberstehendem ausgefülltem Notensystem ohne Schlüssel aus Raummangel am rechten Rand unterhalb der Zeile, vom ursprünglichen Wort wegen Beschneidung des unteren Blattrandes nur mehr Reste der Oberlängen vorhanden. Die Beschneidung erfolgte offenbar schon früh, denn eine nur wenig jüngere Hand hat das Wort links neben dem zugehörigen Notensystem vollständig wiederholt. Nimmt man einen 3F-Schlüssel an, so lautet die Melodie zu *vnterlas* F–E–D–C–H–C (gegen das melodisch richtige F–E–D–C–D in V. 81). Möglicherweise aber wurde das vorletzte Punctum H zu viel geschrieben (es fehlt der Schlüssel!), so daß am Schluß ein C erscheint. Streicht man das H, dann wird aus der Schlußnote C wieder D wie in der Entsprechungsmelodie zum lateinischen Vers 81.

3. Konkordanzen der Gesänge

Erläuterungen

: Geänderte Abfolge: der entsprechende Gesang findet sich an der zwischen den
    Kreuzchen stehenden Stelle.
*   : Überlieferung unter Noten.
[N] : Nachtrag
Ü   : Übersetzung
A   : Antiphon
R   : Responsorium
H   : Hymnus
SK : Sonderkomposition für die Osterfeiern (Typ II und III)
A [B, D, E, F]-Strophe: Strophengruppen des Osterspiels nach Meyer, Fragmenta
    Burana, S. 106–116. Die Zahl hinter dem Strophentyp bezeichnet die Abfolge nach
    Meyer.

Falls die Gesänge mehrfach überliefert sind, richtet sich die Schreibweise der Gesangs-
initien nach der des Spieles, in dem der Gesang nach Konkordanz 1 zum ersten Mal
auftritt. Sie wird auch in Konkordanz 2 beibehalten.

3.1 Konkordanz 1: Spielablauf und Nachweis der Gesänge

Korkordanz 1 gestattet einen Überblick über Aufbau und Komposition der Zwickauer
Spiele sowie über die Parallelüberlieferung der Gesangstexte und ihrer Melodien. Sie ist
im wesentlichen nach dem Ablauf von Zwickau III ausgerichtet. Die nicht parallel
überlieferten Gesänge von Zwickau IV sind vor- und nachgestellt. Die einzelnen
Gesänge werden (senkrecht) in der Reihenfolge ihres Auftretens mit den Textanfängen
und (waagrecht) in der Folge Zwickau III, II, I, Ia, IV verzeichnet. Danach folgen
Angaben zur Art des Gesanges, Quellennachweise, die Schuler-Nr (in Klammern) und
die Versangabe des Initiums. Die Anmerkungen verzeichnen den Wortlaut der An-
tiphonen nach dem Corpus Antiphonalium Officii (CAO).

Gesang	Typ/Quelle	SCH.	III(A)/(B)	II(A)/(B)	I(B)	Ia(B)	IV(B)
Lugete mecum	Marienklage	(—)					*1
Ach helfft mir cl.	Marienklage	(—)					*7
O herre got m.g.	Marienklage	(—)					*15
Dum transisset	R; CAO 6565	(167)	0g[Orgel]	1 (0d)	0f		

Gesang	Typ/Quelle	SCH.	III(A)/(B)	II(A)/(B)	I(B)	Ia(B)	IV(B)
Et valde mane	Versus CAO 6565	(167)	*1	6 (0e)	*1		
Maria magdalena	A[?]	(337)	#*49#	*12	#*27#		
Jhesu crist v.e.	H; RH 9582 Ü	(—)	*7	#149#			*47
Welche gûth	H; zu RH 9582 Ü	(—)	*11	#153#			*51
Der hellen schloß	H; zu RH 9582 Ü	(—)	*15	#157#			*55
Jesu nostra redemp.	H; RH 9582	(286)		#*133#	*3		
Que te vicit cl.	H; zu RH 9582	(287)		#137#	*7		
Inferni claustra	H; zu RH 9582	(—)		#141#	*11		
Heu nobis intern.	A1-Strophe	(242)		*14			
We vns armen fr.	A1-Strophe Ü	(—)		*20			
Jam percusso cew p.	A2-Strophe	(244)		*32			
So man eynen h.sch.	A2-Strophe Ü	(—)		*38			
Sed eamus et a.e.p.	A3-Strophe	(246)		*50			
Zcu seynem grab b.	A3-Stropphe Ü	(—)		*56			
Omnipotens p.a.	B1-Strophe	(426)	*19	#78#	*15		
Almechtiger got	B1-Strophe Ü	(—)	*23				
Ach wy g.s. VarI	zu Almechtiger	(—)	*27				
Ach wy g.l. VarII	zu Almechtiger	(—)	*28				
Amisimus enim s.	B2-Strophe	(432)	*30	70	*19		
Wir haben verlorn	B2-Strophe Ü	(—)	*34				
Omnipotens p.a.	B1-Strophe	(426)	#*19#	78	#*15#		
Sed eamus vng.e.	B3-Strophe	(435)	*39		*23		
Keuff wir von st.	B3-Strophe Ü	(—)	*43				
Maria magdalena	A[?]	(337)	*49	#*12#	*27		
Quis reuoluet[128]	A; CAO 2697	(525)	*51	88	*29		
Wer weltz vns ab	A; zu CAO 2697 Ü	(526)	*53				
Quem queritis	SK; Typus II	(502a)	*57	*94 [N]	*31		
Wen sucht yr fr.	SK; Typus II Ü	(504a)	*59				
Jesum nazarenum	SK; Typus II	(502b)	*62	100	*33		
Jesum von n.	SK; Typus II Ü	(504b)	*63				
Non est hic	SK; Typus II Ü	(502c)	*64	105	*34		
sed cito euntes[129]	A; CAO 1813	(503)	*65	106	*35		
Er ist nicht hy	A; zu CAO 1813 Ü	(504c)	*67				
Venite et videte[130]	A; CAO 5352	(639)	*71	114	*37		
Kumpt alle vnd s.	A; zu CAO 5352 Ü	(640)	*73				
Ad monumentum	SK; Typus II	(11)	*76	120	*40		
Zcu dem grab cl.	SK; Typus II Ü	(—)	*79				
Jesu nostra redemp.	H; RH 9582	(286)		*133	#*3#		
Que te vicit cl.	H; zu RH 9582	(287)		137	#*7#		
Inferni claustra	H; zu RH 9582	(—)		141	#*11#		
Gloria tibi d. qui	H; zu RH 9582	(224b)		145			
Jhesu crist v.e.	H; zu RH 9582 Ü	(—)	#*7#	149			#*47#
Welche gûth	H; zu RH 9582 Ü	(—)	#*11#	153			#*51#
Der hellen schloß	H; zu RH 9582 Ü	(—)	#*15#	157			#*55#
Gloria tibi d. qui	H; zu RH 9582	(224b)		167			
Ehr sey dir her	H; zu RH 9582 Ü	(—)		*171			*59

[128] CAO 2697: Et dicebant ad invicem: Quis revolvet nobis lapidem ab ostio monumenti? alleluia alleluia.
[129] CAO 1813: Cito euntes, dicite discipulis quia surrexit Dominus, alleluia.
[130] CAO 5352: Venite et videte locum ubi positus erat Dominus, alleluia alleluia.

Gesang	Typ/Quelle	SCH.	III(A)/(B)	II(A)/(B)	I(B)	Ia(B)	IV(B)
Cum venissem	D1-Strophe	(76)	*84	175	*43		
Do ich quame	D1-Strophe Ü	(78?)	*88				
Dolor crescit	D3-Strophe	(82)	*92	#197#	*47		
Groß angst v. sch.	D3-Strophe Ü	(84ff?)	*96				
En lapis	D2-Strophe	(80)	*103	187	*51		
Nempt war der st.	D2-Strophe Ü	(—)	*107				
Dolor crescit	D3-Strophe	(82)	#92#	197	#*47#		
Hew redemptio isr.	Ruf[?]	(251c)	*112 [3x]	207	*55 [3x]		
Ach dy erlosungh i.	zu Hew red. Ü	(252)	*114				
Mulier quid pl.[131]	A; CAO 3824	(374)	*124	213	*61	*1	
Weybeß bild was w.	A; zu CAO 3824 Ü	(—)	*125				
Domine si tu s.[132]	A; CAO 5232	(157)	*126	218	*62		
Meyn herre hastu	A; zu CAO 5232 Ü	(—)	*129				
Maria	SK; Typus III	(336a)	*133	225	*65	*2	
Rabi quod dicitur	SK; Typus III	(336b)	*134	230	*66		
Rabi das ist	SK; Typus III Ü	(—)	*135				
Prima quidem s.	E1-Strophe	(485)	*136	233	*67	*3	
Warlich der erste	E1-Strophe Ü	(—)	*140				
Sancte deus[133]	Trishagion 1	(556)	*145	243	*71		
heyliger herre	Trishagion 1Ü	(—)	*146				
Hec priori diss.	E2-Strophe	(486)	*147	248	*72	*7	
Sunder dyser l.	E2-Strophe Ü	(—)	*151				
Sancte fortis	Trishagion 2	(557)	*156	256	*76		
heyliger starcker	Trishagion 2 Ü	(—)	*157				
Ergo noli me t.	E3-Strophe	(488)	*158	261	*77	*11	
Dar vmb weybeß b.	E3-Strophe Ü	(—)	*162				
Sancte et immort.	Trishagion 3	(558a)	*167	269	*81		
heyliger vnd vnt.	Trishagion 3 Ü	(—)	*168				
Nunc ignaros	E4-Strophe	(487)	*169	274	*82	*15	
Nun vnwißenth	E4-Strophe Ü	(—)	*173				
Vere vidi d.v.	F-Strophe	(93)	*177	288	*86		
Warlich hab ges.	F-Strophe Ü	(94)	*181				
Uictime paschali l.	S; AH 27414	(651)	*187	302	*90		
Lobgesanck all c.	S; zu AH 27414 Ü	(—)	*189	304			
Agnus redemit oues	S; zu AH 27414	(651)	*191	306	*92		
Cristus das v.l.	S; zu AH 27414 Ü	(—)	*195	310			
Mors et vita d.	S; zu AH 27414	(651)	*199	314	96		
Todt vnd leben w.	S; zu AH 27414 Ü	(—)	*203	318			
Dic nobis maria	S; zu AH 27414	(652a)	*207	322	100		
sepulchrum cristi	S; zu AH 27414	(652b)	*209	324	*102		
Sag vns nu maria	S; zu AH 27414 Ü	(—)	*211				
got warlich vom t.	S; zu AH 27414 Ü	(—)	*213				
Dic nobis maria	S; zu AH 27414	(652a)	215		104		
sepulchrum cristi	S; zu AH 27414	(652b)	217		106		

---

[131] CAO 3824: Mulier, quid ploras, quem quaeris? Illa autem dixit: Tulerunt Dominum meum, et nescio ubi posuerunt eum, alleluia alleluia.

[132] CAO 5232: Tulerunt Dominum meum, et nescio ubi posuerunt eum; si tu sustulisti eum, dicito mihi, alleluia, et ego eum tollam, alleluia.

[133] Zum Trishagion vgl. Anm. zu I,71.

Gesang	Typ/Quelle	SCH.	III(A)/(B)	II(A)/(B)	I(B)	Ia(B)	IV(B)
Sag vns nu maria	S; zu AH 27414 Ü	(—)	219				
got warlich vom t.	S; zu AH 27414 Ü	(—)	221				
Dic nobis maria	S; zu AH 27414	(652a)	223	326	108		
Sepulcrum christi	S; zu AH 27414	(652b)			110		
Angelicos testes	S; zu AH 27414	(652c)	*225	328	*112		
Dic nobis maria	S; zu AH 27414	(652a)		330			
Surrexit cristus	S; zu AH 27414	(652d)	*227	332	*114		
Sag vns nu maria	S; zu AH 27414 Ü	(—)	229				
Ich sach dy engel	S; zu AH 27414 Ü	(—)	*231				
erstanden ist got	S; zu AH 27414 Ü	(—)	*233				
Credendum est m.	S; zu AH 27414	(652e)	*235	334	116		
Mehr ist aleyn	S; zu AH 27414 Ü	(—)	*239				
Scimus cristum s.	S; zuAH 27414	(652f)	*243	338	120		
Warlich cristum u.	S; zu AH 27414 Ü	(—)	*248				
Currebant duo s.[134]	A; CAO 2081	(102)	253	*343	125		
Zcwen iungern cz.	A; zu CAO 2081 Ü	(—)	257	*347			
Cernitis o socij	SK; Typus II	(53)	261	*351	128		
Seht nu hy liben b.	SK; Typus II Ü	(—)	263	*353			
Surrexit enim s.[135]	A; CAO 5081/82	(594)	267		131		
Surrexit dom. d.[136]	A; CAO 5079	(590)	271	*357	135		
Qui pro nobis p.	A; zu CAO 5079	(590)	272	*358	136		
Surrexit dom. de s.	A; CAO 5079	(590)	274		138		
Qui pro nobis p.	A; zu CAO 5079	(590)	275		139		
Surrexit dom. de s.	A; CAO 5079	(590)	277		141		
Qui pro nobis p.	A; CAO 5079	(590)	278		142		
Crist ist en(/r)st.	Kirchenlied	(55)	280		144		
Erstanden ist d.h.	A; zu CAO 5079 Ü	(—)		*360			
Te deum laudamus	H; RH 20086	(598)	280c	362a	144c		
Flete fideles a.	Marienklage	(207)					*77
Betrubet euch al	Marienklage	(—)					*82

3.2 Konkordanz 2: Alphabetische Liste aller Gesangstexte nach ihren Anfängen (Initien-Register)

Konkordanz 2 dient zur Erkennung einzelner Gesänge und Gesangstexte. Sie beruht auf dem Material von Konkordanz 1, welches (senkrecht) alphabetisch nach Textanfängen und (waagrecht) in der numerischen Reihenfolge der Spiele geordnet ist.

---

[134] CAO 2081: Currebant duo simul, et ille alius discipulus praecucurrit citius Petro, et venit prior ad monumentum, alleluia.

[135] vgl. Anm. zu I,131.
CAO 5081: Surrexit enim sicut dixit Dominus; ecce praecedet vos in Galilaeam: ibi eum videbitis, alleluia alleluia.
CAO 5082: Surrexit enim sicut dixit Dominus, et praecedet vos in Galilaeam, alleluia: ibi eum videbitis, alleluia alleluia alleluia.

[136] CAO 5079: Surrexit Dominus de sepulcro, qui pro nobis pependit in ligno, alleluia.

Gesang	Typ/Quelle	SCH.	I(B)	Ia(B)	II(A)/(B)	III(A)/(B)	IV(B)
Ach dy erlosungh i.	zu Hew redempt. Ü	(252)				*114	
Ach helfft mir cl.	Marienklage	(—)					*7
Ach wy g. l.	VarII zu Almechtiger	(—)				*28	
Ach wy g. s.	VarI zu Almechtiger	(—)				*27	
Ad monumentum	SK; Typus II	(11)	*40		120	*76	
Agnus redemit oues	S; zu AH 27414	(651)	*92		306	*191	
Almechtiger got	B1-Strophe Ü	(—)				*23	
Amisimus enim s.	B2-Strophe	(432)	*19		70	*30	
Angelicos testes	S; zu AH 27414	(652c)	*112		328	*225	
Betrubet euch al	Marienklage	(—)					*82
Cernitis o socij	SK; Typus II	(53)	128		*351	261	
Credendum est m.	S; zu AH 27414	(652e)	116		334	*235	
Crist ist en(/r)st.	Kirchenlied	(55)	144			280	
Cristus das v. l.	S; zu AH 27414 Ü	(—)			310	*195	
Cum venissem	D1-Strophe	(76)	*43		175	*84	
Currebant duo s.	A; CAO 2081	(102)	125		*343	253	
Dar vmb weybeß b.	E3-Strophe Ü	(—)				*162	
Der hellen schloßß	H; zu RH 9582 Ü	(—)			157	*15	*55
Dic nobis maria	S; zu AH 27414	(652a)	100/4/8		322/26/30	*207/15/23	
Do ich quame	D1-Strophe Ü	(78?)				*88	
Dolor crescit	D3-Strophe	(82)	*47		197	*92	
Domine si tu s.	A; CAO 5232	(157)	*62		218	*126	
Dum transisset	R; CAO 6565	(167)	0f		1 (0d)	0g	
Ehr sey dir her	H; zu RH 9582 Ü	(—)			*171		*59
En lapis	D2-Strophe	(80)	*51		187	*103	
Er ist nicht hy	A; zu CAO 1813 Ü	(504c)				*67	
Ergo noli me t.	E3-Strophe	(488)	*77	*11	261	*158	
Erstanden ist d. h.	A; zu CAO 5079 Ü	(—)			*360		
Erstanden ist got	S; zu AH 27414 Ü	(—)				*233	
Et valde mane	Versus CAO 6565	(167)	*1		6 (0e)	*1	
Flete fideles a.	Marienklage	(207)					*77
Gloria tibi d. qui	H; zu RH 9582	(224b)			145/67		
Got warlich vom t.	S; zu AH 27414 Ü	(—)				*213/21	
Groß angst v. sch.	D3-Strophe Ü	(84ff?)				*96	
Hec priori diss.	E2-Strophe	(486)	*72	*7	248	*147	
Heu nobis intern.	A1-Strophe	(242)			*14		
Hew redemptio isr.	Ruf[?]	(251c)	*55 [3x]		207	*112 [3x]	
Heyliger herre	Trishagion 1 Ü	(—)				*146	
Heyliger starcker	Trishagion 2 Ü	(—)				*157	
Heyliger vnd vnt.	Trishagion 3 Ü	(—)				*168	
Ich sach dy engel	S; zu AH 27414 Ü	(—)				*231	
Inferni claustra	H; zu RH 9582	(—)	*11		141		
Jam percusso cew p.	A2-Strophe	(244)			*32		
Jesu nostra redemp.	H; RH 9582	(286)	*3		*133		
Jesum nazarenum	SK; Typus II	(502b)	*33		100	*62	
Jesum von n.	SK; Typus II Ü	(504b)				*63	
Jhesu crist v. e.	H; RH 9582 Ü	(—)			149	*7	*47
Keuff wir von st.	B3-Strophe Ü	(—)				*43	
Kumpt alle vnd s.	A; zu CAO 5352 Ü	(640)				*73	
Lobgesanck all c.	S; zu AH 27414 Ü	(—)			304	*189	
Lugete mecum	Marienklage	(—)					*1

Gesang	Typ/Quelle	SCH.	I(B)	Ia(B)	II(A)/(B)	III(A)/(B)	IV(B)
Maria	SK; Typus III	(336a)	*65	*2	225	*133	ı
Maria magdalena	A[?]	(337)	*27		*12	*49	
Mehr ist aleyn	S; zu AH 27414 Ü	(—)				*239	
Meyn herre hastu	A; zu CAO 5232 Ü	(—)				*129	
Mors et vita d.	S; zu AH 27414	(651)	96		314	*199	
Mulier quid pl.	A; CAO 3824	(374)	*61	*1	213	*124	
Nempt war der st.	D2-Strophe Ü	(—)				*107	
Non est hic	SK; Typus II Ü	(502c)	*34		105	*64	
Nun vnwißenth	E4-Strophe Ü	(—)				*173	
Nunc ignaros	E4-Strophe	(487)	*82	*15	274	*169	
O herre got m. g.	Marienklage	(—)					*15
Omnipotens p. a.	B1-Strophe	(426)	*15		78	*19	
Prima quidem s.	E1-Strophe	(485)	*67	*3	233	*136	
Que te vicit cl.	H; zu RH 9582	(287)	*7		137		
Quem queritis	SK; Typus II	(502a)	*31		*94 [N]	*57	
Qui pro nobis p.	A; zu CAO 5079	(590)	136/39/42		*358	272/75/78	
Quis reuoluet	A; CAO 2697	(525)	*29		88	*51	
Rabi das ist	SK; Typus III Ü	(—)				*135	
Rabi quod dicitur	SK; Typus III	(336b)	*66		230	*134	
Sag vns nu maria	S; zu AH 27414 Ü	(—)				*211/19/29	
Sancte deus	Trishagion 1	(556)	*71		243	*145	
Sancte et immort.	Trishagion 3	(558a)	*81		269	*167	
Sancte fortis	Trishagion 2	(557)	*76		256	*156	
Scimus cristum s.	S; zu AH 27414	(652f)	120		338	*243	
Sed cito euntes	A; CAO 1813	(503)	*35		106	*65	
Sed eamus et a. e. p.	A3-Strophe	(246)			*50		
Sed eamus vng. e.	B3-Strophe	(435)	*23			*39	
Seht nu hy liben b.	SK; Typus II Ü	(—)			*353	263	
Sepulchrum cristi	S; zu AH 27414	(652b)	*102/6/10		324	*209/17	
So man eynen h. sch.	A2-Strophe Ü	(—)			*38		
Sunder dyser l.	E2-Strophe Ü	(—)				*151	
Surrexit cristus	S; zu AH 27414	(652d)	*114		332	*227	
Surrexit dom. d.	A; CAO 5079	(590)	135/38/41		*357	271/74/77	
Surrexit enim s.	A; CAO 5081/82	(594)	131			267	
Te deum laudamus	H; RH 20086	(598)	144c		362a	280c	
Todt vnd leben w.	S; zu AH 27414 Ü	(—)			318	*203	
Uictime paschali l.	S; AH 27414	(651)	*90		302	*187	
Venite et videte	A; CAO 5352	(639)	*37		114	*71	
Vere vidi d. v.	F-Strophe	(93)	*86		288	*177	
Warlich cristum u.	S; zu AH 27414 Ü	(—)				*248	
Warlich der erste	E1-Strophe Ü	(—)				*140	
Warlich hab ges.	F-Strophe Ü	(94)				*181	
We vns armen fr.	A1-Strophe Ü	(—)			*20		
Welche gůth	H; zu RH 9582 Ü	(—)			153	*11	*51
Wen sucht yr fr.	SK; Typus II Ü	(504a)				*59	
Wer weltz vns ab	A; zu CAO 2697 Ü	(526)				*53	
Weybeß bild was w.	A; zu CAO 3824 Ü	(—)				*125	
Wir haben verlorn	B2-Strophe Ü	(—)				*34	
Zcu dem grab cl.	SK; Typus II Ü	(—)				*79	
Zcu seynem grab b.	A3-Strophe Ü	(—)			*56		
Zcwen iungern cz.	A; zu CAO 2081 Ü	(—)			*347	257	

4. Verzeichnis der benutzten Literatur

ADB   Allgemeine Deutsche Biographie. Auf Veranlassung Seiner Majestät des Königs von Bayern hrg. durch die historische Kommission bei der Königl. Akademie der Wissenschaften. Bd. 53. – Leipzig: Duncker & Humblot 1907.

AGUSTONI   Agustoni, Luigi: Gregorianischer Choral. Elemente und Vortragslehre. Mit besonderer Berücksichtigung der Neumenkunde. – Freiburg/Basel/Wien: Herder (1963).

AH   Analecta Hymnica Medii Aevi.

Vol. 20: Cantiones et Muteti. Lieder und Motetten des Mittelalters. Hrg. Guido Maria Dreves. – Leipzig 1895.

Vol. 54: Thesauri Hymnologici Prosarium. Die Sequenzen des Thesaurus Hymnologicus H. A. Daniels und anderer Sequenzenausgaben. – Leipzig 1915.

(Unveränderter Nachdruck Frankfurt am Main: Minerva 1961 [zitiert].)

BERGMANN   Bergmann, Rolf: Katalog der deutschsprachigen geistlichen Spiele und Marienklagen des Mittelalters. Von –. Unter Mitarbeit von Eva P. Diedrichs und Christoph Treutwein. – München: Beck in Kommission 1986. (Veröffentlichungen der Kommission für Deutsche Literatur des Mittelalters der Bayerischen Akademie der Wissenschaften.)

BRIQUET   Briquet, C[harles] M[oïse]: Les Filigranes. 2ᵐᵉ Édition. T. 1.2. – Leipzig, Hiersemann 1923.

CAO   Hesbert, Renatus-Joannes (Hrg.): Corpus Antiphonalium Officii. Vol. 3.4. – Roma: Herder (Rerum ecclesiasticarum documenta. Series maior. Fontes. 9.10.)

Vol. 3: Invitatoria et Antiphonae. Editio critica. – 1968.

Vol. 4: Responsoria, Versus, Hymni et Varia. – Editio critica. – 1970.

CAPPELLI   Cappelli, Adriano: Lexicon Abbreviaturarum. 2., verb. Aufl. [dt.]. – Leipzig: Weber 1928. (J. J. Webers Illustrierte Handbücher.)

CLEMEN   Clemen, Otto: Stephan Roth. – In: Sächsische Lebensbilder. Bd. 2. Hrg. von der Sächsischen Kommission für Geschichte. Leipzig: Leiner [1938 = Schriften der Sächsischen Kommission für Geschichte. <39.>], S. 340–351.

DREIMÜLLER   Dreimüller, Karl: Die Musik des Alsfelder Passionsspiels. Ein Beitrag zur Geschichte der Musik in den geistlichen Spielen des deutschen Mittelalters. Mit erstmaliger Veröffentlichung der Melodien aus der Kasseler Handschrift des Alsfelder Spiels <Landesbibliothek Kassel 2° Mss. poet. 18>. Bd. 1–3. – Wien 1935 (Phil. Diss. 1936) [masch. u. hschr.].

1. Abhandlungen.

2. Das musikalische Szenarium des Alsfelder Passionsspiels. Mit Ergänzung und Bestimmung der liturgischen Texte und einem Anhang von 45 Melodien zu lateinischen Textparallelen im Egerer Fronleichnamsspiel, aus der Handschrift »Ludus de creacione mundi« no. 7060 des Germanischen Nationalmuseums Nürnberg.

3. Die Melodien des Alsfelder Passionsspiels. Übertragungen der Melodien aus der Kasseler Handschrift des Alsfelder Spiels.

HERZOG   Herzog, Emil: Chronik der Kreisstadt Zwickau. Erster Teil: Topographie und Statistik. – Zwickau: Zückler 1839.

LANGE   Lange, Carl: Die lateinischen Osterfeiern. Untersuchungen über den Ursprung und die Entwicklung der liturgisch-dramatischen Auferstehungsfeier mit Zugrundelegung eines umfangreichen, neu aufgefundenen Quellenmaterials. – München: Stahl 1887.

LANGER   Langer, Otto: Über drei Kunstwerke der Marienkirche zu Zwickau: den Altar, die Beweinung Christi und das heilige Grab. – In: Mitteilungen des Altertumsvereins für Zwickau und Umgegend 12 (1919), S. 75–101.

LIPPHARDT, Füssen
Schmidtke, Dietrich, Ursula Hennig und Walther Lipphardt: Füssener Osterspiel und Füssener Marienklage. – In: PBB 98 (Tübingen 1976), S. 231–288, 395–423.

LOO
Lipphardt, Walther (Hrg.): Lateinische Osterfeiern und Osterspiele. – Berlin/New York: de Gruyter. (Ausgaben deutscher Literatur des 15.–18. Jahrhunderts. Reihe Drama 5.)
5: 1976
6: 1981

MEYER
Meyer, Wilhelm: Fragmenta Burana. – Berlin: Weidmann 1901.

NEUMANN
Neumann, Bernd: Geistliches Schauspiel im Zeugnis der Zeit. Bd. 1.2. – Zürich/München: Artemis 1987. (Münchener Texte und Untersuchungen zur deutschen Literatur des Mittelalters. 84. 85.)

NICKEL
Nickel, Holger: Die Inkunabeln der Ratsschulbibliothek Zwickau. Entstehung, Geschichte und Bestand der Sammlung. – Phil. Diss. Humboldt-Universität Berlin 1976. [Masch.]

NIEMÖLLER
Niemöller, Klaus Wolfgang: Die Theorie des gregorianischen Gesangs im Mittelalter. – In: Geschichte der katholischen Kirchenmusik. Unter Mitarbeit zahlreicher Forscher des In- und Auslandes hrg. von Karl Gustav Fellerer. Bd. 1: Von den Anfängen bis zum Tridentinum. Basel/Tours/London: Bärenreiter 1972, S. 324–331.

PICCARD, Kronen-wasser-zeichen
Piccard, Gerhard: Die Kronenwasserzeichen. Findbuch 1 der Wasserzeichenkartei Piccard im Hauptstaatsarchiv Stuttgart. Bearb. von –. Stuttgart: Kohlhammer 1961. (Veröffentlichungen der Staatlichen Archivverwaltung Baden-Württemberg. Sonderreihe. Die Wasserzeichenkartei Piccard im Hauptstaatsarchiv Stuttgart. Findbuch 1.)

PICCARD, Ochsen-Kopf-Was-serzeichen
Piccard, Gerhard: Die Ochsenkopf-Wasserzeichen. 3. Teil. Findbuch II,3 der Wasserzeichenkartei Piccard im Hauptstaatsarchiv Stuttgart. Bearb. von –. Stuttgart: Kohlhammer 1966. (Veröffentlichungen der Staatlichen Archivverwaltung Baden-Württemberg. Sonderreihe. Die Wasserzeichenkartei Piccard im Hauptstaatsarchiv Stuttgart. Findbuch II,3.)

RH
Repertorium Hymnologicum. Catalogue des Chants, Hymnes, Proses, Séquences, Tropes en usage dans l'église latine depuis les origines jusqu'à nos jours […] Bd. 1–6. – Löwen 1892 – 1921, Brüssel 1920.

SCHIPKE, Hand-schriften
Schipke, Renate: Die lateinischen Handschriften der Ratsschulbibliothek Zwickau. Bestandsverzeichnis aus dem Zentralinventar mittelalterlicher Handschriften <ZIH>. Bearb. von –. Berlin: Deutsche Staatsbibliothek, im Druck. (Handschrifteninventare. 11.)

SCHIPKE, Katalogi-sierung
Schipke, Renate: Die Katalogisierung mittelalterlicher Handschriften in der Deutschen Demokratischen Republik. – In: Scriptorium 37 (1983), S. 275–285.

SCHULER
Schuler, Ernst August: Die Musik der Osterfeiern, Osterspiele und Passionen des Mittelalters. [Textband.] – Kassel/Basel: Bärenreiter 1951.
[Bd. 1 der phil. Diss. Basel 1940.
Bd. 2 Melodienband masch. u. hschr. UB und Musikwissenschaftliches Institut der Universität Basel, Institut für Deutsche Sprache und Literatur der Universität zu Köln.]

SIEGL
Siegl, Karl (Hrg.): Die Joachimsthaler Chronik von 1516–1617 mit einer Lebensgeschichte des Johannes Mathesius als Einleitung. – Joachimsthal: Gemeindeamtliche Nachrichten 1923. (Sonderabdruck aus »Unsere Heimat«.)

STÖTZNER
Stötzner, Paul (Hrg.): Osterfeiern, hrg. nach einer Zwickauer Handschrift aus dem Anfange des 16. Jahrhunderts. – Zwickau: Zückler 1901. ([Gymnasial-]Programm Nr. 594.)

VOLLHARDT
Vollhardt, Reinhard: Bibliographie der Musik-Werke in der Ratsschulbibliothek zu Zwickau. – Leipzig: Breitkopf & Haertel 1893–1896. (Beilage zu Monatshefte für Musikgeschichte, Jg. 25–28.)

WACKERNAGEL
Wackernagel, Philipp: Das deutsche Kirchenlied von der ältesten Zeit bis zum Anfang des 17. Jahrhunderts. Bd. 2. – Leipzig: Teubner 1867. (Nachdruck 1964.)

WOLF
Wolf, Johannes: Handbuch der Notationskunde. Bd. 1. – Leipzig: Breitkopf und Haertel 1913. (Kleine Handbücher der Musikgeschichte nach Gattungen. 8,1.)

5. Anhang: Faksimilia

Zwickau, Ratsschulbibliothek
Ms. Zwick. I,XV,3, fol. 56^r – 77^v (Hs. A)
(verkleinert auf 90%)

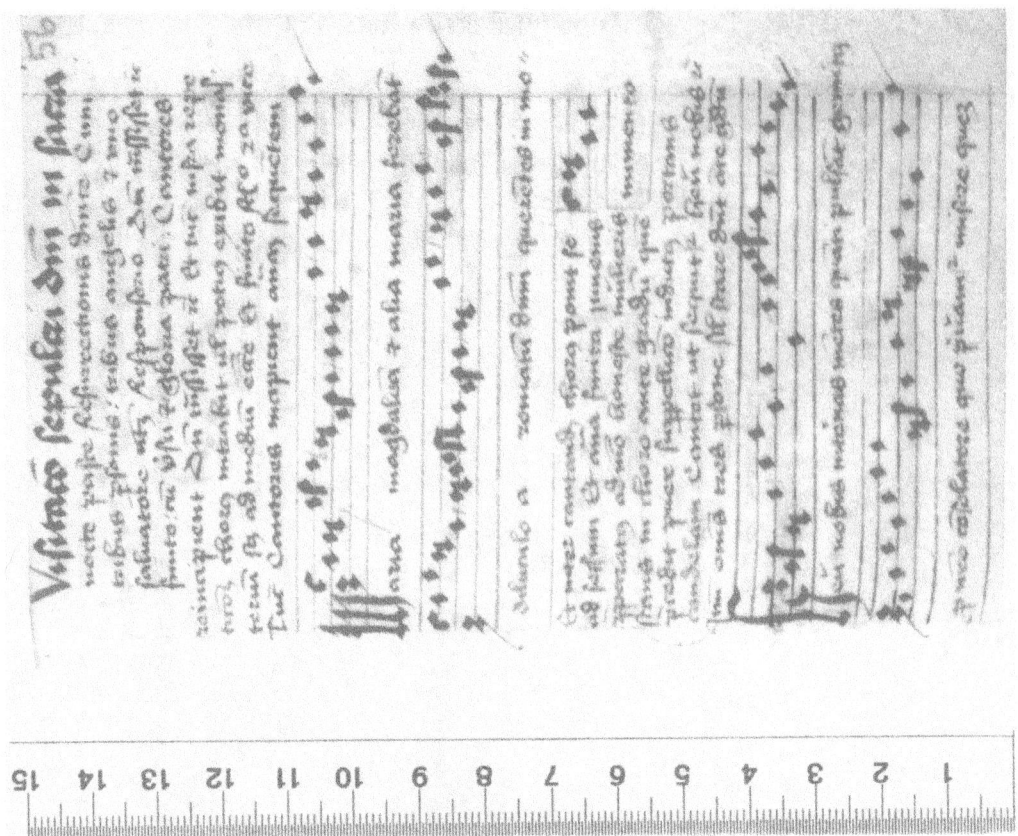

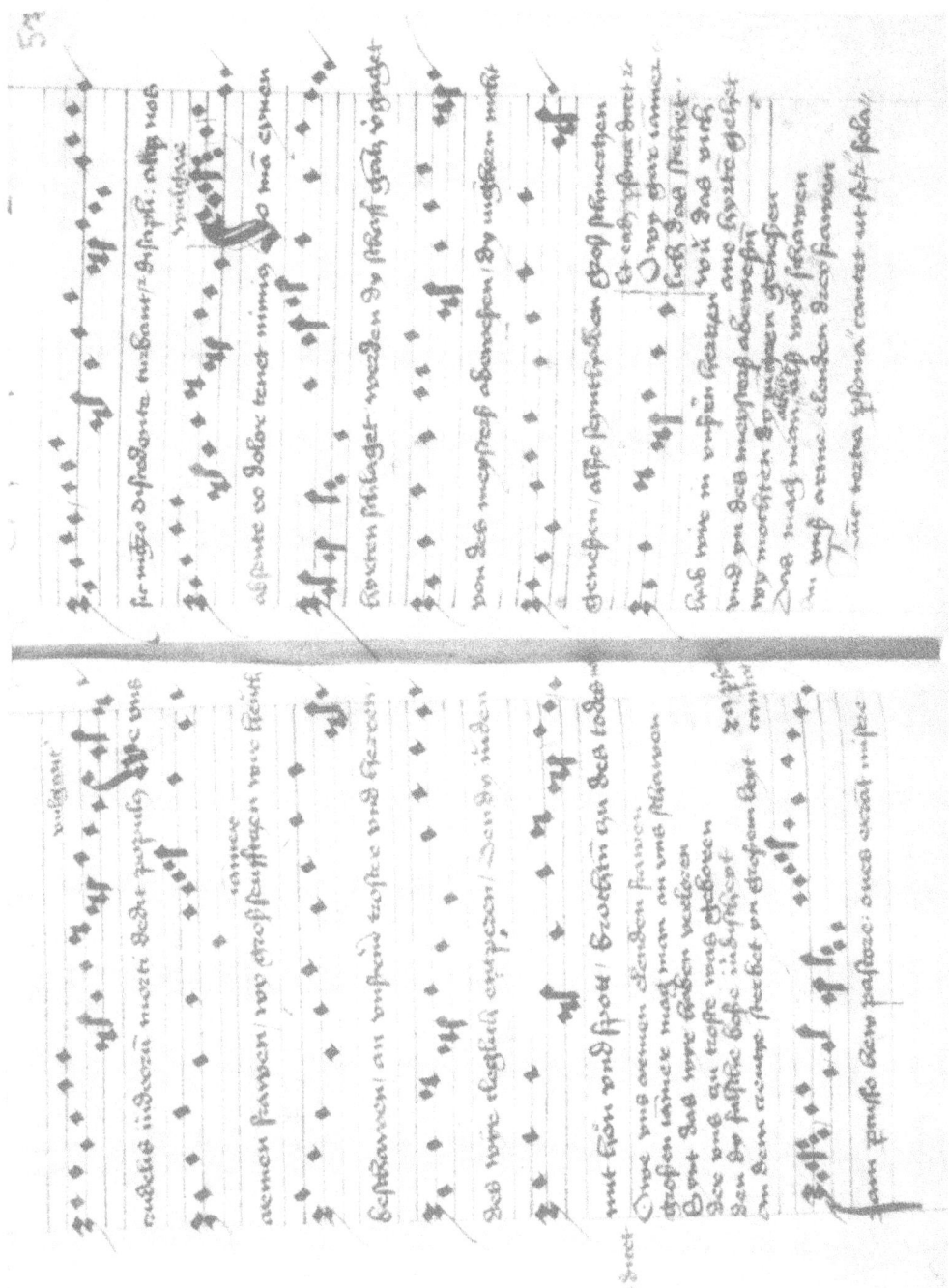

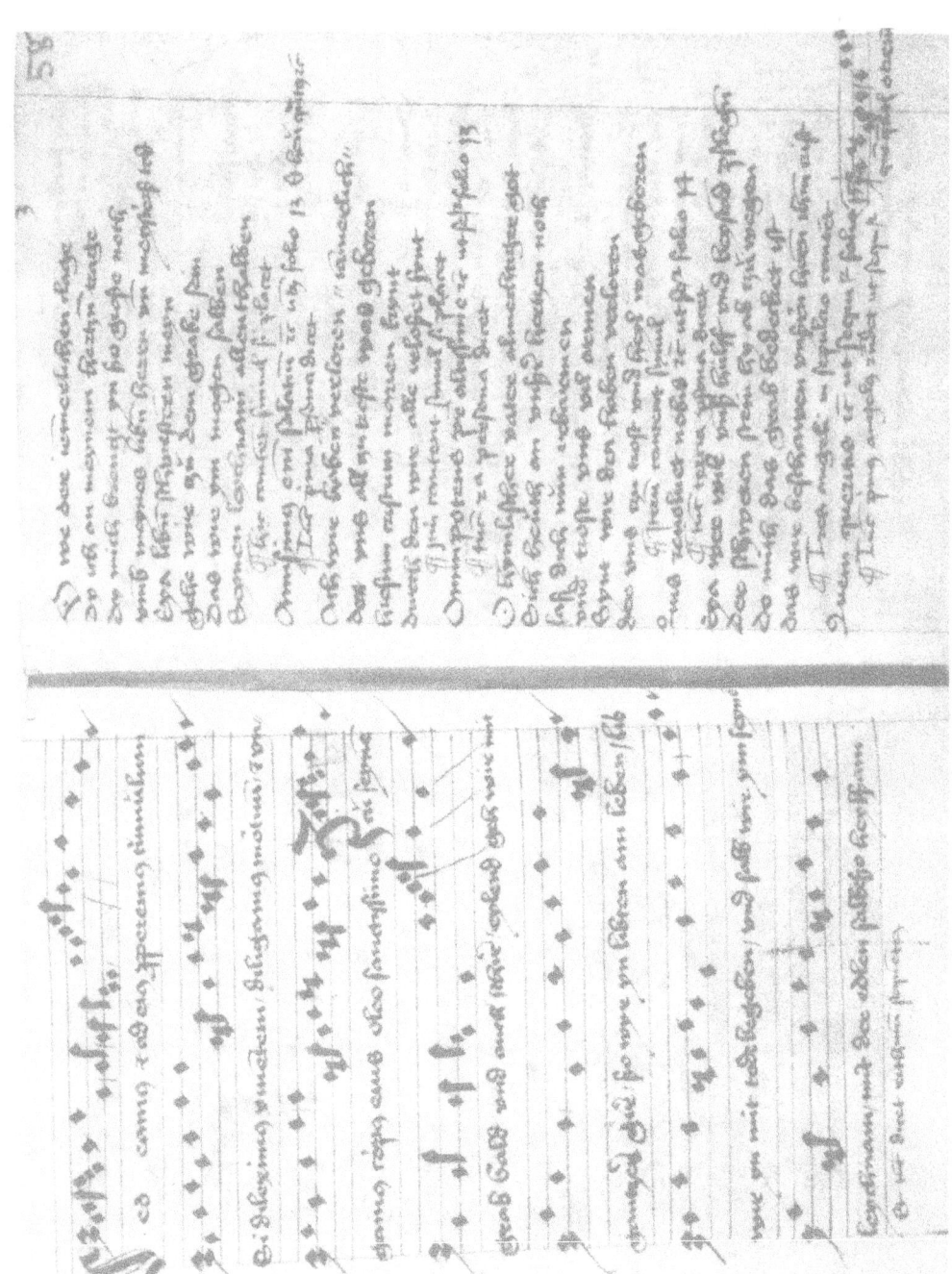

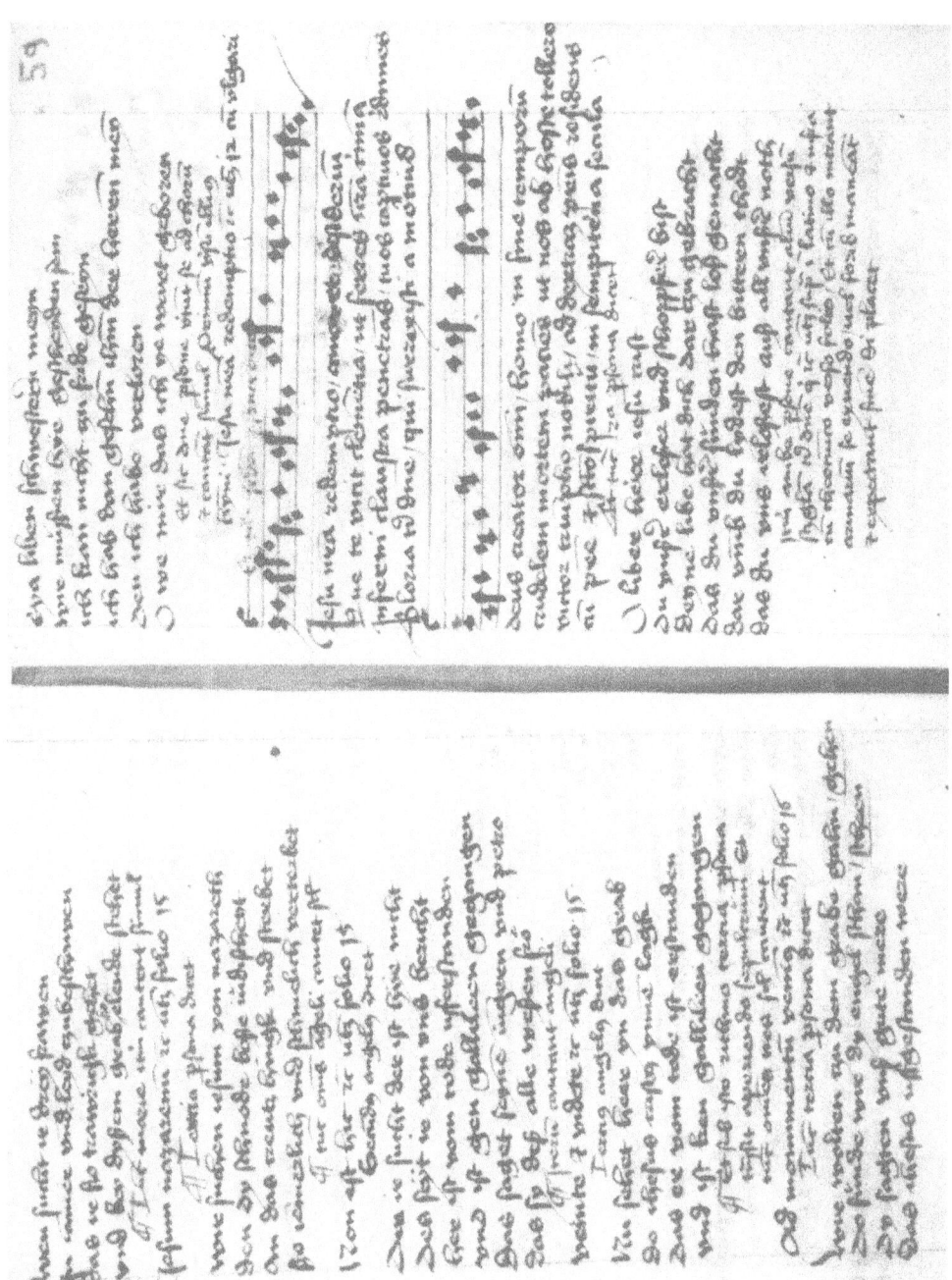

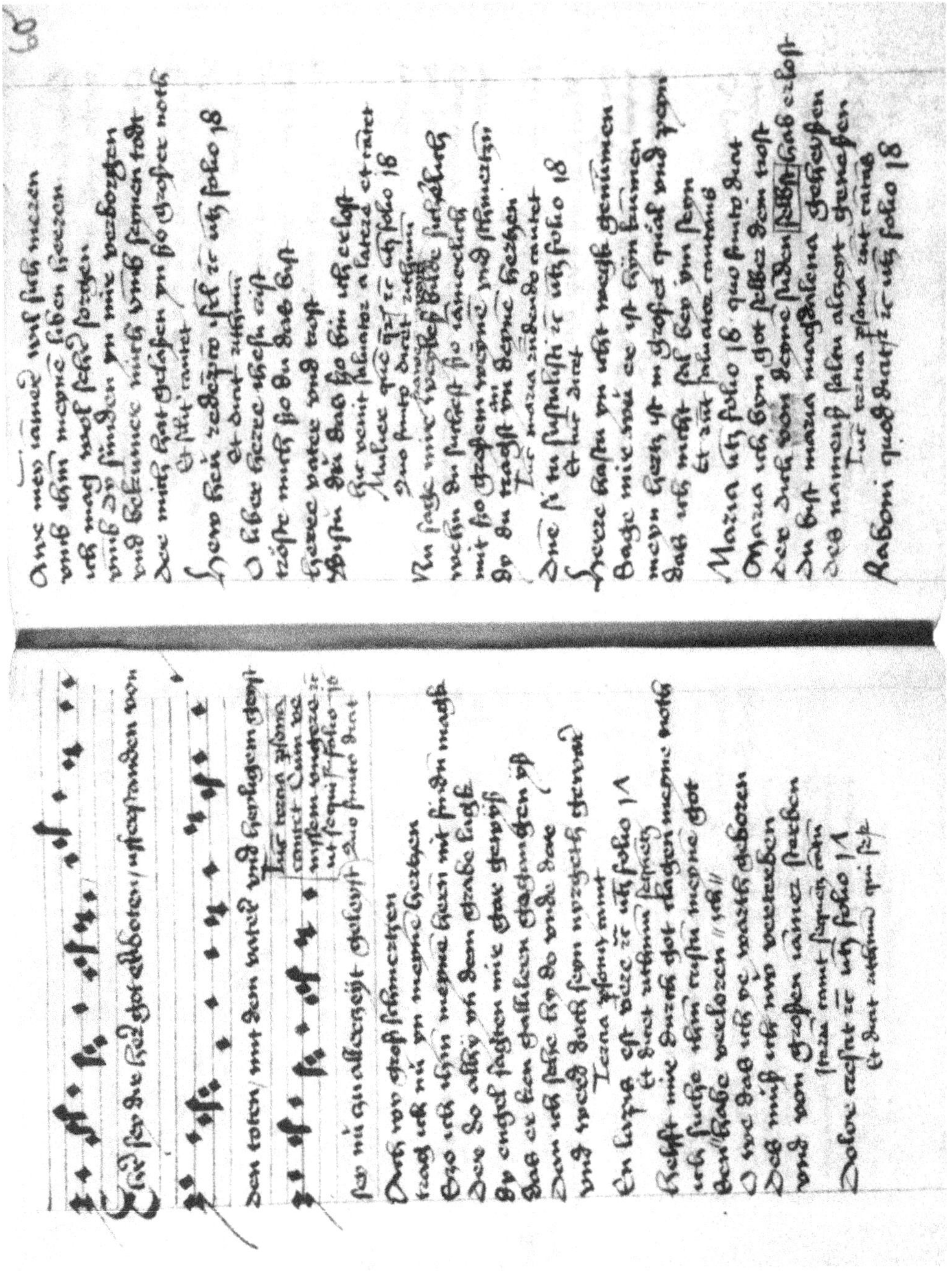

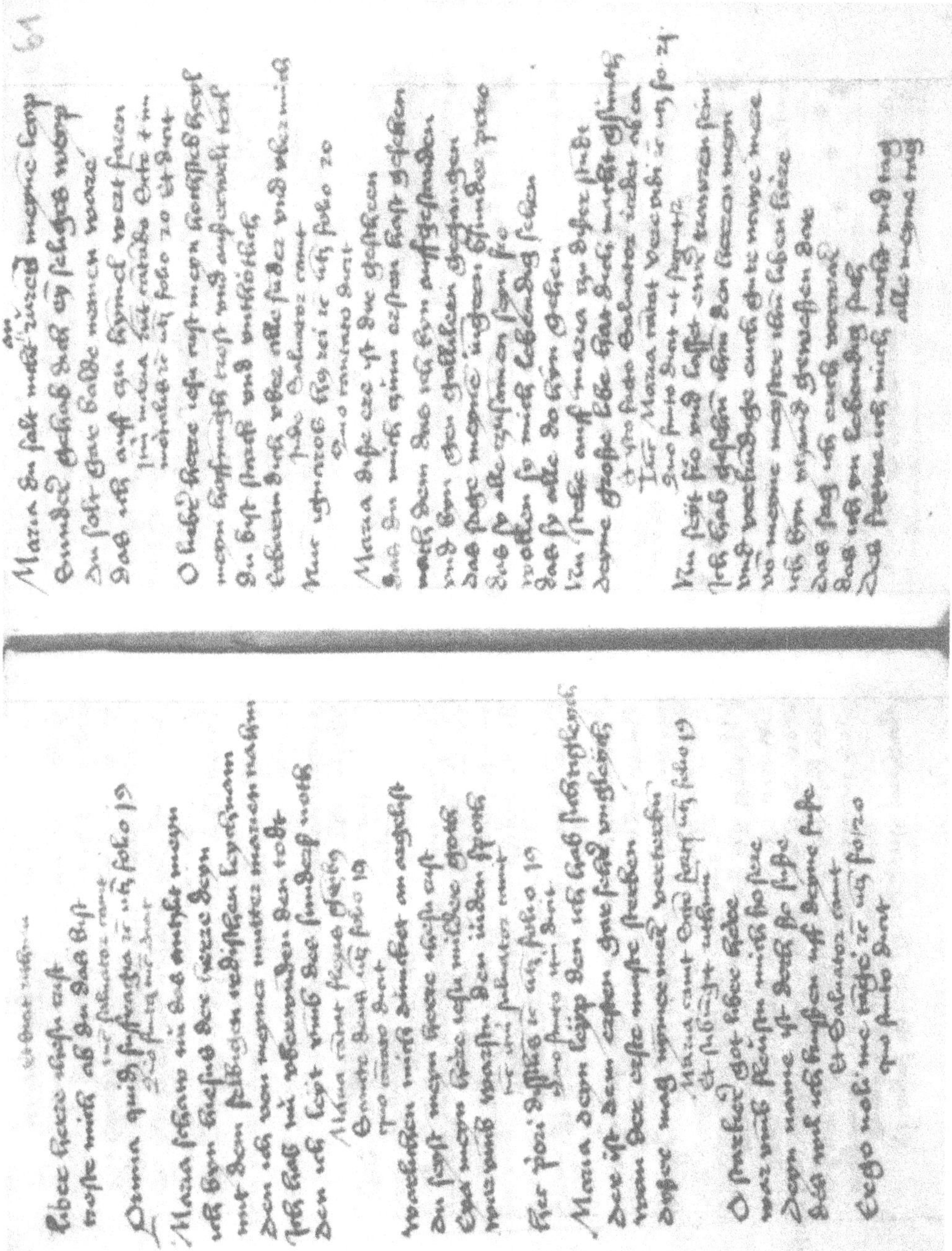

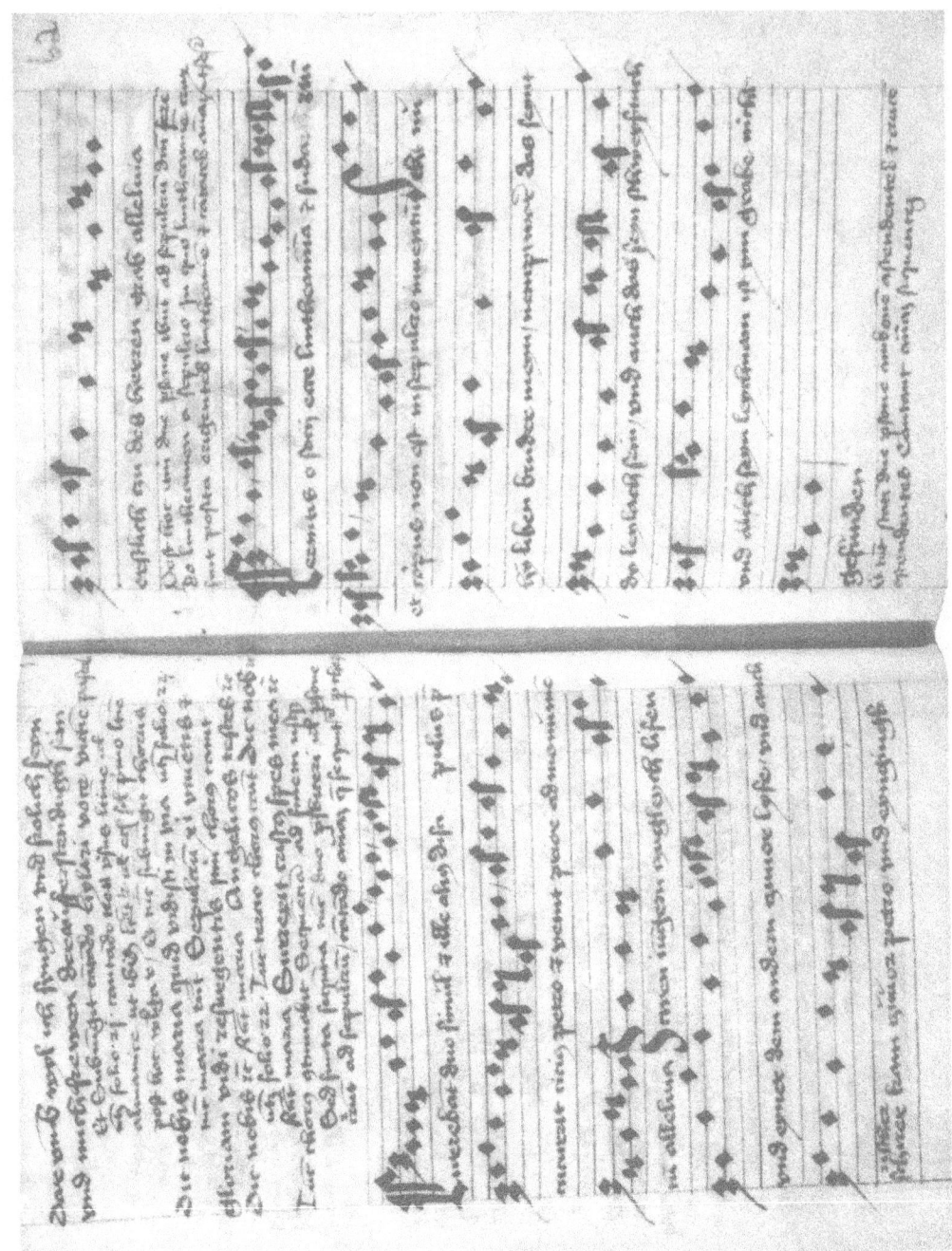

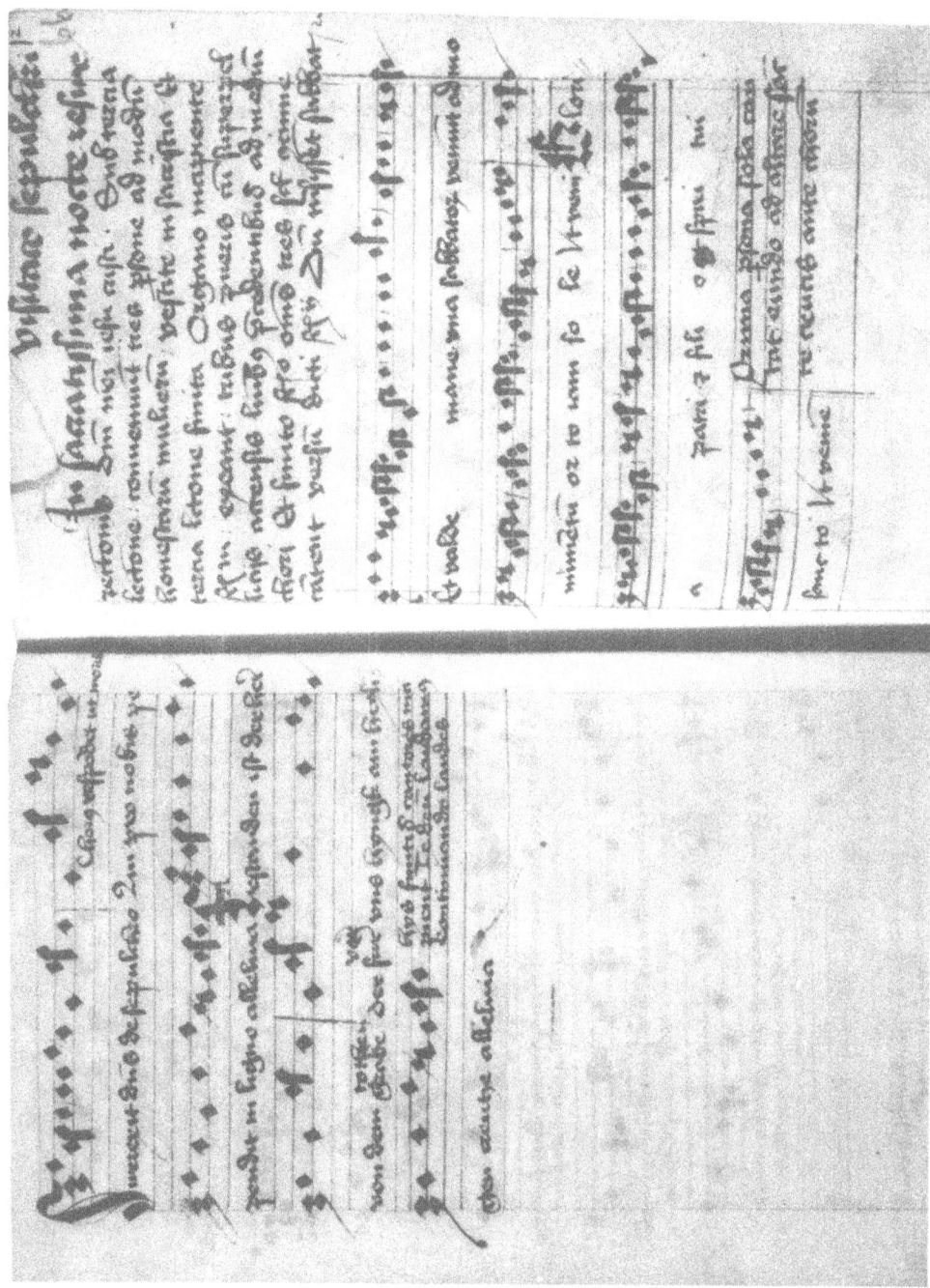

Fol. 63–65 sind leer (s. Einleitung S. 3)

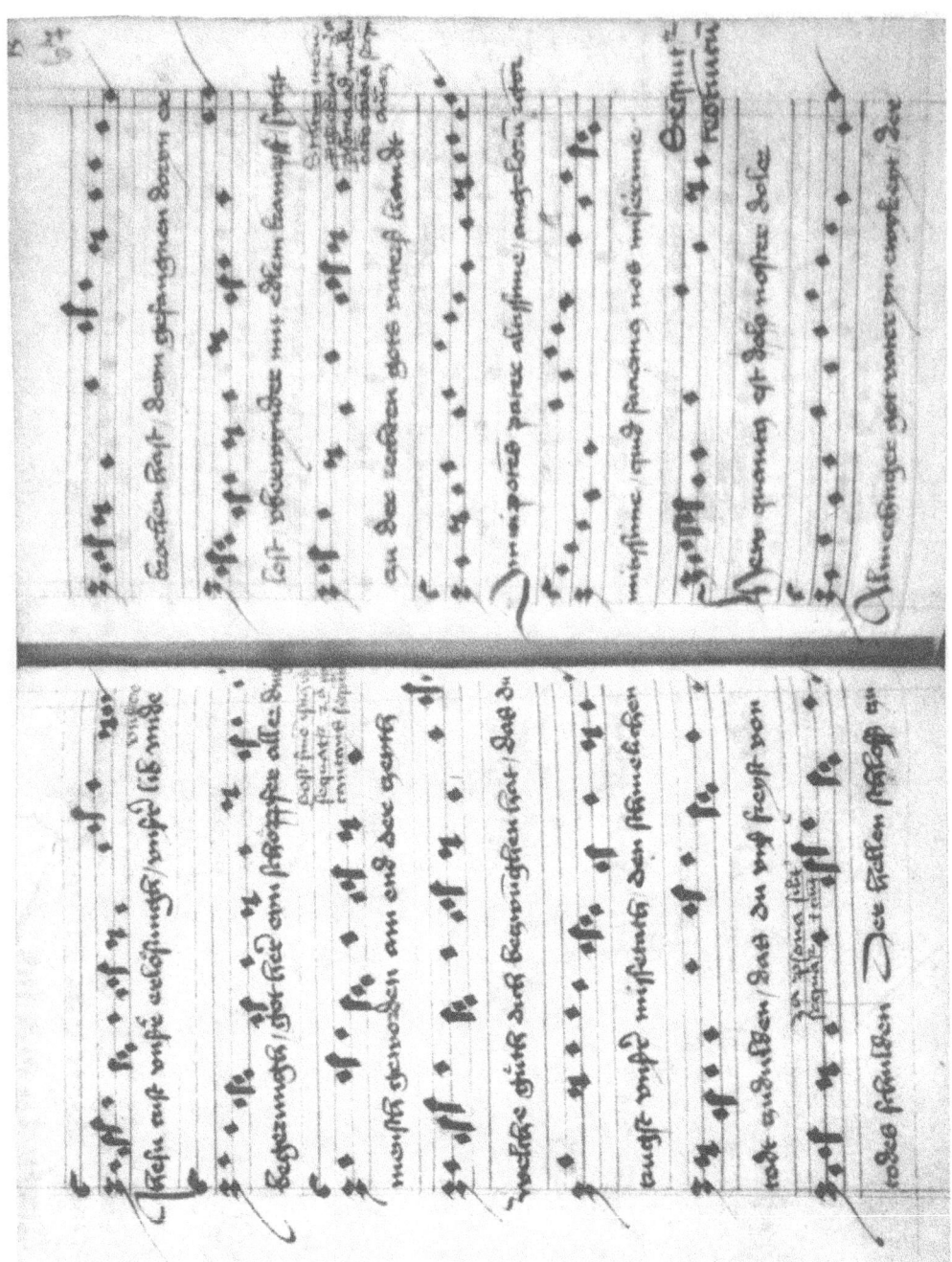

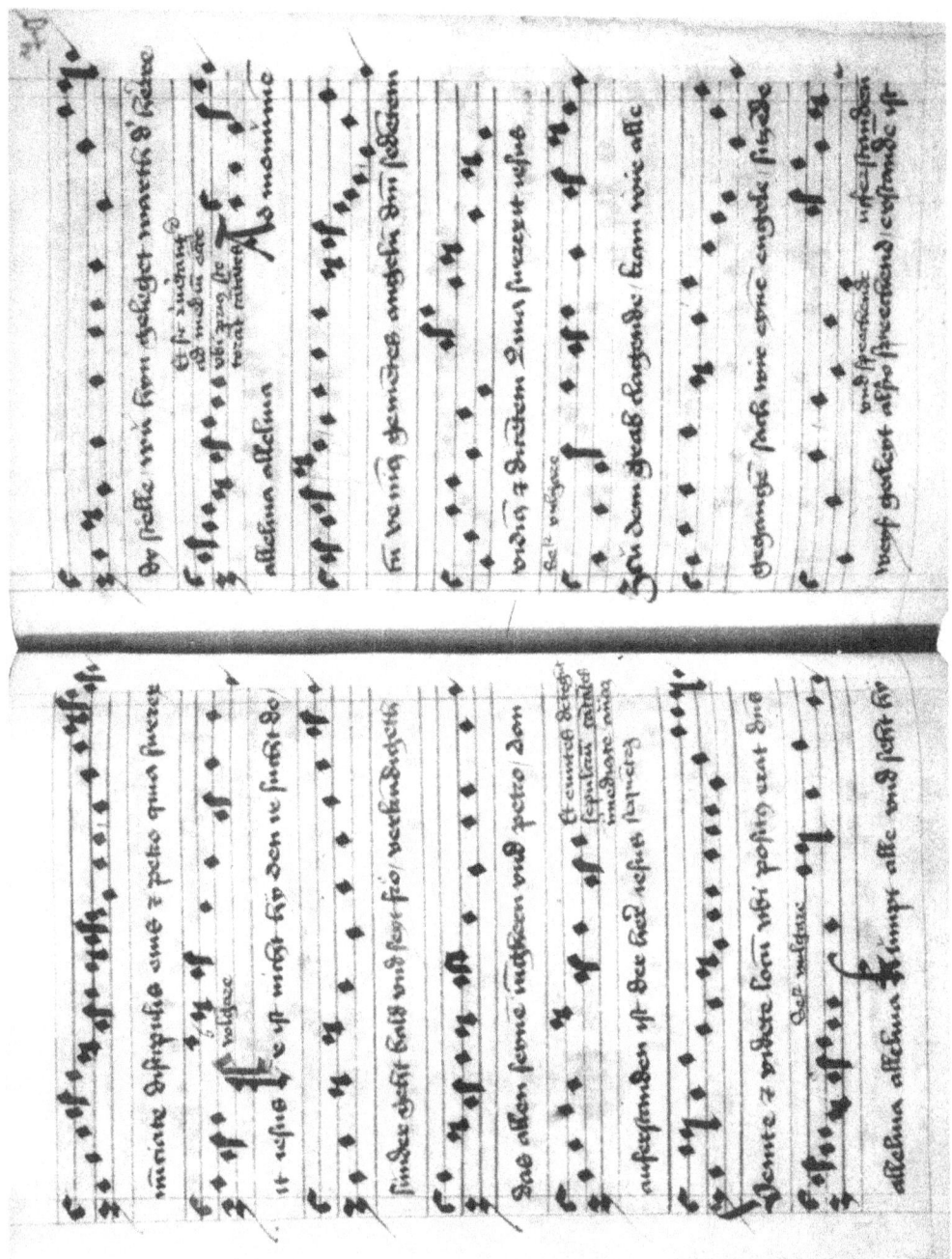

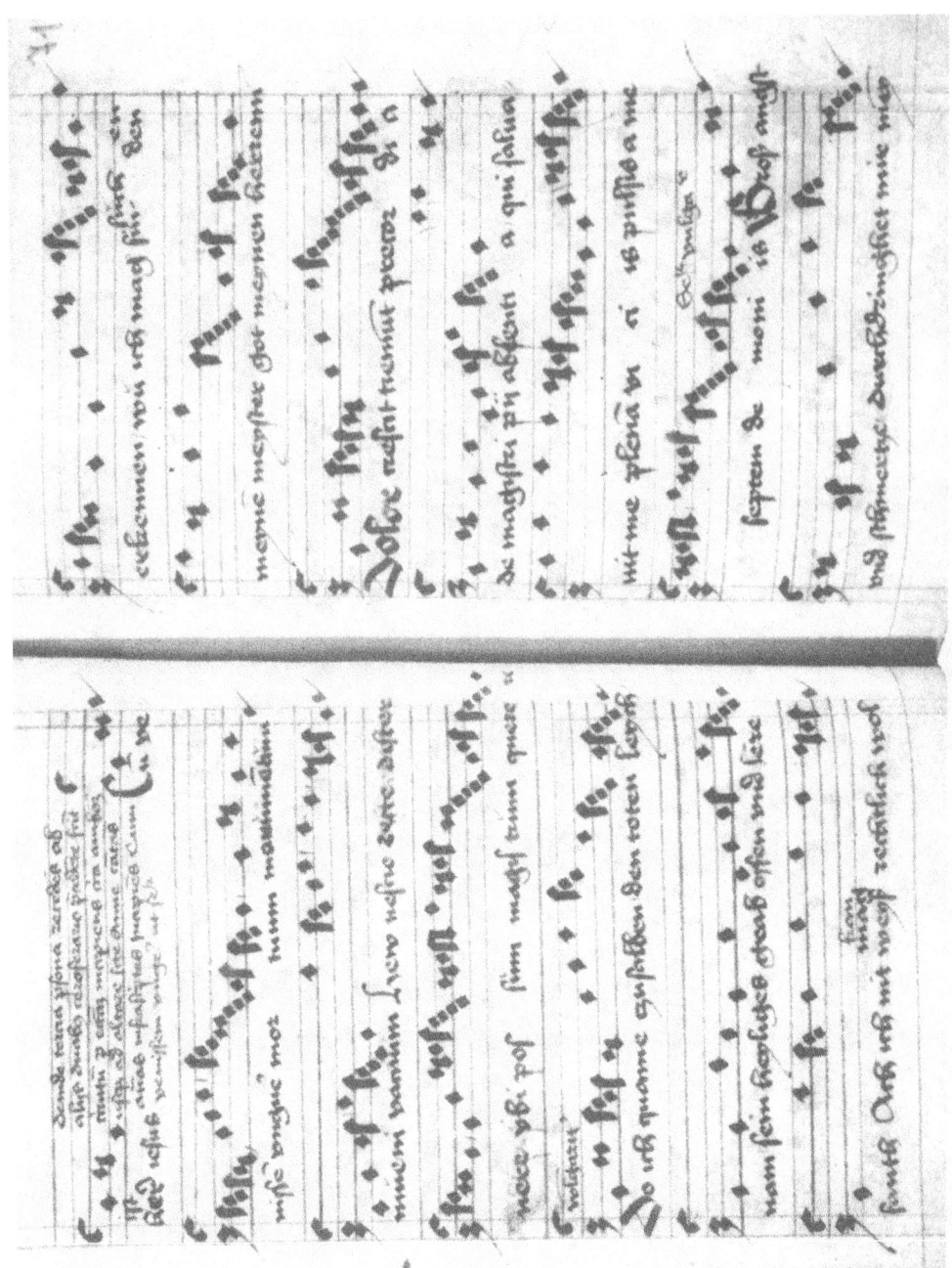

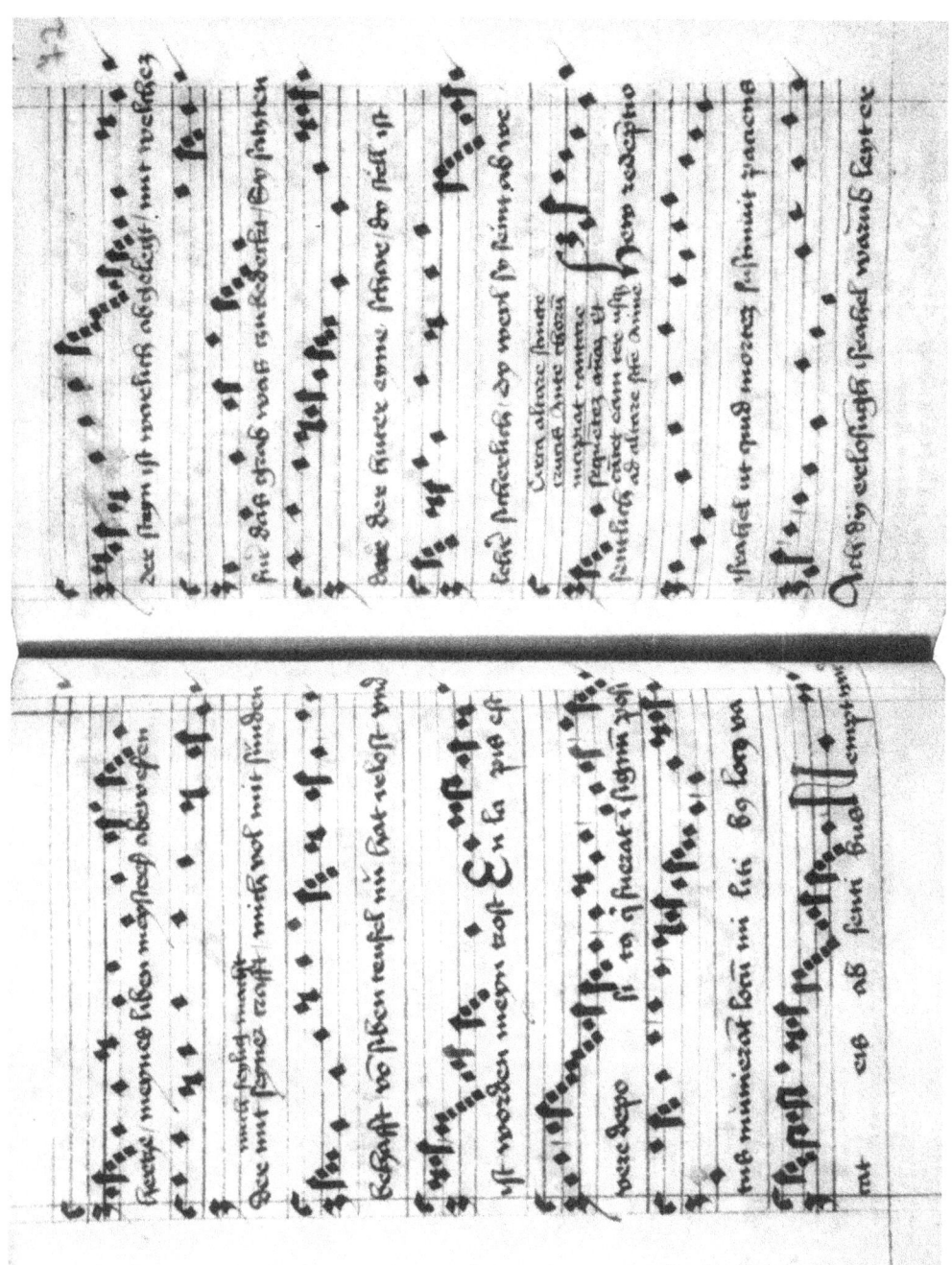

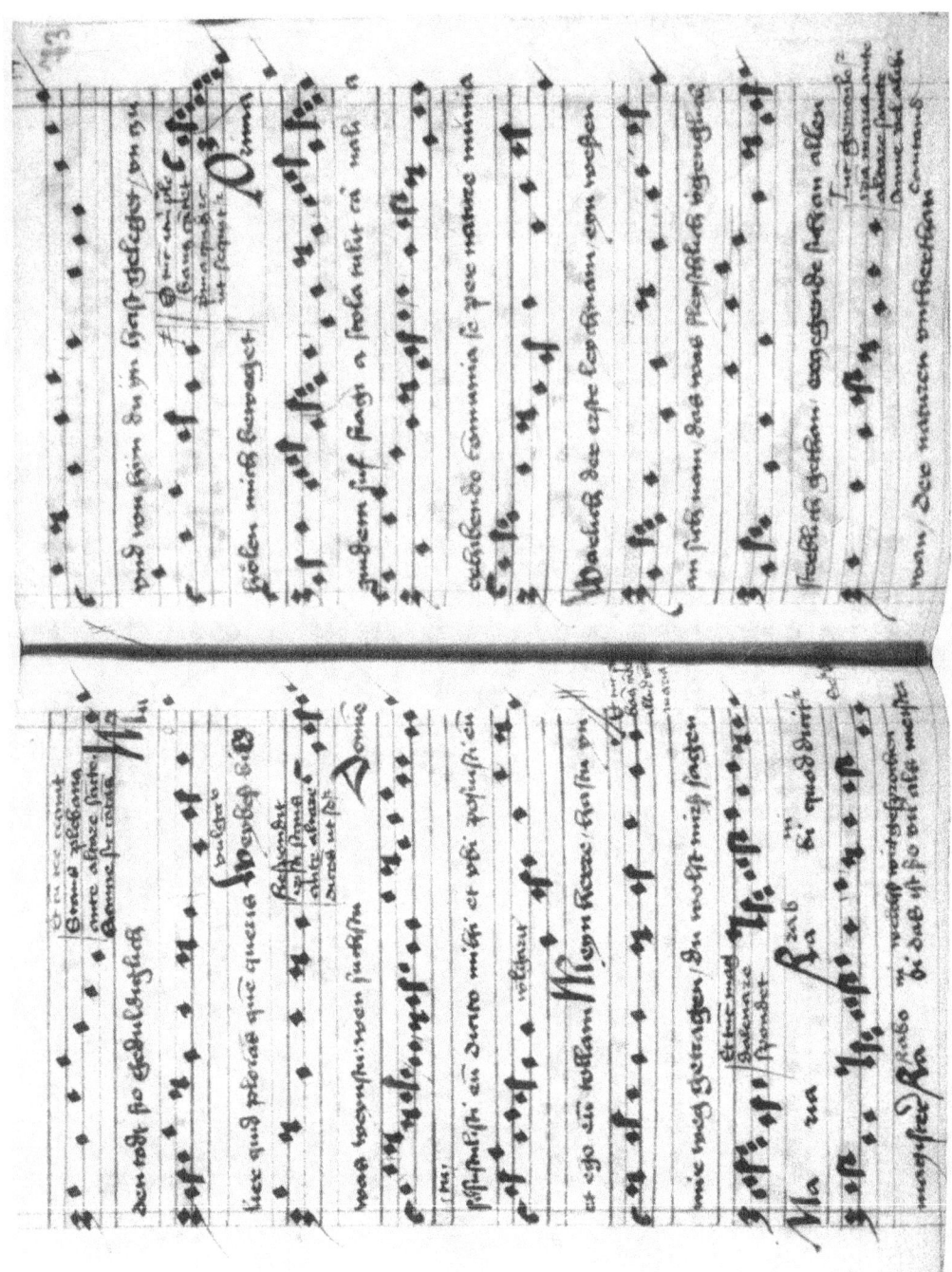

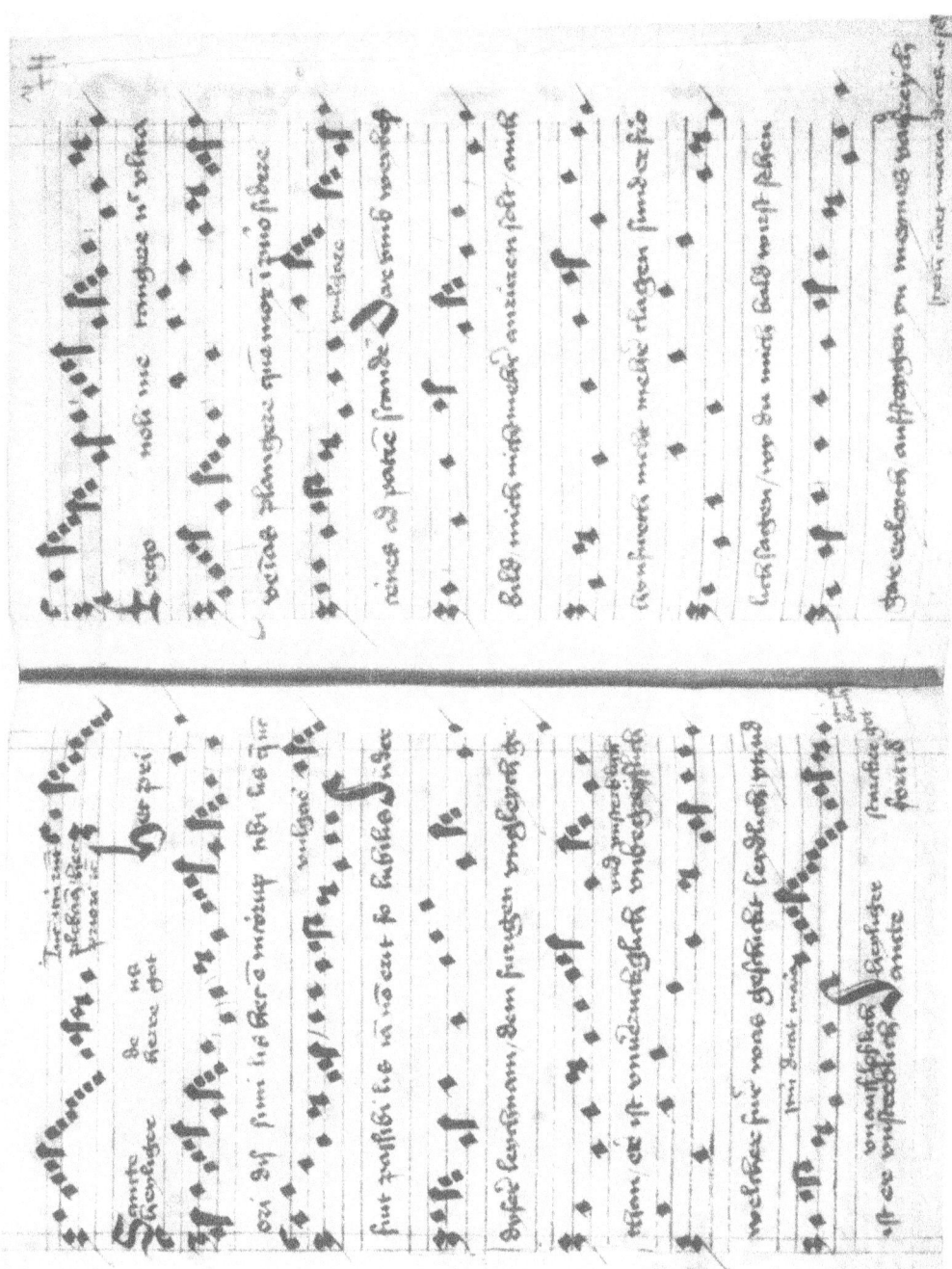

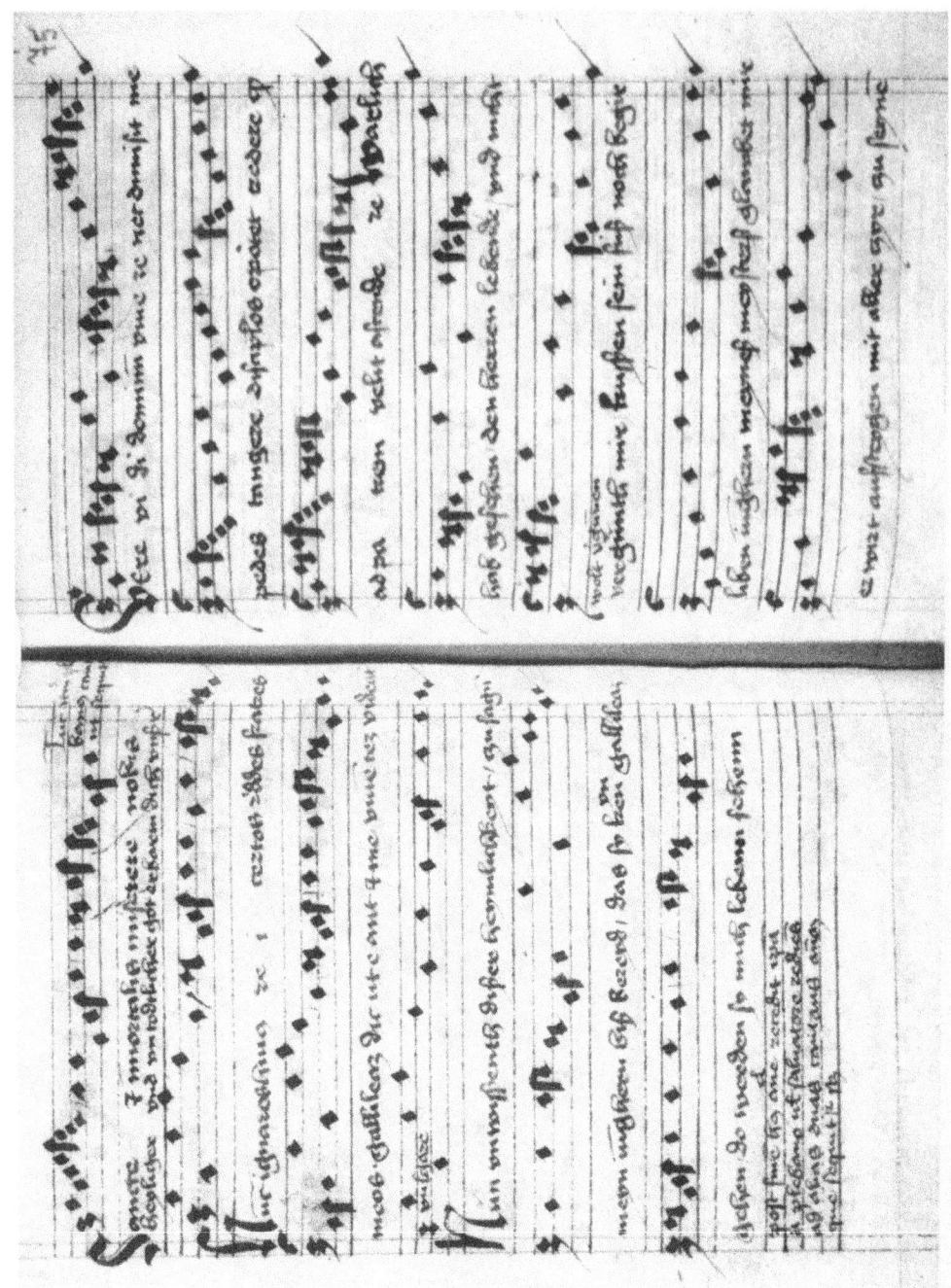

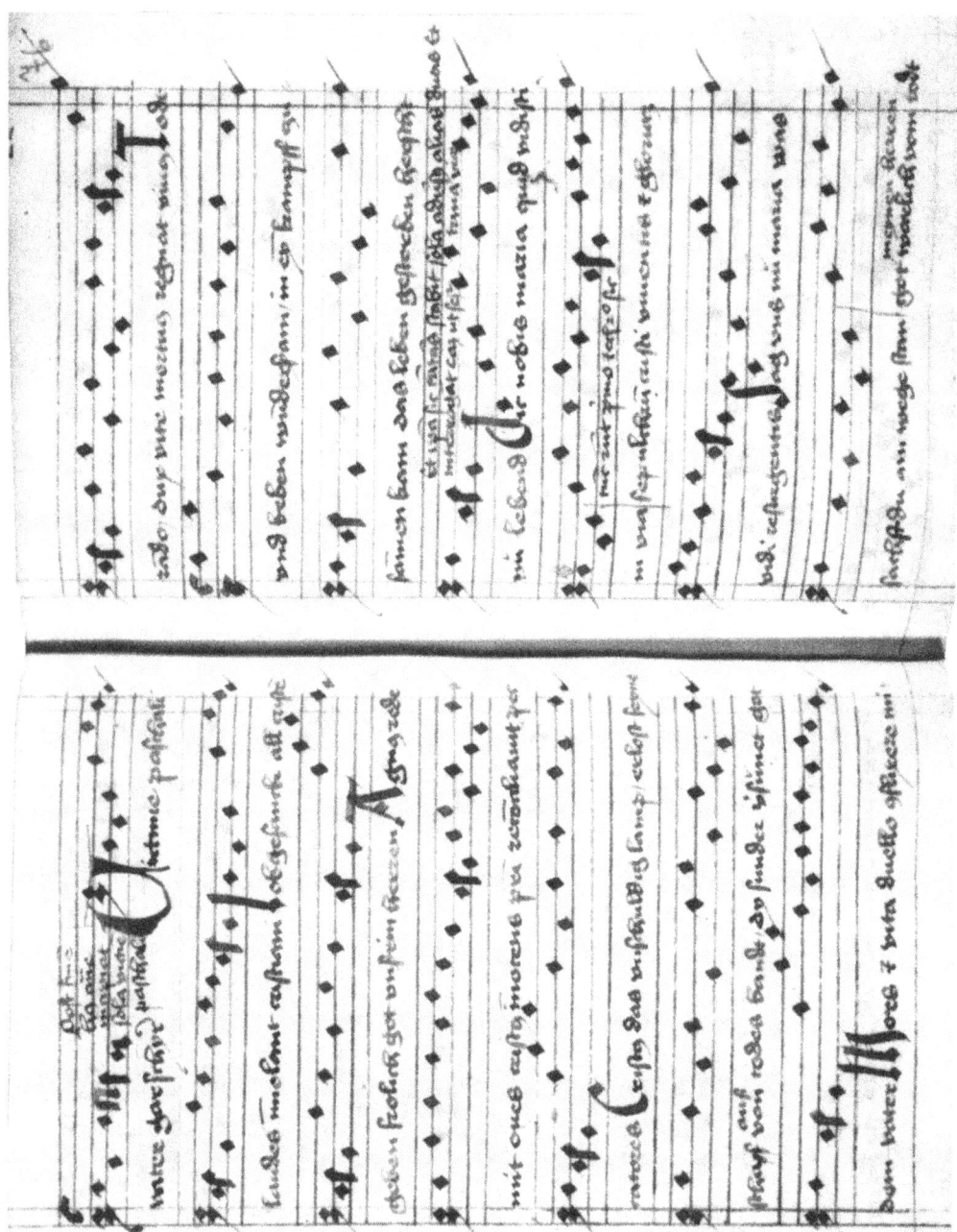

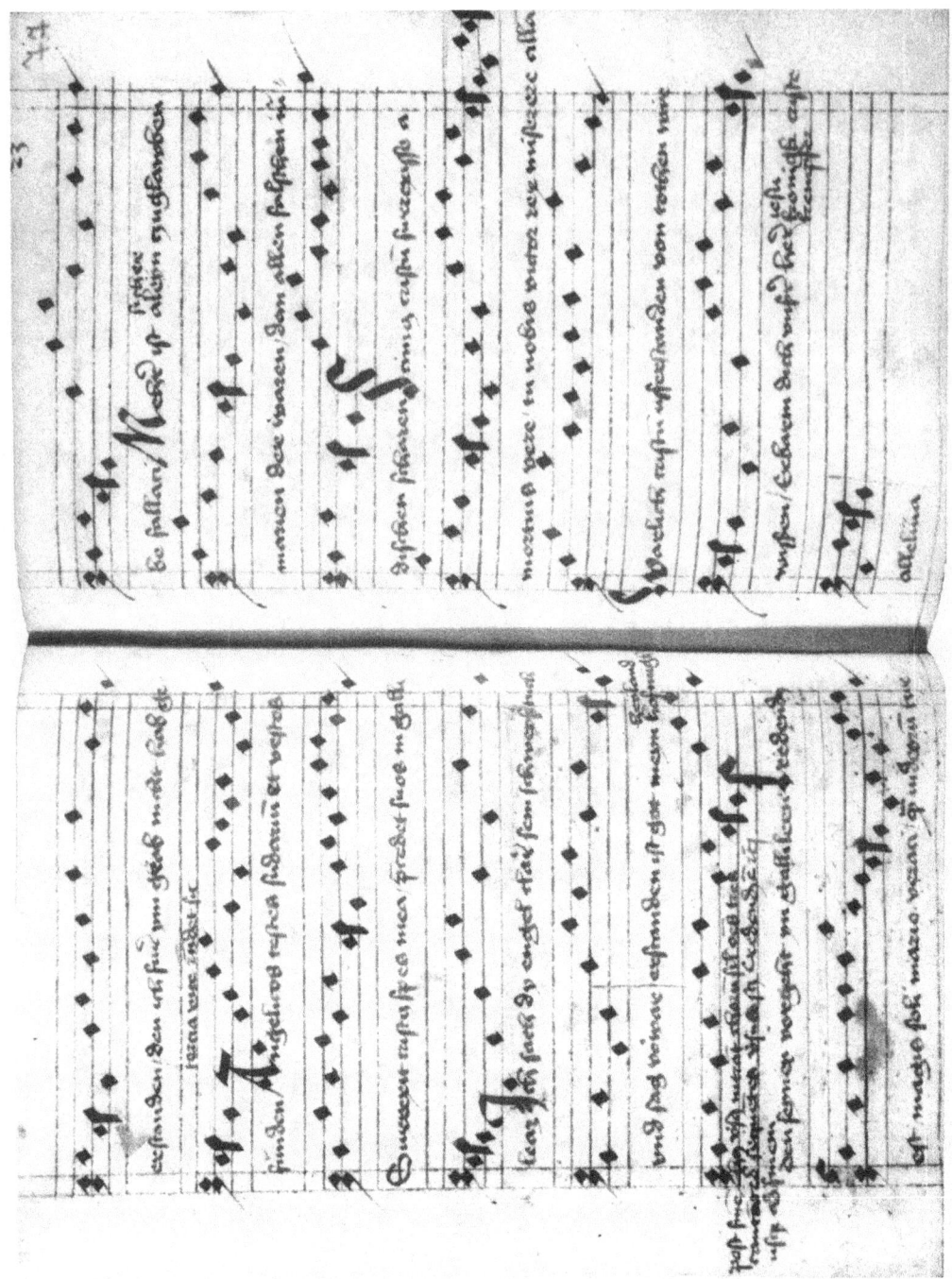

Zwickau, Ratsschulbibliothek
Ms. Zwick. XXXVI,I,24, fol. 1^r – 17^r (Hs. B)
(verkleinert auf 65%)

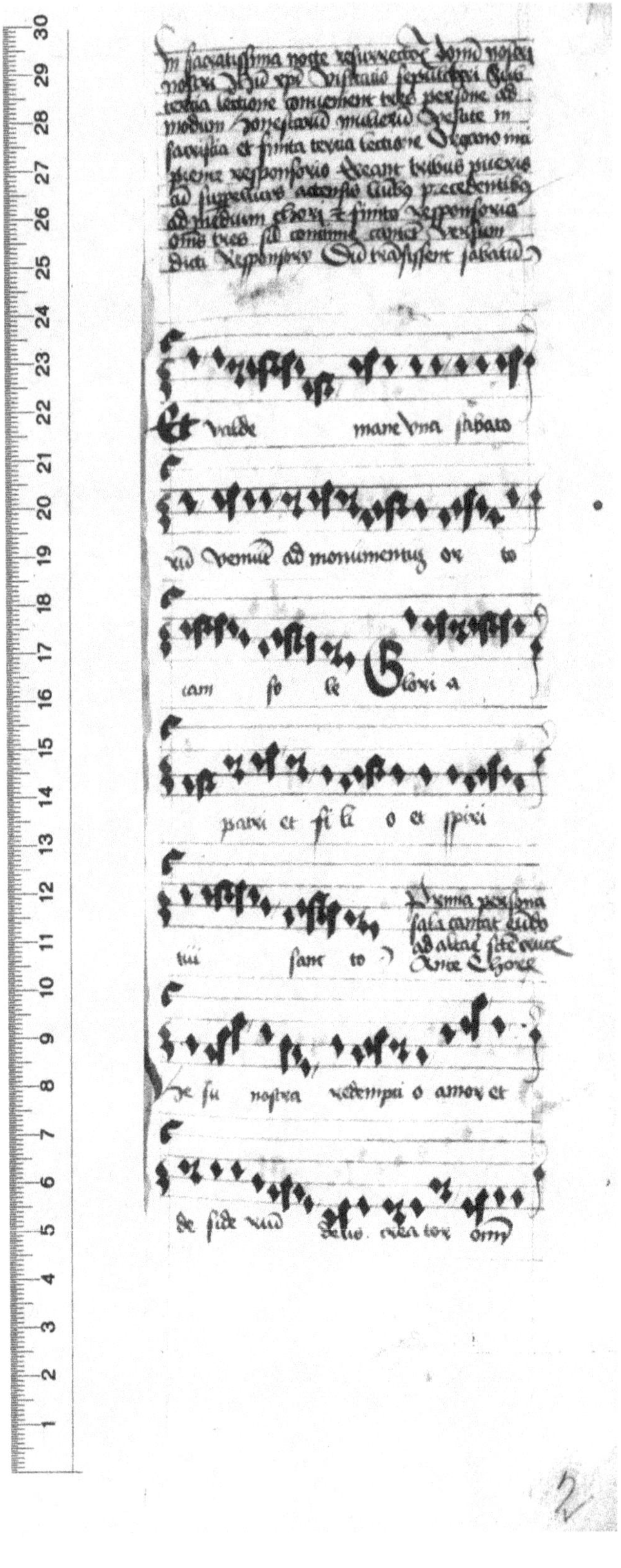

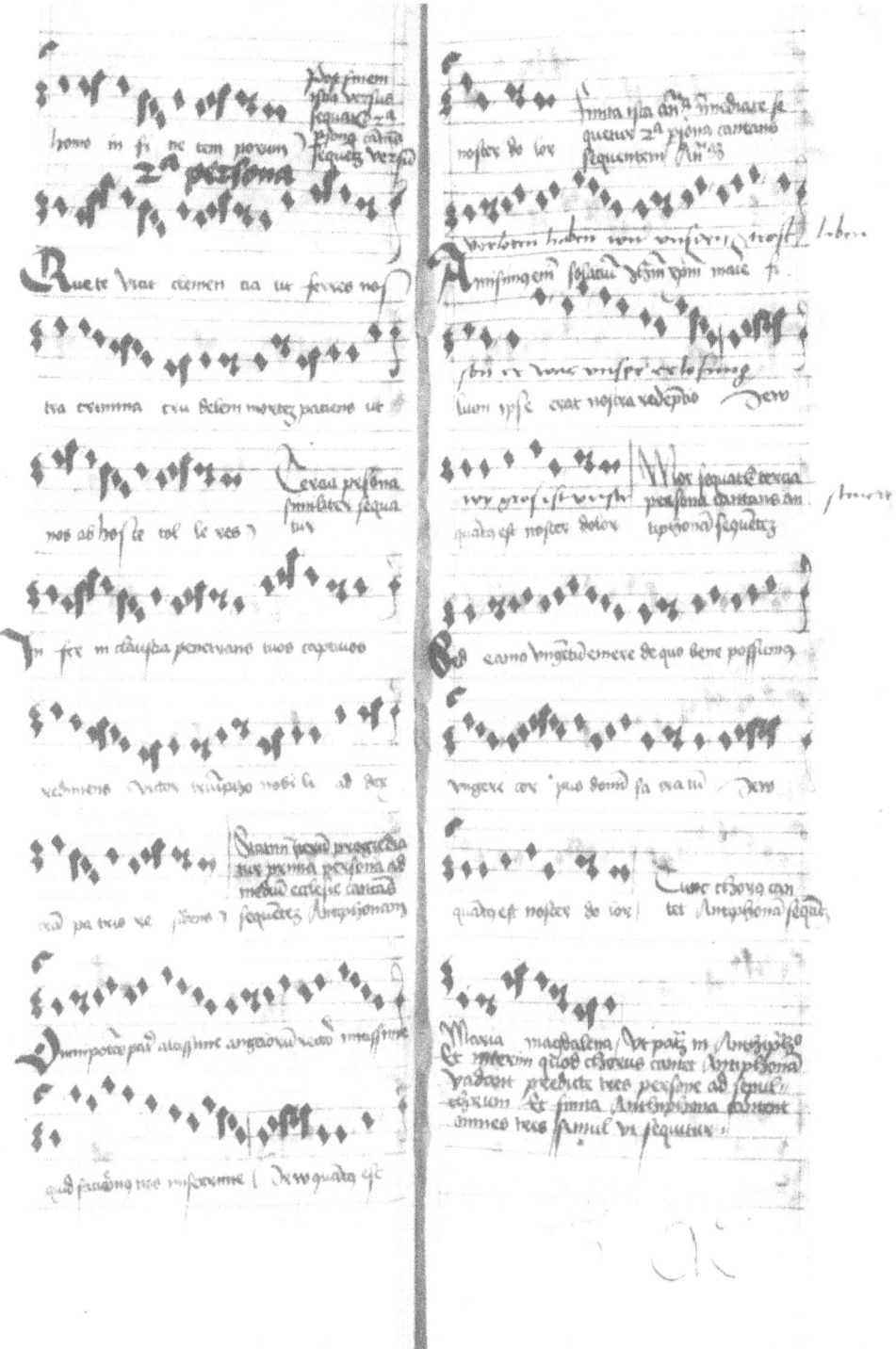

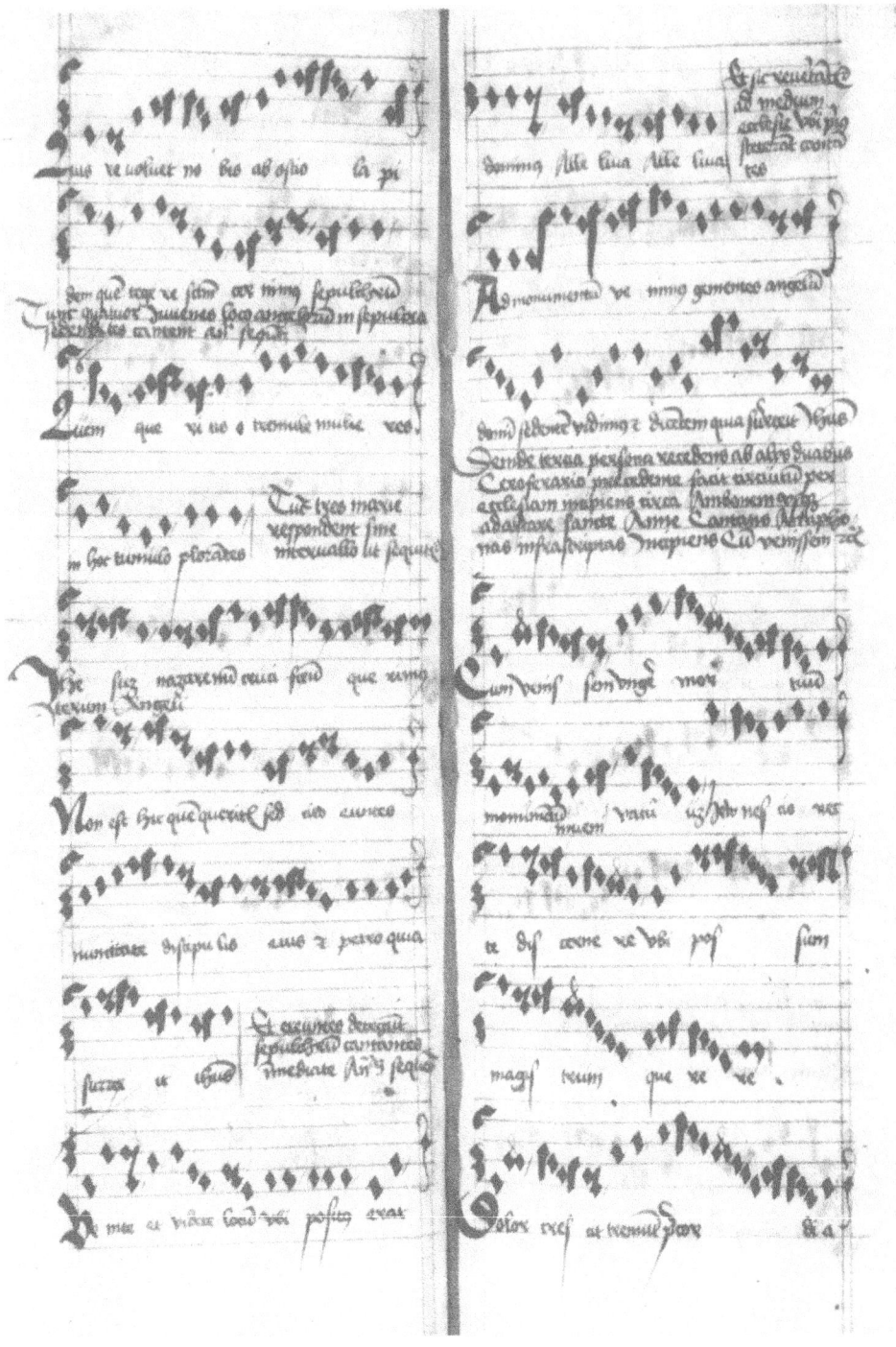

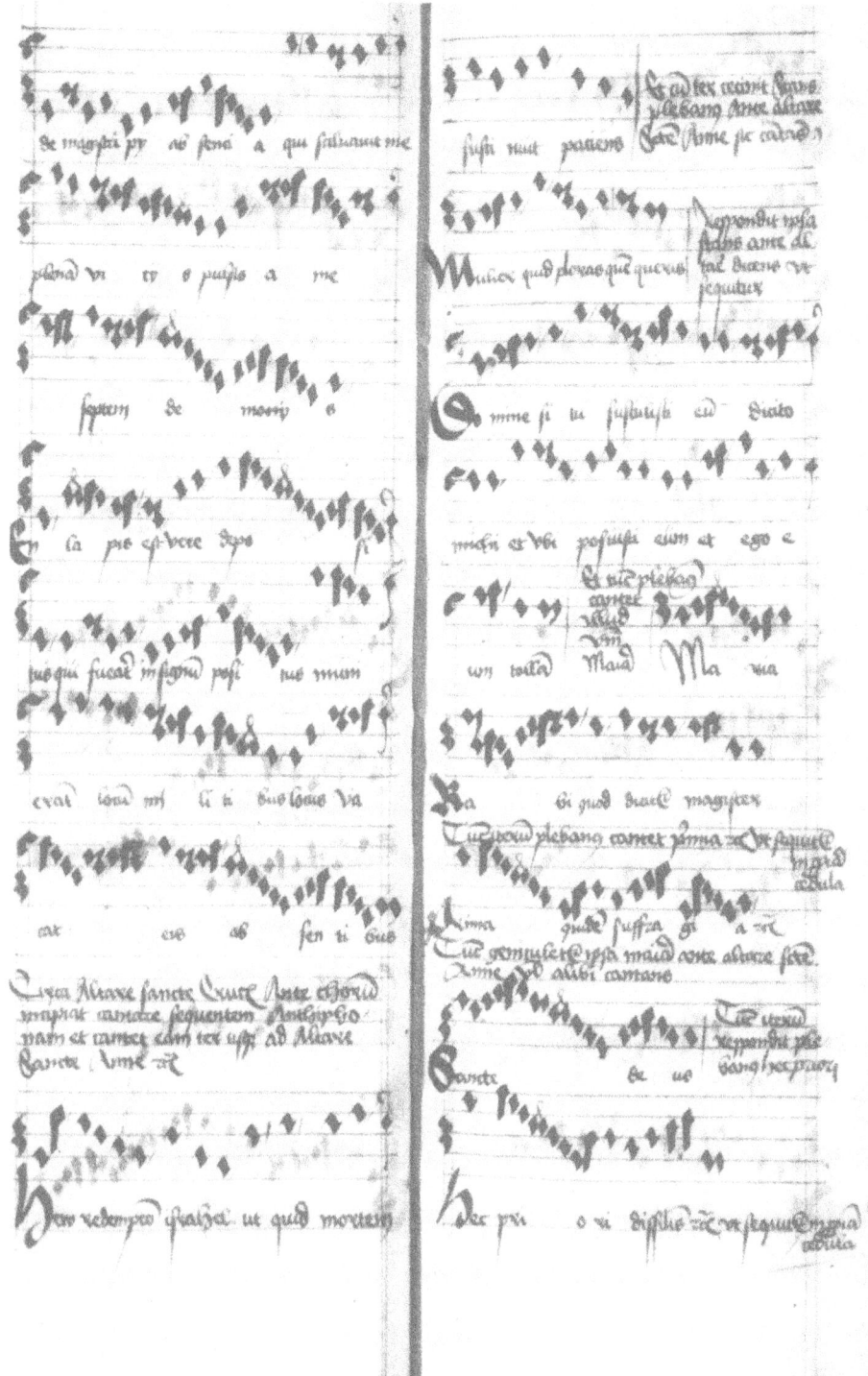

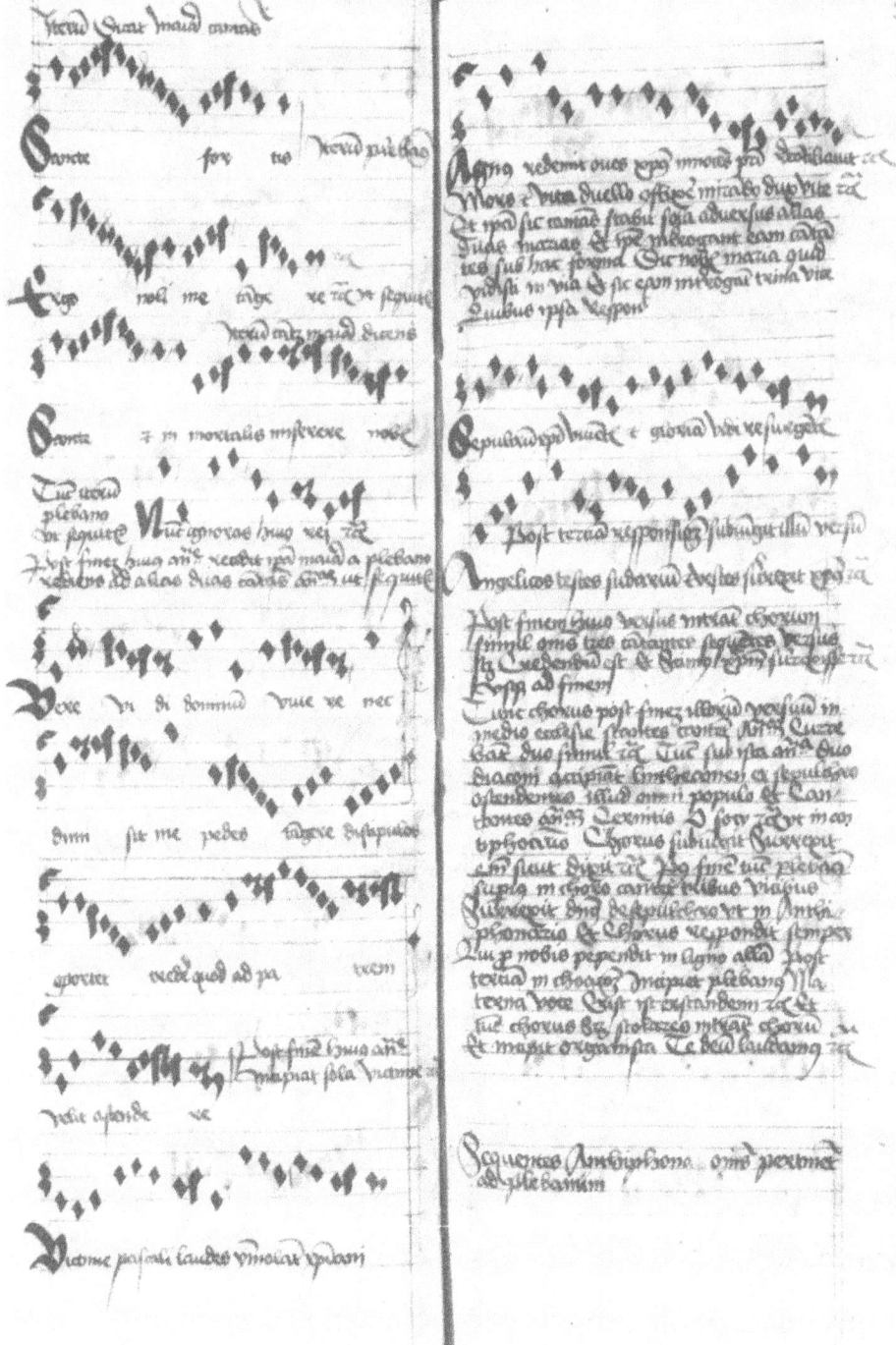

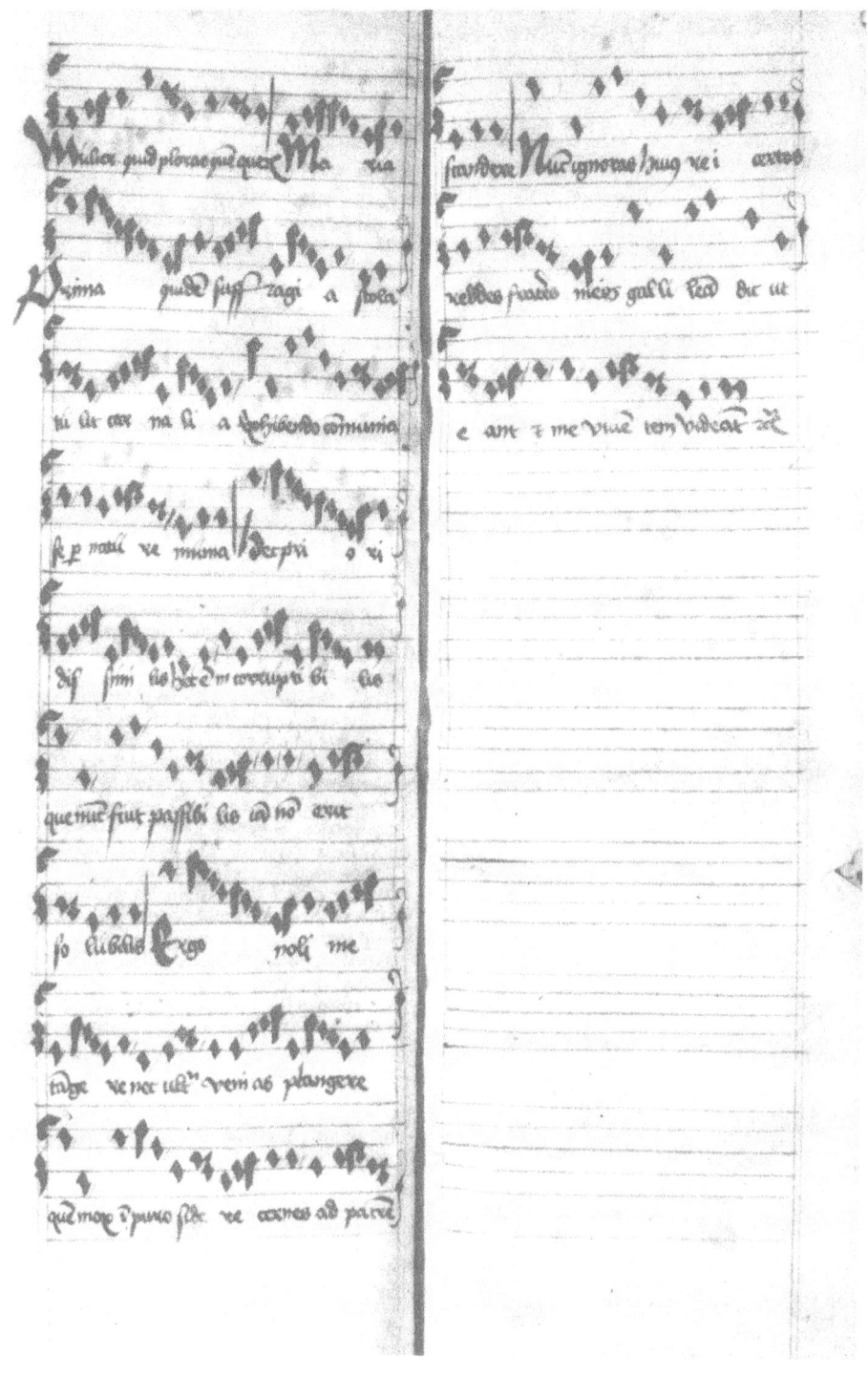

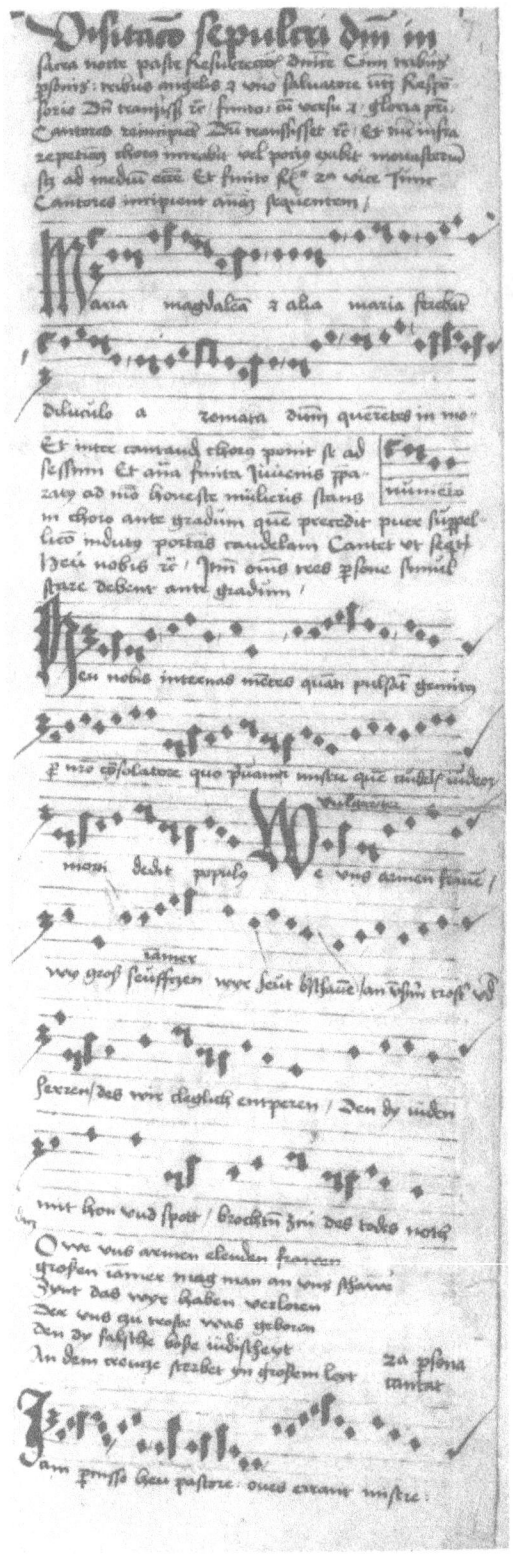

3

Venite et videte zu uns folio

Nu schier lieen in das grab
Do resus reisty ynne lacg
Das er vom tode ist erstanden
Vnd ist den gallilen entgangen

Et sub ipso nimia gaudia grauia
reuersio apariendo se publicum et
hinc omnes nos fecisti manere

Ad monumentum venio zu uns folio
Et cum nimia gaudia dixit

Noie wolten nu dem grabe ghan / gehen
Do funde wir dy engil schon / schone
Dy sagten vns gute mere
Das resus ufferstanden were
Eya liben schwestern mein
Hyr müssen wir frolichen sein
Ich kan nicht frolich sein
Ich hab den gůtten ihm dar hen mein
Den ich hab verloren
O we mir das ich ge wart geboren

Et in tu· psma· dicit·
...e·ruraut frustra praeua deus· illis dymu·
Jesu nostra redemptio vij folio   Cum dulgent·

—

Jesu nostra redemptio amor et desiderium
Deus tu venit clemencia ut fieres mea vernina
Inferni claustra penetras / tuos captiuos liberes
Gloria tibi dne qui superexisti a mortuis

—

Deus peccator dni homo in fine temporum
crudelem morte pariens et nos ab hoste tolleres
victor resurgis nobili / ad dexteram patris residens
tu prae et stro spiritus / in sempiterna seculis
Et tu filius psma dicit

O liber herre resu reyst
Du vnser erloser vnd schopffer bist
Deyne libe hat dich darzu gebracht
Das du vnser stunden hast los gemacht
Dar vmb du leydest den bittern tode
Das du vns erlosest aůß all vnsre noth

...in anima psma cantui alias versus
...pss·in das qui·il vim sopra in terra·
...infra in vliuarum· vero· Et cum ille·
mirati arandari se querendi· vel funs· un·
mors et exspectant· psma· se pliuus·

—

Christi fry der hoer got erboren ufferstanden von den

—

toten / mit dr vater vnd heylisten geist fry vns

Tunc nimia psma nuet
ruaj· uenijsem cantui
zu vns pmprima folio
Deus finito dicit

Nu alleneyt feleyst

Ach vij groß schmerczen
trag ich in yn meynem herczen
So ich idim meyne hoer nit finden mach
Der do alley jun dem grabe lagt

Dy engil sagten mir pax gewest
Das er den gallilen gefangen ist
Den ich selbe hy do vnde dar
Vnd werd doch styn myrstud gewar
Et finis psma cantui
En lapis est recte   zu uns folio
Et dum infinita saginty·

Helfft mir dulch got clagen meyne noth
Ich suche Jhesum cristum meyne got
Den ich hab verloren
O we das ich ye wurth geboren
Des muß ich mi verterben
Vnd von großen iamer sterben
Jcein canit fagity cantui
Dolor recitur zu uns folio
Et dum reficiat e sol

Vne mey iamer wil sich meren
Vmb restum meyne liben herren
Ich mag wol sehr forchen
Vmb der sunden yn mir verborgen
Vnd bekimmer mich vmb styne todt
Der mich hat gelaßen yn so große noth
Et similiter cantui
Lyen hyrn zedempto est zu uns folio
Et dum refinat·
O liber herre resu reyst
troste mich so du das bist
herre vater vnd trost
Bistu du Iz so bin ich erlost
En venit saluacio a deo· q· tuot·
Mulier quem quae· zu uns folio
Des finito deus refinat·

Nu sage mir herleiß bold fichterlich
wen du suchest so iamerlich
mit so großen weynen vnd schmerczen
Dy du reagst yn deynen herczen
Vnus maria reddens cantui·
Dne si tu sustulisti zu uns folio
Et tu dine·

Herze hastu in rebs wege genume
Sage mir wo er ist hyn kume
mey herze ist yn großer quel vnd peyn
Das ich mehr sal bey yn sin
Et tu salinacio·cantui·
Maria ut parens filio quo finito dicit
Maria ich bin got selber deyn trost
Der dich von deynen sunden selbst hat erlost
Du bist maria magdalena geboren
Des manschen seligi allerzeyt geneßen
Tunc 3º psma vne cantui
Raboni quod dicitur zu uns folio
Et dine refi·
Liber herre resu reyst
trost mich als du da bist
Tu saluator cantui·
Prima quod suffragra zu uns folio
Deus finito psma dicit
Maria schaw nit das antlicz meyn
Ich bin reslis der herre deyn
mit dem seligen verdischen leychnam
Den ich von meyner junter maria nam
Ich hab an verdenden den tode
Den ich leyt vnd des sündiß noth

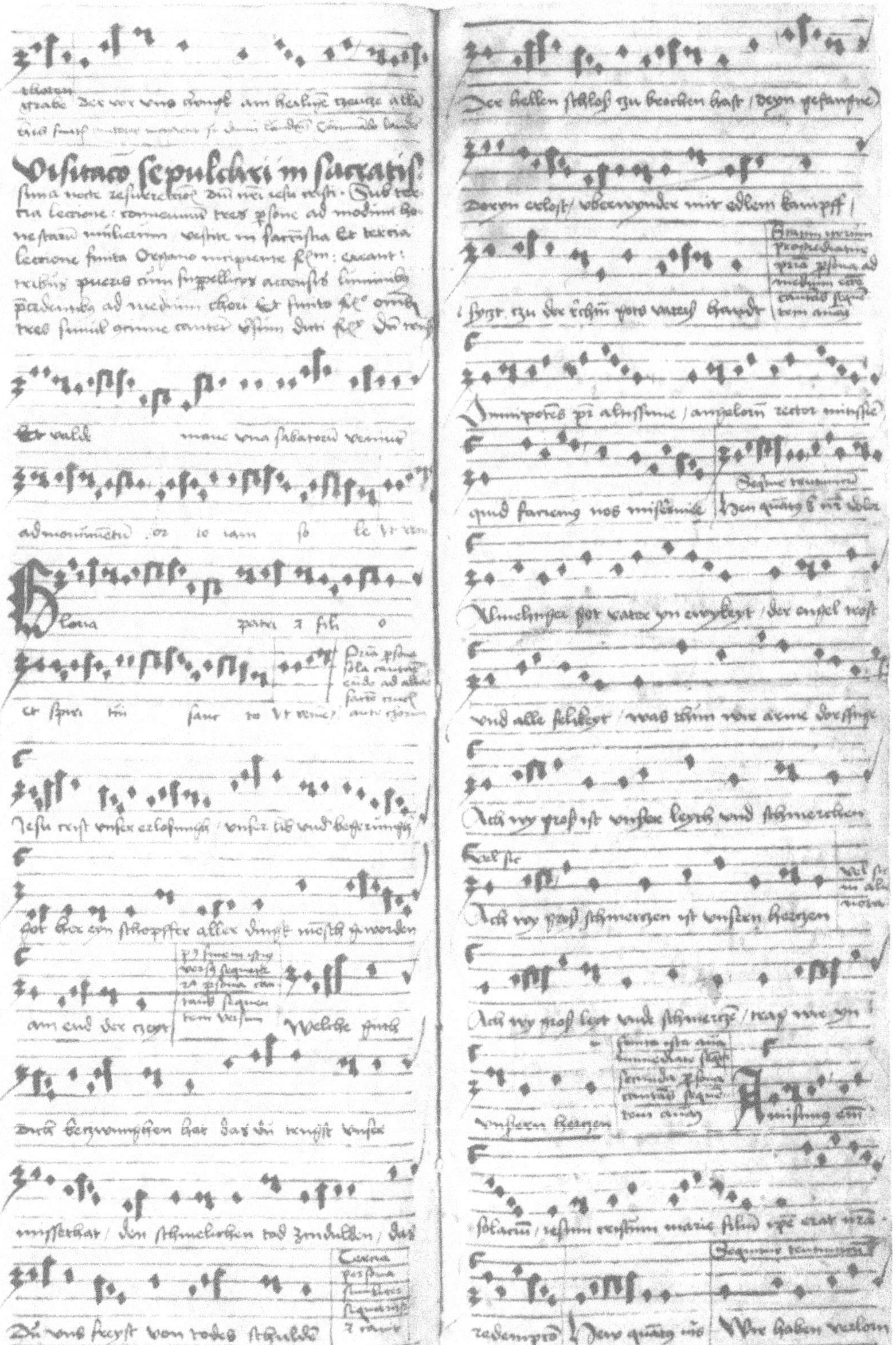

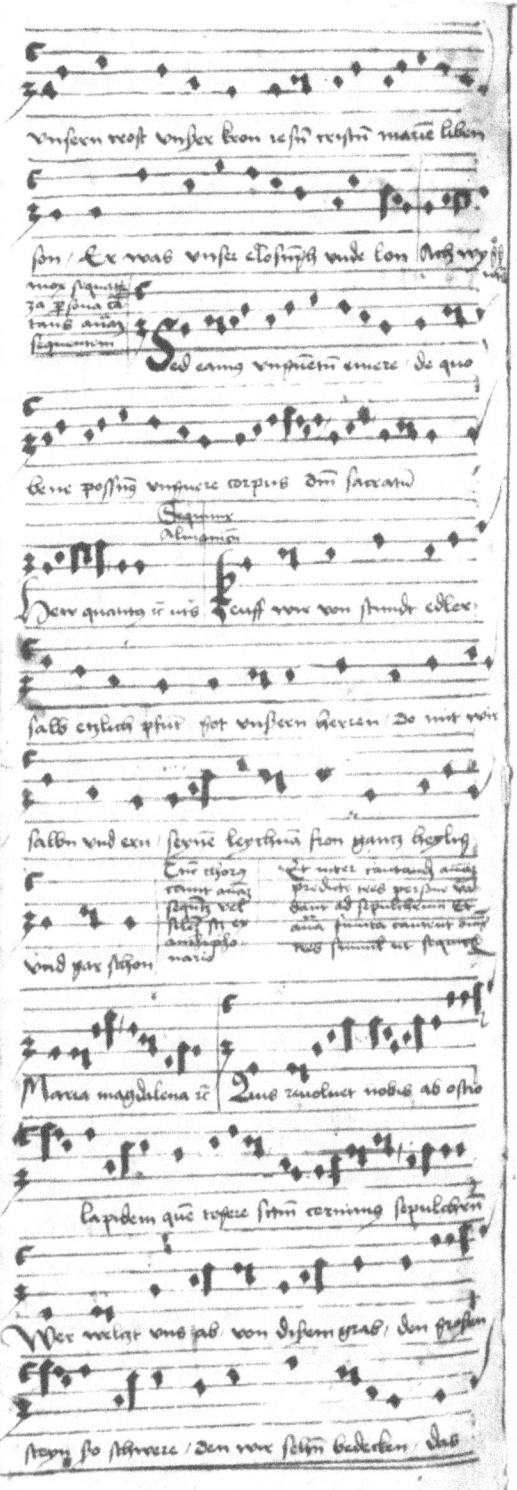

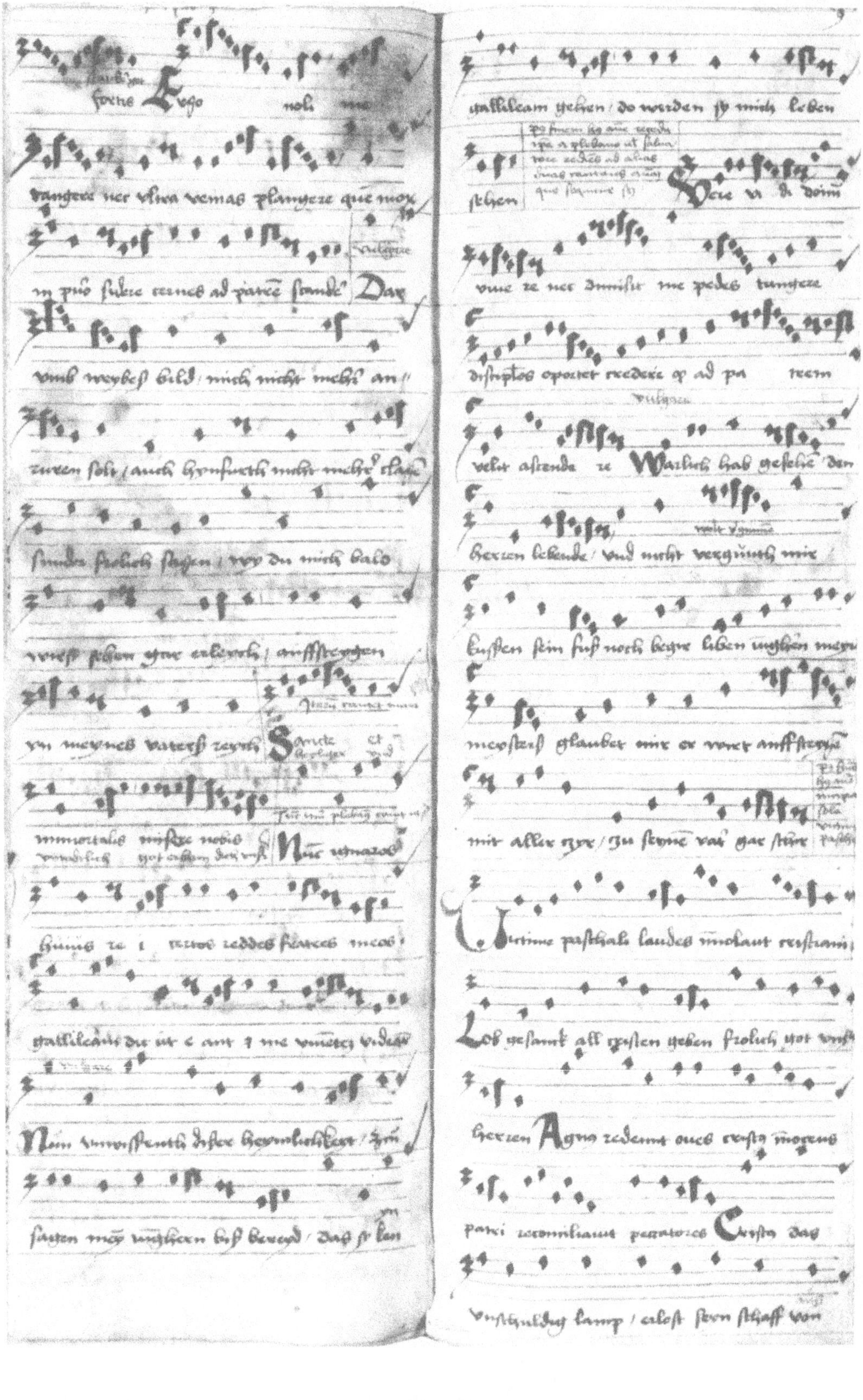

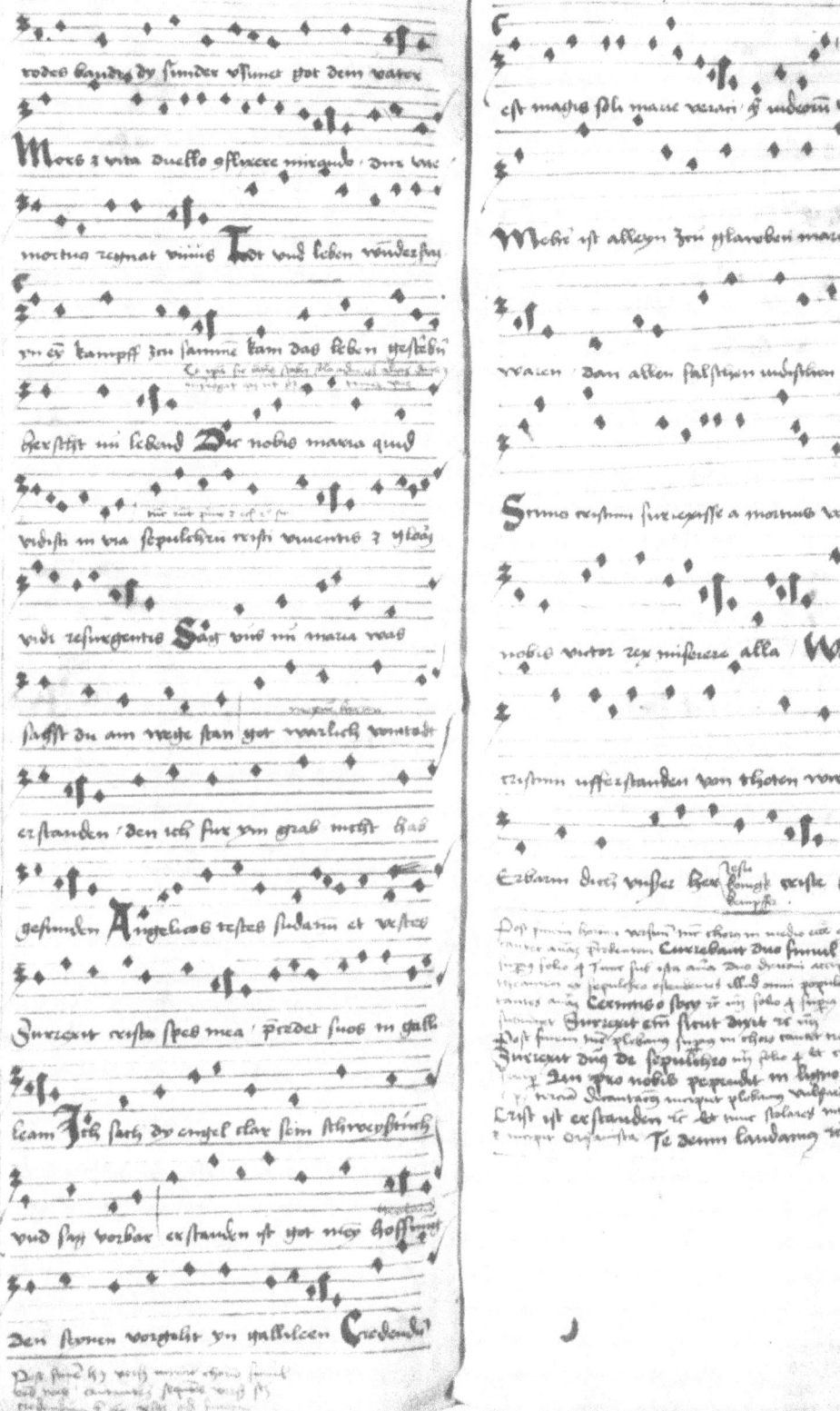

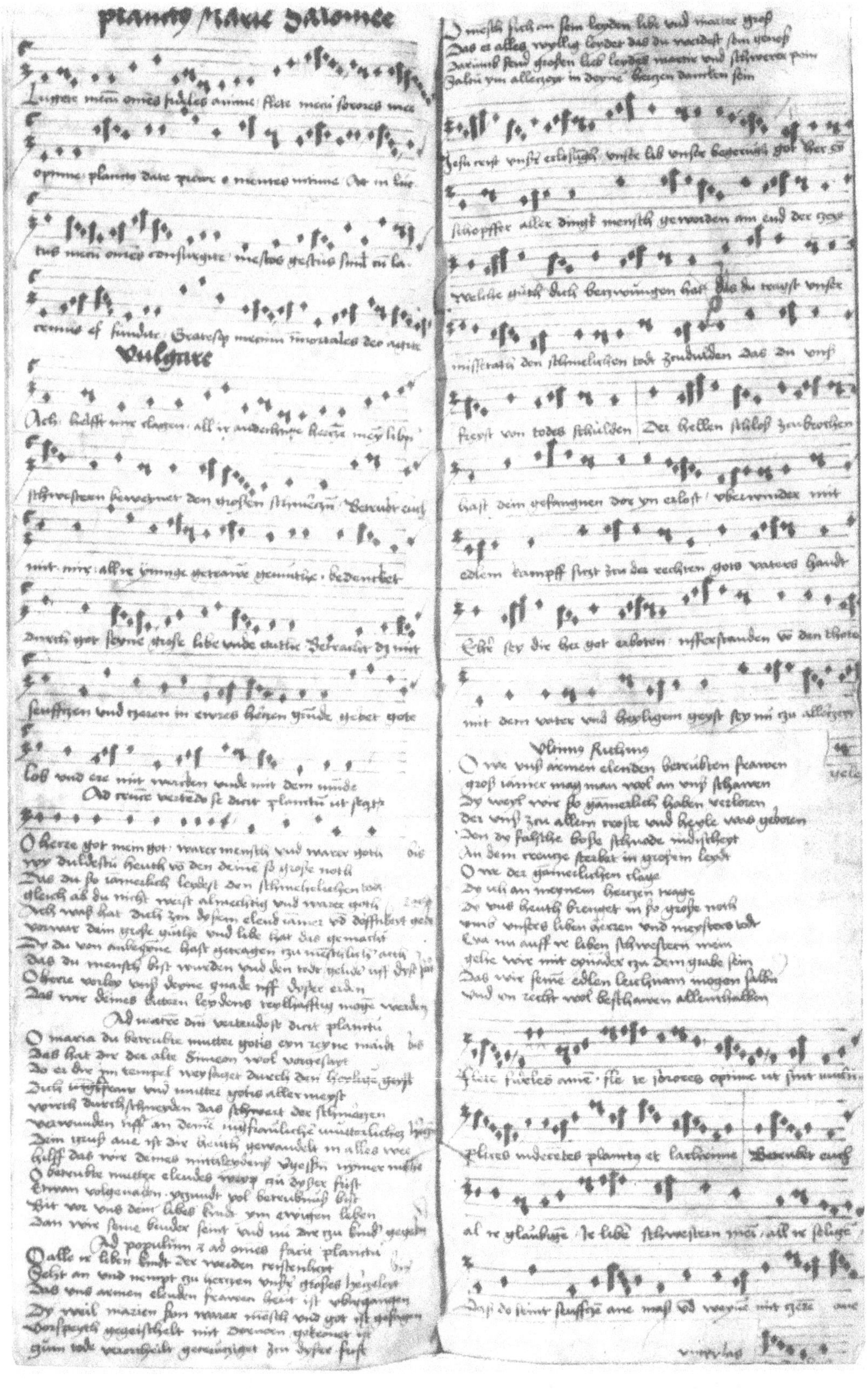

www.ingramcontent.com/pod-product-compliance
Lightning Source LLC
Chambersburg PA
CBHW081128020726
47505CB00010B/2282